O Pensamento Filosófico da Antiguidade

(Primeiro volume da obra Filosofia Universal —
O drama milenar do Homem em busca da verdade integral)

Huberto Rohden

TEXTO INTEGRAL

Dados Internacionais de Catalogação na Publicação (CIP)
(Câmara Brasileira do Livro, SP, Brasil)

Rohden, Huberto, 1893-1981.
O pensamento filosófico da antiguidade /
Huberto Rohden. -- São Paulo : Martin Claret,
2008. -- (Coleção a obra-prima de cada autor ; 284)

"Texto integral"
ISBN 978-85-7232-739-8

1. Filosofia - História. I. Título. II. Série.

08-03791 CDD-109

Índices para catálogo sistemático:

1. Filosofia : História   109

COLEÇÃO A OBRA-PRIMA DE CADA AUTOR

O Pensamento Filosófico da Antiguidade

(Primeiro volume da obra Filosofia Universal —
O drama milenar do Homem em busca da verdade integral)

Huberto Rohden

TEXTO INTEGRAL

MARTIN CLARET

CRÉDITOS

© *Copyright* desta edição: Editora Martin Claret Ltda., 1981

IDEALIZAÇÃO E COORDENAÇÃO
Martin Claret

ASSISTENTE EDITORIAL
Rosana Gilioli Citino

CAPA
Ilustração
Teto da Capela Sistina (Vaticano)
Embriaguez de Noah *(detalhe), 1509*
- Michelangelo

Direção de Arte
José Duarte T. de Castro

Editoração Eletrônica
Editora Martin Claret

MIOLO
Revisão
Lucia Brandão

Papel
Off-Set, 70g/m²

Projeto Gráfico
José Duarte T. de Castro

Impressão e Acabamento
Renovagraf

Editora Martin Claret Ltda. – Rua Alegrete, 62 – Bairro Sumaré
CEP: 01254-010 – São Paulo – SP
Tel.: (0xx11) 3672-8144 – Fax: (0xx11) 3673-7146

www.martinclaret.com.br / editorial@martinclaret.com.br
Agradecemos a todos os nossos amigos e colaboradores — pessoas físicas e jurídicas — que deram as condições para que fosse possível a publicação deste livro.

2ª REIMPRESSÃO – 2011

PALAVRAS DO EDITOR

A história do livro e a coleção "A Obra-Prima de Cada Autor"

MARTIN CLARET

Que é o livro? Para fins estatísticos, na década de 1960, a UNESCO considerou o livro "uma publicação impressa, não periódica, que consta de no mínimo 56 páginas, sem contar as capas".

O livro é um produto industrial.

Mas também é mais do que um simples produto. O primeiro conceito que deveríamos reter é o de que o livro como objeto é o veículo, o suporte de uma informação. O livro é uma das mais revolucionárias invenções do homem.

A *Enciclopédia Abril* (1972), publicada pelo editor e empresário Victor Civita, no verbete "livro" traz concisas e importantes informações sobre a história do livro. A seguir, transcrevemos alguns tópicos desse estudo didático sobre o livro.

O livro na Antiguidade

Antes mesmo que o homem pensasse em utilizar determinados materiais para escrever (como, por exemplo, fibras vegetais e tecidos), as bibliotecas da Antiguidade estavam repletas de textos gravados em tabuinhas de barro cozido. Eram os primeiros "livros", depois progressivamente modificados até chegarem a ser feitos — em grandes tiragens — em papel impresso mecanicamente, proporcionando facilidade de leitura e transporte. Com eles, tornou-se possível, em todas as épocas, transmitir fatos, acontecimentos históricos, descobertas, tratados, códigos ou apenas entretenimento.

Como sua fabricação, a função do livro sofreu enormes modificações dentro das mais diversas sociedades, a ponto de constituir uma mercadoria especial, com técnica, intenção e utilização determinadas. No moderno movimento editorial das chamadas sociedades de consumo, o livro pode ser considerado uma mercadoria cultural, com maior ou menor significado no contexto socioeconômico em que é publicado. Enquanto mercadoria, pode ser comprado, vendido ou trocado. Isso não ocorre, porém, com sua função intrínseca, insubstituível: pode-se dizer que o livro é essencialmente um instrumento cultural de difusão de ideias, transmissão de conceitos, documentação (inclusive fotográfica e iconográfica), entretenimento ou ainda de condensação e acumulação do conhecimento. A palavra escrita venceu o tempo, e o livro conquistou o espaço. Teoricamente, toda a humanidade pode ser atingida por textos que difundem ideias que vão de Sócrates e Horácio a Sartre e McLuhan, de Adolf Hitler a Karl Marx.

Espelho da sociedade

A história do livro confunde-se, em muitos aspectos, com a história da humanidade. Sempre que escolhem frases e temas, e transmitem ideias e conceitos, os escritores estão elegendo o que consideram significativo no momento histórico e cultural que vivem. E, assim, fornecem dados para a análise de sua sociedade. O conteúdo de um livro — aceito, discutido ou refutado socialmente — integra a estrutura intelectual dos grupos sociais.

Nos primeiros tempos, o escritor geralmente vivia em contato direto com seu público, que era formado por uns poucos letrados, já cientes das opiniões, ideias, imaginação e teses do autor, pela própria convivência que tinham com ele. Muitas vezes, mesmo antes de ser redigido o texto, as ideias nele contidas já haviam sido intensamente discutidas pelo escritor e parte de seus leitores. Nessa época, como em várias outras, não se pensava na enorme porcentagem de analfabetos. Até o século XV, o livro servia exclusivamente a uma pequena minoria de sábios e estudiosos que constituíam os círculos intelectuais (confinados aos mosteiros durante o começo da Idade Média) e que tinham acesso às bibliotecas, cheias de manuscritos ricamente ilustrados.

Com o reflorescimento comercial europeu, nos fins do século XIV, burgueses e comerciantes passaram a integrar o mercado livreiro da época. A erudição laicizou-se e o número de escritores aumentou, surgindo também as primeiras obras escritas em línguas que não o latim e o grego (reservadas aos textos clássicos e aos assuntos considerados dignos de atenção). Nos séculos XVI e XVII, surgiram diversas literaturas nacionais, demonstrando, além do florescimento intelectual da época, que a população letrada dos países europeus estava mais capacitada a adquirir obras escritas.

Cultura e comércio

Com o desenvolvimento do sistema de impressão de Gutenberg, a Europa conseguiu dinamizar a fabricação de livros, imprimindo, em cinquenta anos, cerca de 20 milhões de exemplares para uma população de quase 10 milhões de habitantes, cuja maioria era analfabeta. Para a época, isso significou enorme revolução, demonstrando que a imprensa só se tornou uma realidade diante da necessidade social de ler mais.

Impressos em papel, feitos em cadernos costurados e posteriormente encapados, os livros tornaram-se empreendimento cultural e comercial: os editores passaram logo a se preocupar com melhor apresentação e redução de preços. Tudo isso levou à comercialização do livro. E os livreiros baseavam-se no gosto do público para imprimir, principalmente obras religiosas, novelas, coleções de anedotas, manuais técnicos e receitas.

Mas a porcentagem de leitores não cresceu na mesma proporção que a expansão demográfica mundial. Somente com as modificações socioculturais e econômicas do século XIX — quando o livro começou a ser utilizado também como meio de divulgação dessas modificações e o conhecimento passou a significar uma conquista para o homem, que, segundo se acreditava, poderia ascender socialmente se lesse — houve um relativo aumento no número de leitores, sobretudo na França e na Inglaterra, onde alguns editores passaram a produzir obras completas de autores famosos, a preços baixos. O livro era então interpretado como símbolo de liberdade, conseguida por conquistas culturais. Entretanto, na maioria dos países, não houve nenhuma grande modificação nos índices porcentuais até o fim da Primeira Guerra Mundial (1914/18), quando surgiram as primeiras grandes tiragens de um só livro, principalmente romances, novelas e textos didáticos. O número elevado de cópias, além de baratear o preço da unidade, difundiu ainda mais a literatura. Mesmo assim, a maior parte da população de muitos países continuou distanciada, em parte porque o livro, em si, tinha sido durante muitos séculos considerado objeto raro, atingível somente por um pequeno número de eruditos. A grande massa da população mostrou maior receptividade aos jornais, periódicos e folhetins, mais dinâmicos e atualizados, e acessíveis ao poder aquisitivo da grande maioria. Mas isso não chegou a ameaçar o livro como símbolo cultural de difusão de ideias, como fariam, mais tarde, o rádio, o cinema e a televisão.

O advento das técnicas eletrônicas, o aperfeiçoamento dos métodos fotográficos e a pesquisa de materiais praticamente imperecíveis fazem alguns teóricos da comunicação de massa pensarem em um futuro sem os livros tradicionais (com seu formato quadrado ou retangular, composto de folhas de papel, unidas umas às outras por um dos lados). Seu conteúdo e suas mensagens (racionais ou emocionais) seriam transmitidos por outros meios, como por exemplo microfilmes e fitas gravadas.

A televisão transformaria o mundo todo em uma grande "aldeia" (como afirmou Marshall McLuhan), no momento em que todas as sociedades decretassem sua prioridade em relação aos textos escritos. Mas a palavra escrita dificilmente deixaria de ser considerada uma das mais importantes heranças culturais, entre todos os povos.

Através de toda a sua evolução, o livro sempre pôde ser visto como objeto cultural (manuseável, com forma entendida e interpretada em função de valores plásticos) e símbolo cultural (dotado de conteúdo, entendido e interpretado em função de valores semânticos). As duas maneiras podem fundir-se no pensamento coletivo, como um conjunto orgânico (onde texto e arte se completam, como, por exemplo, em um livro de arte) ou apenas como um conjunto textual (onde a mensagem escrita vem em primeiro lugar — em um livro de matemática, por exemplo).

A mensagem (racional, prática ou emocional) de um livro é sempre intelectual e pode ser revivida a cada momento. O conteúdo, estático em si, dinamiza-se em função da assimilação das palavras pelo leitor, que pode discuti-las, reafirmá-las, negá-las ou transformá-las. Por isso, o livro pode ser considerado instrumento cultural capaz de libertar informação, sons, imagens, sentimentos e ideias através do tempo e do espaço. A quantidade e a qualidade de ideias colocadas em um texto podem ser aceitas por uma sociedade, ou por ela negadas, quando entram em choque com conceitos ou normas culturalmente admitidos.

Nas sociedades modernas, em que a classe média tende a considerar o livro como sinal de *status* e cultura (erudição), os compradores utilizam-no como símbolo mesmo, desvirtuando suas funções ao transformá-lo em livro-objeto. Mas o livro é, antes de tudo, funcional — seu conteúdo é que lhe dá valor (como os livros de ciências, filosofia, religião, artes, história e geografia, que representam cerca de 75% dos títulos publicados anualmente em todo o mundo).

O mundo lê mais

No século XX, o consumo e a produção de livros aumentaram progressivamente. Lançado logo após a Segunda Guerra Mundial (1939/45), quando uma das características principais da edição de um livro eram as capas entreteladas ou cartonadas, o livro de bolso constituiu um grande êxito comercial. As obras — sobretudo *best sellers* publicados algum tempo antes em edições de luxo — passaram a ser impressas em rotativas, como as revistas, e distribuídas nas bancas de jornal. Como as tiragens elevadas permitiam preços muito baixos, essas edições de bolso popularizaram-se e ganharam importância em todo o mundo.

Até 1950, existiam somente livros de bolso destinados a pessoas de baixo poder aquisitivo; a partir de 1955, desenvolveu-se a categoria do livro de bolso "de luxo". As características principais destes últimos eram a abundância de coleções — em 1964 havia mais de duzentas, nos Estados Unidos — e a variedade de títulos, endereçados a um público intelectualmente mais refinado. A essa diversificação das categorias adiciona-se a dos pontos de venda, que passaram a abranger, além das bancas de jornal, farmácias, lojas, livrarias, etc. Assim, nos Estados Unidos, o número de títulos publicados em edições de bolso chegou a 35 mil em 1969, representando quase 35% do total dos títulos editados.

Proposta da coleção
"A Obra-Prima de Cada Autor"

"Coleção" é uma palavra há muito tempo dicionarizada e define o conjunto ou reunião de objetos da mesma natureza ou que têm alguma relação entre si. Em um sentido editorial, significa o conjunto não-limitado de obras de autores diversos, publicado por uma mesma editora, sob um título geral indicativo de assunto ou área, para atendimento de segmentos definidos do mercado.

A coleção "A Obra-Prima de Cada Autor" corresponde plenamente à definição acima mencionada. Nosso principal objetivo é oferecer, em formato de bolso, a obra mais importante de cada autor, satisfazendo o leitor que procura qualidade.*

Desde os tempos mais remotos existiram coleções de livros. Em Nínive, em Pérgamo e na Anatólia existiam coleções de obras literárias de grande importância cultural. Mas nenhuma delas superou a célebre biblioteca de Alexandria, incendiada em 48 a.C. pelas legiões de Júlio César, quando estas arrasaram a cidade.

A coleção "A Obra-Prima de Cada Autor" é uma série de livros a ser composta por mais de 400 volumes, em formato de bolso, com preço altamente competitivo, e pode ser encontrada em centenas de pontos de venda. O critério de seleção dos títulos foi o já estabelecido pela tradição e pela crítica especializada. Em sua maioria, são obras de ficção e filosofia, embora possa haver textos sobre religião, poesia, política, psicologia e obras de autoajuda. Inauguram a coleção quatro textos clássicos: *Dom Casmurro*, de Machado de Assis; *O Príncipe*, de Maquiavel; *Mensagem*, de Fernando Pessoa; e *O lobo do mar*, de Jack London.

Nossa proposta é fazer uma coleção quantitativamente aberta. A periodicidade é mensal. Editorialmente, sentimo-nos orgulhosos de poder oferecer a coleção "A Obra-Prima de Cada Autor" aos leitores brasileiros. Nós acreditamos na função do livro.

M

---

* Atendendo a sugestões de leitores, livreiros e professores, a partir de certo número da coleção começamos a publicar, de alguns autores, outras obras além da sua obra-prima.

Advertência

A substituição da tradicional palavra latina *crear* pelo neologismo moderno *criar* é aceitável em nível de cultura primária, porque favorece a alfabetização e dispensa esforço mental — mas não é aceitável em nível de cultura superior, porque deturpa o pensamento.

Crear é a manifestação da Essência em forma de existência — *criar* é a transição de uma existência para outra existência.

O Poder Infinito é o *creador* do Universo — um fazendeiro é um *criador* de gado.

Há entre os homens gênios *creadores*, embora não sejam talvez *criadores*.

A conhecida lei de Lavoisier diz que "na natureza nada se *crea* nada se aniquila, tudo se transforma"; se grafarmos "nada se *crea*", esta lei está certa, mas se escrevemos "nada se *cria*", ela resulta totalmente falsa.

Por isto, preferimos a verdade e clareza do pensamento a quaisquer convenções acadêmicas.

O PENSAMENTO FILOSÓFICO DA ANTIGUIDADE

(PRIMEIRO VOLUME DA OBRA FILOSOFIA UNIVERSAL — O DRAMA MILENAR DO HOMEM EM BUSCA DA VERDADE INTEGRAL)

Preliminares

É experiência minha de vários anos de professor de Filosofia, tanto no Brasil como nos Estados Unidos, que a maior parte dos estudantes que freqüentam meus cursos, ou lêem os meus livros, passam, geralmente, pelos seguintes estágios de evolução mental-espiritual: 1) estágio de confusão; 2) estágio de demolição; 3) estágio de reconstrução.

Estágio de Confusão. A princípio, muitos estudantes ou leitores não percebem senão palavras e frases sem nexo, por mais claros e simples que sejam os termos empregados; são incapazes de descobrir por trás desses vocábulos um sentido lógico que forme um Todo homogêneo e orgânico. Vêem, por assim dizer, tijolos, cimento, areia, cal, mas não vêem o edifício nem a planta que lhes serve de substrato arquitetônico.

É que as partes não podem ser entendidas senão à luz do Todo — mas esse Todo ainda é invisível aos principiantes; falta-lhes a visão panorâmica, dentro da qual as partes e parcelas integrantes têm sentido e razão de ser, mas fora da qual tudo é obscuro, confuso e desconexo.

Não se desconsolem eles com esse *tohuvabohu* inicial. É inevitável que assim aconteça, em maior ou menor escala. Essa falta de compreensão inicial não prova absolutamente que os ouvintes ou leitores não possuam capacidade intelectual para assuntos filosóficos; prova tão-somente que a vasta selva tropical da Filosofia está circundada de uma como que espessa orla espinhosa, como as florestas do nosso país. Uma vez rota e ultrapassada essa zona externa, abre-se, paulatinamente, aos olhos do audaz pioneiro a majestosa catedral dos gigantes da mata virgem, em toda a sua grandeza e com toda a fascinação dos seus mistérios.

O homem comum não está habituado, geralmente, a uma seqüência de pensamentos rigorosamente lógicos e estreitamente concatenados, como a Filosofia exige, e por isto nem sempre lhe é fácil reunir em um Todo orgânico os fragmentos dispersos, a ponto de lhes encontrar sentido que satisfaça interiormente.

Importa que o principiante tenha muita paciência, perseverança e, sobretudo, intenso amor à causa da Verdade objetiva, bela e amável em si mesma — a "Verdade que liberta".

Estágio de demolição. Muito mais trágico é, para não poucos estudantes de Filosofia, o segundo período, o da vasta campanha de demolição de ídolos e fetiches tradicionais, tidos e havidos por intangíveis e até sagrados. Muitos principiantes, aterrados com essa revolução iconoclasta, desistem de prosseguir na jornada encetada, voltam atrás, com saudades das suas ideologias tradicionais, dos seus queridos ídolos de sempre, dos quais não podem ou não querem se divorciar, porque sentiriam esse divórcio como uma dolorosa dilaceração interior, como uma profunda hemorragia moral.

A muitos deles só podemos repetir as palavras de Jesus: "Quem lança mão ao arado e olha para trás não é idôneo para o reino de Deus", que é o reino da Verdade, ou ainda estas: "Deixa os mortos enterrarem os seus mortos — tu, porém, vai e proclama o reino de Deus!"

Convém que esses escandalizados saibam que a verdadeira Filosofia não destrói nenhum valor real da vida humana, pelo contrário, clarifica e consolida os valores reais, embora deva eliminar muitos valores fictícios tidos por verdadeiros. Deve o estudante de Filosofia revestir-se de uma frígida objetividade, de uma couraça de racionalidade serena, calma, neutra, imparcial, na certeza de que as folhas de outono que violentas rajadas lhe arrancarem passarão a ser substituídas, na primavera, por folhas novas e mais belas, precursoras de flores e frutos abundantes. É necessário que se realize essa impiedosa demolição ideológica, para que um edifício mais sólido e belo possa surgir aos poucos no meio das ruínas. Não se esqueça ele, todavia, que não se demole para demolir, mas sim para construir. A demolição não é um fim em si, mais um meio para outro fim, superior. Toda evolução é precedida de uma espécie de revolução. Se nunca ninguém dissesse senão aquilo que outros disseram, nenhum progresso seria possível, e a humanidade marcaria passo, eternamente, no mesmo plano horizontal.

É possível que a Filosofia afaste um estudante do *seu* deus — mas não de *Deus*; esse *seu deus* não passa, talvez, de um *pseudodeus*, que tem de ser destronado para que o *Deus verdadeiro*, o Deus da Verdade Absoluta, possa tomar-lhe o lugar.

Estágio de Reconstrução. O fim de toda a verdadeira Filosofia é construir a felicidade do homem sobre uma base inabalável, sobre a rocha da Verdade absoluta e incondicional.

Tenho no meu arquivo — desculpem essa nota pessoal — dezenas de cartas de numerosos estudantes meus de Filosofia, de ambos os sexos, de todas as classes, idades e credos, estudantes que, num ímpeto de espontânea efusão e gratidão, confessam que o curso de Filosofia, que freqüentaram com grande seriedade e intensa penetração, lhes foi início de uma vida nova, mais firme, serena e feliz.

Uma jovem de Washington, onde lecionei Filosofia durante cinco anos, achava-se à beira do desespero de tudo e de todos; já não via sentido algum na vida humana — quando umas amigas lhe sugeriram a idéia de se inscrever no curso de Filosofia e procurar tomar como norma diretriz para sua vida as verdades eternas de que ela trata. A jovem pessimista aceitou o conselho, e no fim do ano me disse: "I came back to life!" (Tornei a viver). Hoje se sente tão feliz e corajosa que se inscreveu numa sociedade missionária e foi ao coração da África para levar àqueles povos um pouco da sua exuberante vida nova e intensa felicidade.

Outro estudante, de idade madura, amargamente provado pelos revezes da vida, escreve-me que, quando as ferramentas lhe caíam das mãos, as grandes verdades que assimilara no curso de Filosofia o ajudaram a apanhá-las de novo e prosseguir, corajoso e intrépido, no árduo trabalho da educação de si mesmo.

Quando deixei Washington, a distinta senhora que freqüentara o meu Curso Livre de Filosofia, fora da Universidade, despediu-se de mim com estas simples e significativas palavras: "You released me from all my prisons!" (O senhor me libertou de todas as minhas prisões.)

Para muitos, um verdadeiro curso de Filosofia equivale a uma grande *catharsis* (purificação) lentamente realizada; para outros é como que uma dolorosa intervenção cirúrgica nos tecidos íntimos da alma. A verdade é inexorável, porém amiga, como o bisturi; por vezes, faz sangrar o coração, mas, depois de removidos os elementos mórbidos do erro e da ilusão, entra o corajoso sofredor numa vigorosa convalescença e começa a sentir as belezas e suavidades da vida muito mais intensa e conscientemente do que nunca dantes.

É que, em última análise, só a verdade nos pode libertar e tornar solidamente felizes. Pensam muitos que a verdade seja austera e amarga; dizem que o homem necessita de certa dose de ilusões para suavizar e embelezar a sua vida, que seria aliás insuportável. Engano fatal! A mais austera das verdades é infinitamente mais bela e consoladora do que a mais blandiciosa das mentiras e ilusões tradicionais. Ou melhor, a verdade é a única coisa realmente bela e o único fator capaz de tornar o homem profundamente tranqüilo, calmo e feliz. Quem vive de ilusões, embora se sinta feliz, está sempre em véspera de novas infelicidades, porque faz depender a sua chamada felicidade de algo que não depende dele — e isto é o avesso de toda a verdadeira Filosofia. Quem vive na luz da verdade integral atingiu a última fronteira da realidade, e nunca mais pode perder a felicidade que possui, porque não faz depender a sua felicidade de algo que não dependa dele.

Vale pois a pena passarmos por um período de confusão e um período de demolição, a fim de reconstruirmos a nossa vida, livre de confusão e sem perigo de novas demolições.

* * *

Os que estão habituados ao manuseio de compêndios escolares de filosofia estranharão, provavelmente, o modo como o presente volume expõe a matéria. De fato, este livro não pretende ser um "compêndio escolar" em que se alinhem, numa espécie de corte transversal, dezenas de sistemas de pensamento humano, de diversos séculos e países. Este livro segue antes uma ordem *lógica* do que *cronológica*, o seu método é antes vertical do que horizontal, expondo a evolução do pensamento humano por afinidade de elementos internos, e não apenas por seqüência externa.

O autor deste livro — depois de decênios de intenso e diuturno contato com o mundo filosófico, também na Europa e nos Estados Unidos — está convencido de que todos os rios e arroios do pensamento humano, através do tempo e do espaço, são outros tantos afluentes do vasto Amazonas da Filosofia Perene e Universal, ainda que muitos desses tributários pareçam correr em sentido oposto ao da magna torrente-mestra, como aliás também acontece, não raro, com os rios dos nossos continentes geográficos. Sabemos, outrossim, que esse Amazonas da Filosofia Eterna deságua, em alguma parte mesmo que seja para além de todos os horizontes visuais, no Oceano do Absoluto e do Infinito, seja qual for o nome que os homens dêem a essa Realidade anônima de mil nomes...

A filosofia está profundamente desacreditada entre nós — aliás, ela nunca teve um período de florescimento em terras de língua lusitana; falta-nos até uma terminologia filosófica.

Para uns, ser filósofo quer dizer ser um homem imprático, imprestável, viver no mundo da lua, longe das realidades da terra e da vida humana.

Para outros, a filosofia tem por fim defender os dogmas e doutrinas desta ou daquela igreja ou seita e provar por todos os meios e modos que este ou aquele grupo religioso possui o monopólio da verdade e santidade, ao passo que o resto da humanidade é vítima de erro e maldade.

É intuitivo que não há melhor modo de desacreditar a Filosofia em face de qualquer homem pensante e imparcial, do que reduzi-la à condição de *visionária* ou *sectária*. Na realidade, a Filosofia é exatamente o oposto de quaisquer ilusionismos nefelibatas ou sectarismos teológicos. Ela é eminentemente realista e universal. Tem um fim único: a conquista da Verdade — da "Verdade Libertadora", no dizer do maior dos filósofos que a humanidade conhece, do super-filósofo e profeta de Nazaré: "Conhecereis a Verdade e a Verdade vos libertará".

É esta a razão por que não é possível traçar-se nítida linha divisória, nem haver conflito real entre a *Filosofia* e a *Religião* — note-se bem — a Filosofia e a Religião, ambas no singular e com maiúscula; portanto, é claro que pode haver e há grandes divergências e positivos conflitos entre as filosofias e as religiões, quando tomadas no plural. A Filosofia tem por objetivo a conquista da verdade absoluta — e é precisamente este o fim da Religião; uma e outra consistem em um conhecimento intuitivo ou espiritual da Realidade como tal (Deus) e na perfeita sintonização da vida ética com essa verdade metafísica.

A *Ciência*, por sua vez, embora não seja inteiramente idêntica à Filosofia e à Religião, vai, contudo, na mesma direção geral: investiga, com o auxílio da inteligência, as causas individuais que regem os fenômenos da natureza percebidos pelos sentidos, ao passo que a Filosofia-Religião, ultrapassando essas causas individuais, levada pela intuição superior, demanda a Causa Última, Única, Universal, de todos os fenômenos e de todas as causas individuais.

Representando por diagramas essa afinidade entre Filosofia-Religião, por um lado, e a Ciência, por outro, poderíamos ilustrá-la do seguinte modo:

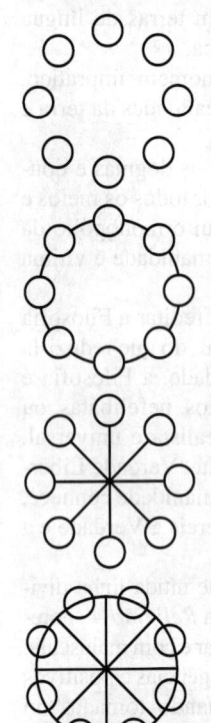

Percepção Sensitiva: fenômenos isolados, desconexos, percebidos pelos sentidos.

Concepção Intelectiva: os fenômenos percebidos pelos sentidos como desconexos são concebidos pelo intelecto como ligados entre si por meio de grupos de causalidade individuais.

Visão Intuitiva: os fenômenos percebidos pelos sentidos como desconexos e concebidos pelo intelecto como ligados entre si por causalidades individuais, são intuídos pela visão cósmica como regidos por uma Causa central e única.

Se se tratar de um homem ao mesmo tempo intelectual e espiritual, a terceira figura assumiria, mais ou menos, a seguinte forma:

ao passo que o homem espiritual não intelectualizado veria o Universo como no desenho 3.

Einstein, no seu livro *Mein Weltbild* (em inglês: *The World as I see it*; em português: Minha visão do mundo), bem como na obra *Aus Meinen Späeten Jahren* (Dos meus últimos anos), revela-se como o tipo clássico do homem intelectual que experimenta o "espírito cósmico" (Deus) segundo figura 4, ao passo que, por exemplo, Francisco de Assis, citado por Einstein com profunda simpatia, seria antes um representante do homem cósmico segundo o diagrama 3.

* * *

Ser filósofo não quer, pois, dizer decorar uma série de sistemas de pensamento humano horizontalmente alinhados e analiticamente justapostos; esse erro e método fastidioso tem afastado muitos homens da verdadeira Filosofia. Ser filósofo quer dizer descobrir as linhas-mestras através da desconcertante e, por vezes, caótica, multiplicidade de sistemas e correntes; enxergar essas linhas como torrentes convergentes do mesmo pensamento; ver o simbolizado através dos *símbolos*, a unidade através da multiplicidade; penetrar os invólucros opacos da letra e descobrir por detrás, ou antes, dentro dessas paredes opacas, feitas transparentes, a luz do espírito; ver a luz branca ou incolor como causa única de todas as cores do prisma solar. Ser filósofo genuíno e integral quer dizer, antes de tudo, tomar a verdade eterna, absoluta e única, como norma da sua vida individual e social.

O verdadeiro filósofo é um sábio e um santo, e, por isto mesmo, um homem perfeito e feliz.

A filosofia não é uma teoria abstrata para ser estudada por homens alheios às cruas realidades da vida — ela é a grande realidade central do homem e do Universo, do microcosmo e do macrocosmo, realidade em torno da qual gravitam todos os planetas da nossa vida humana e de cujo foco central recebem força, luz, calor, vida, beleza e exultante felicidade.

É neste espírito e nesta expectativa que entregamos ao público estes volumes da "Filosofia Universal", que focalizam o drama do pensamento humano nos tempos antigos e modernos, levando aos leitores, Brasil afora, uns reflexos das luzes que iluminam os nossos estudantes dos Cursos de Filosofia Universal (Univérsica), que o autor mantém em diversas cidades do País.

Em conclusão destes "preliminares", uma palavrinha amiga e sincera aos críticos dos meus últimos livros, sobretudo *Metafísica do Cristianismo*. Como todos esses ataques provêm, em última análise, de uma confusão ou obscuridade de idéias sobre os próprios fundamentos do mundo e da vida humana, recomendo a todos os meus queridos inimigos o estudo aprofundado e a intensa meditação do conteúdo da "Filosofia Universal". A clarificação de idéias fundamentais eliminará as premissas falsas das quais derivam aquelas objeções. Haja vista, como exemplo clássico, a eterna confusão que meus oponentes fazem de "monismo" e "panteísmo", tratando essas duas ideologias como afins ou até idênticas, quando são diametralmente opostas. O verdadeiro monismo é o monoteísmo absoluto, na sua forma mais pura — ao passo que o panteísmo é idêntico a politeísmo, uma vez que identifica cada creatura com o Creador. Entre este e aquele está o dualismo, que é um politeísmo mitigado ou um monoteísmo imperfeito. Identificar o monismo com o panteísmo, ou encontrar afinidade entre eles, supõe deplorável confusão de idéias, oriunda de uma triste obtusidade mental. O contato intenso e diuturno com a verdadeira Filosofia eliminaria essa confusão e aguçaria a faculdade mental-espiritual.

Avisamos a todos os interessados, estudantes ou leitores, de que não tratamos, neste livro ou nos cursos, da história da filosofia — mas, sim, da filosofia da história.

Nascimento da filosofia

A filosofia nasceu no dia em que o homem se tornou um ser autoconsciente (*self-conscious*, *selbstbewusst*).
A filosofia nasceu com a intelectualização do homem.

O homem, é verdade, foi sempre um ser intelectual; mas, em tempos remotíssimos, a sua inteligência se achava ainda em estado potencial, dormente, assim como a futura planta existe, em estado embrionário, na semente.

A transição do *homo sentiens* para o *homo intelligens* marca o início da história da filosofia.

O homem pré-intelectual, meramente mineral-vegetativo-sensitivo, embora potencialmente intelectual, não é filósofo; ou melhor, é potencialmente filósofo, mas não atualmente.

O homem tornou-se "filósofo atual" quando nele despertou a inteligência dormente, embrionária — fenômeno esse que não se deu, ao que sabemos, com nenhum outro ser deste planeta.

A inteligência, como a própria palavra diz[1], é uma faculdade tipicamente humana. Por meio dela percebe o homem um secreto nexo ou vínculo existente entre as coisas individuais do mundo, aparentemente desconexas.

Essas coisas individuais — isto é, qualquer ser ou fenômeno do

---

[1] *Inteligência* vem de duas palavras latinas, *inter* (entre) e *legere* (ler, ou, primitivamente, apanhar, colher). Inteligência é, pois, a faculdade que lê, apanha ou percebe algo entre as coisas individuais, um nexo oculto que os sentidos orgânicos não percebem.

mundo circunjacente — são objetos dos sentidos, que o homem tem em comum com o mundo infra-humano. O ser dotado apenas de sentidos orgânicos não percebe senão coisas individuais, concretas, geralmente chamadas físicas ou materiais. Os sentidos só percebem a multiplicidade das coisas, mas não percebem nenhuma unidade no mundo. O homem, embora perceba também essa mesma pluralidade, objeto dos seus sentidos, concebe através dessa pluralidade periférica a unidade central do cosmo. Percebe a unidade através da multiplicidade.

Ora, já que a multiplicidade é periférica e aparente, e a unidade é central e real, só um ser que percebe a unidade percebe a realidade do mundo.

O homem enxerga, pois, a realidade do mundo através das suas aparências.

Essa realidade central é chamada, muitas vezes, o *Noúmenon* (da palavra grega *Nous*, que quer dizer Mente), ao passo que as aparências periféricas são chamadas *Fenômenos* (do grego *phainomai*, aparecer).

O *Noúmenon* (ou Númeno) é a causa dos Fenômenos, sendo estes os efeitos daquele.

Perceber essa unidade do Universo[2] através da sua pluralidade é que é ser *filósofo*, isto é, *philos* (amigo, amante) da *sophia* (sabedoria). Quem experimenta a realidade através das aparências, o centro do mundo através das suas camadas periféricas, é um filósofo, um amigo da sabedoria, um bandeirante da realidade, um pesquisador, ou mesmo um possuidor, da verdade.

"Conhecereis a verdade — e a verdade vos libertará" (Jesus).

Somente pela posse da verdade é que o homem adquire a verdadeira liberdade. Quem vive na ignorância ou no erro (inverdade, irrealidade) é escravo.

De maneira que a verdadeira filosofia torna o homem essencialmente livre.

A inteligência, pois, apanha ou percebe algo que existe entre os

---

[2] *Universo*, composto de *unus* (um) e *versus* (radical de diversos, vários) indica maravilhosamente a unidade e a diversidade do mundo. A palavra grega *Kósmos* (ordem) e o termo chinês *Tao* (caminho) têm fundamentalmente o mesmo sentido, simbolizando a unidade central latente na pluralidade periférica do mundo.

seres individuais da natureza, e que escapa à percepção meramente sensitiva.

Os sentidos percebem, a inteligência concebe — esse prefixo *con* indica uma ação em conjunto, supõe duas coisas, entre as quais existe um vínculo que as une:

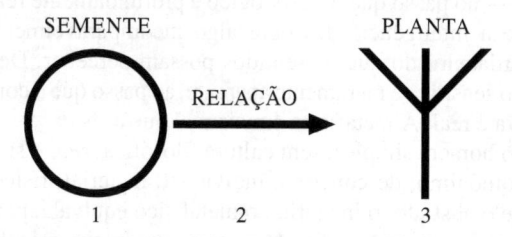

```
      SEMENTE                            PLANTA

        ◯      ──RELAÇÃO──▶               Y

          1              2                  3
```

os sentidos não percebem senão o 1 e o 2, mas deixam de perceber o 3, porquanto esse 3, a relação ou o nexo latente, não é algum indivíduo concreto, mas é uma realidade abstrata; não é um ser físico, mas uma realidade metafísica (além da física).

Esse nexo que a inteligência concebe ou verifica como existente entre duas ou mais coisas concretas da natureza física é, como dizíamos, uma relação que o intelecto descobre (não produz!). A mais importante das relações é a da causalidade, ou seja, o nexo metafísico causa-efeito.

Os sentidos, por exemplo, percebem a existência de uma *semente* e de uma *árvore* (1 e 2), e nada mais. Estas duas coisas afiguram-se aos sentidos como dois seres inteiramente separados, desconexos, sem nenhuma relação ou nexo um com o outro. Por vezes, os sentidos percebem que uma dessas duas coisas vem *depois* da outra, que a árvore vem *depois* da semente, que a ave vem *depois* do ovo; quer dizer que percebem uma *sucessão cronológica* de fenômenos. A inteligência, porém, verifica, não apenas essas duas coisas (1 e 2) oferecidas pela percepção sensitiva, mas verifica, além disto, uma terceira realidade (3), um *nexo lógico* entre os dois primeiros; verifica, não só que 2 existe *depois* de 1, mas também *por causa* desse 1. Com outras palavras, a inteligência tem a faculdade de descobrir que um ser é a *causa* de outro ser, que o segundo deve sua existência ao primeiro.

Os sentidos percebem, pois, a *coexistência* e, por vezes, a *sucessão cronológica* de dois fenômenos, ao passo que a inteligência descobre, além disto, a *relação* ou o *nexo lógico* entre eles.

A sucessão cronológica é algo puramente *externo* — o nexo lógico é algo *interno*, e como mais tarde veremos, a sucessão cronológica é baseada na categoria de "tempo e espaço" mas, já que tempo e espaço não passam de simples atributos ou modos de agir de nossos sentidos, essa tal sucessão cronológica é meramente aparente — ao passo que o nexo lógico é profundamente real. Quer dizer que a inteligência descobre algo incomparavelmente mais real e verdadeiro do que os sentidos possam perceber. De fato, a percepção sensitiva é meramente aparente, ao passo que a concepção intelectiva é real. A metafísica é mais real que a física.

Para o homem simples, sem cultura filosófica, *real* é sinônimo, ou até homônimo, de concreto, individual, material, físico — ao passo que o abstrato, o imaterial, o metafísico equivale, para ele, a *irreal*, fictício, quimérico. Existe mesmo uma inteira orientação na filosofia (empirismo, materialismo) que defende a tese de que real é aquilo que é verificável pelos sentidos, e que tudo que não é sensitivamente verificável não é real. Será isto "filosofia" — ou apenas jardim de infância da filosofia?

Para o empirista ou materialista, o nexo de causalidade entre dois seres concretos não é real, mas puramente fictício, irreal, não passando de uma criação arbitrária da mente humana. De fato, um dos corifeus do empirismo da Renascença, David Hume, nega peremptoriamente a realidade objetiva da chamada "relação causal". Real é para ele, e para todos os empiristas, aquilo que os sentidos podem perceber, isto é, coisas e fenômenos concretos, individuais. Não há realidade abstrata, dizem, só existe realidade concreta. Abstrato é, para eles, sinônimo de irreal, como concreto é idêntico a real.

Entretanto, é um fato, e fato glorioso, que todas as atividades tipicamente humanas — ciência, arte, religião, filosofia, descobertas, invenções, técnica, cultura, civilização, etc. — têm por base a percepção da relação causa-efeito existente entre coisas concretas da natureza. Sem essa percepção, não haveria cultura e civilização humanas. Na suposição de que esse nexo de causa e efeito seja mera ficção da nossa mente subjetiva, sem base alguma no plano objetivo, teríamos de admitir que todas as atividades típica e especificamente humanas, como as que acima enumeramos, estivessem baseadas em simples ficções, irrealidades, quimeras, ilusões — suposição que nenhum homem sensato admitiria. Os fatos da nossa ciência, arte, cultura e civilização são por demais evidentes e objetivamente reais para que possam ser o resultado de algo irreal e inexistente.

De resto, se assim fosse, qual seria a razão por que os seres infra-humanos não possuem a mesma cultura e civilização que o gênero humano arquitetou sobre a face da terra?

Evidentemente, falta aos seres infra-humanos essa misteriosa faculdade que possibilita ao homem perceber algo que o ser infra-humano não pode perceber, por falta da competente faculdade a que chamamos inteligência ou intelecto.

Não negamos que certos seres infra-humanos possuam algo parecido com a inteligência humana, no seu estágio evolutivo inferior. Cães, cavalos, símios, elefantes e outros animais podem "aprender" coisas surpreendentes, sob a direção do *homo intelligens*; mas, quando deixados a si mesmos, não continuam a aperfeiçoar as suas habilidades; pelo contrário, recaem invariavelmente ao nível primitivo, o que prova que aquilo que o homem lhes ensinou artificialmente não lhes era conatural, não encontrou base em uma faculdade ou potência pré-existente e latente na natureza desses animais, mas que não passava de um elemento alheio e heterogêneo adicionado de fora, e não nascido de dentro — espécie de rótulo temporário grudado na pele superficial desses animais, e que necessariamente tinha de ser desgrudado quando a pressão de fora cessou de atuar, como invariavelmente acontece quando é suspenso o treino da parte dos mestres humanos.

O homem intelectualizou-se poderosamente sem nenhum mestre inteligente — ao passo que os animais são incapazes de ser realmente intelectualizados, nem mesmo sob a direção do mais inteligente dos mestres; por sinal, a "inteligência animal" é de outra natureza que a do homem, e não há um só exemplo de que uma "inteligência animal" se tenha transformado em inteligência humana, capaz de *interlegere*, de ler ou perceber o nexo metafísico entre as coisas físicas da natureza. O homem, mesmo o homem primitivo, pré-histórico, aparentemente simples animal, deve ter possuído, desde o início, outra espécie de inteligência do que os verdadeiros animais. Do contrário, não se explica por que a nossa inteligência tenha atingido as alturas que atingiu, enquanto a "inteligência animal" está marcando passo no mesmo nível que ocupava centenas de milênios atrás.

Em resumo, o homem primitivo, embora ainda não *intelectualizado*, era *intelectualizável* — ao passo que o animal não é nem *intelectualizado* nem *intelectualizável*. Ora, essa impossibilidade de intelectualizar o animal indica que lhe falta a competente potência que possa ser, através dos tempos, transformada em ato. Só uma inteligência potencial pode ser atualizada, mas onde não existe a potência também não pode ocorrer o ato[3].

De resto, sendo que segundo Haeckel "a ontogênese é a palingênese da filogênese" — ou, sem palavras gregas, a história do indivíduo é a recapitulação da história da raça — temos na vida individual de cada homem a miniatura da epopéia multimilenar do gênero humano: a criança não é intelectualizada, mas intelectualizável — ao passo que o filhote de qualquer irracional não é intelectualizado nem intelectualizável. Aquela, embora não possua o *ato*, possui a *potência* — ao passo que este não possui nem o *ato* nem a *potência* para o dom do intelecto.

O que faz a profunda diferença entre os seres do Universo não é aquilo que eles são atualmente, mas, sim, aquilo que podem vir a ser, isto é, o que já são potencialmente. Não o ato, mas a potência é que cria a enorme diferença entre os seres do mundo.

* * *

---

[3] Nesta altura, alguns dos meus estudantes de filosofia costumam perguntar se o animal, algum dia, virá a ser homem.

Esta pergunta supõe duas coisas falsas, tacitamente admitidas como verdadeiras, a saber: 1) que o homem tenha sido, em tempos pretéritos, verdadeiro animal; 2) que os seres infra-humanos tenham o destino de atingir, mais cedo ou mais tarde, a perfeição do homem. O primeiro ponto vem explicado no decurso deste volume.

Quanto ao segundo, convém notar que não é do espírito da Constituição Cósmica reduzir todos os seres do Universo ao mesmo clichê de perfeição; pelo contrário, é típico do espírito do Cosmo manter imensa variedade de seres porque o característico do mundo é a unidade na diversidade, que é harmonia, e não a supressão da diversidade, que seria monotonia.

Se alguém acha que nisto vá "injustiça" com os seres inferiores solicitamos o favor de nos dizer donde vem essa injustiça, se, nesses seres, não há nenhuma potencialidade superior, nenhuma promessa implícita de perfeição ulterior. Não creio que uma pedra se sinta tratada com injustiça pelo fato de não ser um girassol, nem uma roseira se ressinta de não ser uma águia ou um leão. Eu, pelo menos, não vejo nenhuma injustiça no fato de eu não ser, nem nunca vir a ser, um anjo, arcanjo, querubim ou serafim.

Voltando ao nosso ponto de partida, nenhum animal é nem pode vir a ser filósofo, uma vez que não percebe nem pode perceber o nexo causal existente entre as coisas da natureza. Todo homem é potencialmente filósofo, uma vez que a inteligência faz parte essencial da natureza humana. Nem todos, é verdade, desenvolvem atualmente essa sua potencialidade latente, essa sua filosofia dormente, embrionária.

Disse o grande Tertuliano, no segundo século, que "a alma humana é cristã por natureza" — com a mesma razão poderíamos dizer que "a inteligência humana é filósofa por natureza".

Com efeito, ser inteligente é ser filósofo, potencial ou efetivamente.

Não existe um só homem que não seja, pelo menos potencialmente, filósofo.

A filosofia não é, pois, como se vê, uma ciência particular como, por exemplo, a física e a química; mas é a ciência universal, a ciência especificamente humana, a atividade humana por excelência.

Donde se segue logicamente que o homem é tanto mais perfeito quanto mais filósofo. É experiência de todos os verdadeiros filósofos, de todos os tempos e países, que a intuição profunda e permanente da unidade essencial do Universo, da grande harmonia cósmica, confere ao homem uma tranqüilidade, serenidade e paz interior imperturbáveis. A percepção nítida da realidade objetiva do Universo não pode deixar de se refletir na vida subjetiva do homem realmente filósofo. O conhecimento do seu ser afeta necessariamente o seu *agir*, porquanto *agere sequitur esse* (o agir segue ao ser). O homem que realmente sabe o que ele é agirá em conformidade com o seu ser. A sua ética assumirá as cores da sua *metafísica*.

Não é possível que um homem profundamente compenetrado da verdade da absoluta e suprema unidade do cosmo, do qual ele mesmo é parte integrante, continue por muito tempo a viver como se essa unidade não existisse, como se ele fosse um indivíduo isolado, uma partícula segregada do Todo, um átomo humano divorciado do Universo.

A noção intuitiva da suprema e indestrutível unidade e harmonia do cosmo tira ao verdadeiro filósofo todo e qualquer sentimento de *temor* e de *ódio*, esses dois inimigos mortais da felicidade humana. O filósofo sabe por experiência imediata que nada há no Universo que lhe possa fazer mal (exceto ele mesmo), como nada há que mereça ser odiado. Essa definitiva abolição do temor e do ódio não é, para o genuíno filósofo, o resultado cruciante de tais ou quais exercícios éticos ou ascéticos, alguma espécie de "virtude" que ele tenha adquirido por meio de torturantes manobras; ele sabe disto pela intuição da verdade, da eterna realidade que se descortinou a seus olhos.

Como veremos mais tarde, a filosofia, embora comece com a inteligência, culmina na razão, ou seja, no espírito, no *Lógos*, que ultrapassa todas as fronteiras da inteligência unilateral, abrangendo, numa visão onilateral, a universalidade dos fenômenos individuais radicados no Númeno universal.

A filosofia nasceu com o despontar da inteligência individual, mas atingirá a sua maturidade e plena evolução com a vitória final da razão universal, ou seja, da consciência cósmica.

Em busca da
realidade absoluta

U ma só é a Realidade — muitas são as suas manifestações, os fenômenos.

Aquela é a Causa absoluta, eterna, universal — estes são os efeitos relativos, temporais, individuais.

A Realidade não é causada, produzida, efetuada — ela é auto-existente, auto-suficiente, autônoma, necessária, imutável, sem princípio nem fim.

Os fenômenos são causados, produzidos, efetuados, contingentes; nascem e morrem, e tornam a nascer e a morrer, numa indefinida sucessão de existir e não existir.

Exatamente falando, a Realidade não existe mas é, ao passo que os fenômenos existem ou deixam de existir. Existir, como a própria palavra indica (*ex-sistere* — estar de fora) denota algo que saiu de um Todo maior, espécie de onda que surgiu do seio do mar, ou como a faixa de luz colorida que proveio da luz incolor. Todos os seres individuais *existem* como fenômenos; a Causa absoluta, uma vez que não *é* indivíduo, não *existe*, mas é. Ela é o *Ser* (o *Ens*, o *Oon*, o Yahveh[4]).

A Realidade pode ser comparada, embora imperfeitamente, a

---

[4] A palavra Yahveh, ou, pronúncia menos correta, Jehovah, é o particípio presente do verbo "ser" (*yahvah*), correspondendo ao nosso "sendo" (ou "ente") ou "aquilo que é". O latim, o grego, o hebraico e o inglês usam o particípio presente do verbo "Ser", em vez do infinito português "ser" ("Sein" em alemão).

um oceano eterno, imenso, infinito, ao passo que os fenômenos são como ondas, pequenas e grandes, na superfície das águas.

A Realidade é comparável, também, à luz branca, incolor — enquanto os fenômenos são como as luzes dispersas e multicores.

A Realidade é unidade — os fenômenos são multiplicidade.

Os fenômenos, antes de existirem como tais, já pré-existiam, ou eram como Realidade; o seu "principal" é, portanto, relativo e não absoluto; e, quando desaparecerem do cenário da fenomenalidade, deixam de existir apenas como fenômenos, mas continuam a ser como Realidade; o seu "acabar" é, por conseguinte, relativo, e não absoluto, como relativo foi o seu "principiar".

Não há no Universo princípios nem fins absolutos: nem no plano da Realidade, que não tem princípio nem fim, nem no plano dos fenômenos, que têm apenas princípios e fins relativos.

Tudo o que é hoje, foi ontem e será amanhã.

Tudo o que é, é essencialmente eterno. Nada pode começar a ser, e nada pode deixar de ser. Não há transição do ser para o não ser, como não há transição do não ser para o ser. Há apenas transição do não existir para o existir, e vice-versa.

A transição do não ser para o ser seria "creação" no sentido próprio; a transição do ser para o não ser seria "aniquilamento" — dois conceitos puramente fictícios, sem nenhum equivalente na ordem real das coisas. O Algo de hoje nunca foi um Nada ontem — assim como nunca será um Nada amanhã.

O mundo, que é Algo, não veio do Nada — mas sim do Tudo. É uma diminuição do Tudo, e não um aumento do Nada. Do "mais" pode vir o "menos" — mas do "zero" não pode vir o "um" ou outro número qualquer. As leis metafísicas da lógica e da matemática são invioláveis.

Todos esses "Algos" que chamamos mundos, emanam não da infinita vacuidade do Nada, mas da infinita plenitude do Tudo.

Esse Tudo é que a Religião chama "Deus".

De Deus emanaram, ou melhor, emanam constantemente, os fenômenos, os mundos, os universos — e a ele retornam sem cessar.

Nele estão, dele vieram, para ele voltam.

Deus é o *Poder Creador* do cosmo (Pai, Brahma); Deus é a *Sabedoria Dirigente* da Natureza (Filho, Vishnu); Deus é o *Amor Perficiente* do Universo (Espírito Santo, Shiva).

"Nele vivemos, nos movemos e temos o nosso Ser" (São Paulo).

Dissemos que todo o universo fenomenal *emanou* da eterna Realidade, Deus.

Chamamos, porém, a atenção do leitor para o perigo de equivocação que existe na palavra "emanar". O Universo não emana de Deus assim como um líquido emana de um vaso, ou como o rio emana da sua nascente, mas antes, assim como o meu pensamento emana de minha alma. A emanação material implica separação, afastamento, distância entre aquilo *que* emana e aquilo *de que* emana. Entretanto, não é isto que acontece no mundo da Absoluta Realidade. O meu pensamento, enquanto emana de minha alma continua a estar dentro de minha alma; não há possibilidade de separação entre meu pensamento e minha alma; no mesmo instante em que meu pensamento fosse separado de minha alma deixaria de existir. O meu pensamento só é real enquanto permanece dentro de minha alma, enquanto é *imanente* no meu ser. O meu pensamento é, de fato, a minha alma enquanto esta pensa; são inseparavelmente unidos, até certo ponto idênticos.

Pois, é assim que o universo fenomenal emana de Deus; é uma manifestação, uma revelação ou atividade de Deus. O Deísmo do século XVIII considerava o mundo como uma criação de Deus no sentido *transcendente*, e não *imanente*; segundo os deístas, teria Deus, em tempos pretéritos, criado o universo material e depois abandonado a seu destino, retirando-se ele mesmo para o seu palácio transcendente e misterioso, para além das fronteiras deste mundo visível. Se assim fosse, teria o mundo voltado a um puro nada, assim como o efeito deixa de existir no mesmo instante em que se separa da sua verdadeira causa[5].

Exatamente falando: Deus é a única Realidade, a onipresente essência de todas as coisas, o íntimo quê de tudo quanto existe. A onipresença de Deus não é uma coexistência com os fenômenos, como se esses fenômenos existissem e *juntamente* com eles existisse

---

[5] Frisamos, "de sua verdadeira causa", porque não falamos dessas pseudocausas imediatas e individuais a que comumente chamamos causas, mas que são simples condições, e não verdadeiras causas, dos respectivos efeitos. Não existem causas na natureza, só existe Causa Universal Cósmica. Podem os efeitos, sim, existir separados das suas condições (as chamadas causas individuais), mas não podem existir separados da sua verdadeira Causa.

Deus. Esses fenômenos não existiriam de maneira alguma sem a imanente e creadora presença de Deus: seriam um puro nada no plano fenomenal; quem os fez ser algo no plano da existência fenomenal é a eterna Realidade, o Ser absoluto, Deus, que é a essência de todas as coisas, e todos os fenômenos são simples aparências ou manifestações de Deus.

Isto não é panteísmo, sistema intrinsecamente absurdo e contraditório, porquanto identifica a Causa infinita com os efeitos finitos, o Todo com suas partes. A Causa, porém, não equivale a nenhum dos seus efeitos, nem mesmo à soma total desse efeitos, por maior que seja essa soma.

Deus não equivale a este ou àquele fenômeno, mas, sim, à essência eterna de cada um. O íntimo *ser* de cada coisa é Deus, mas não o seu *existir* perceptível pelos sentidos ou concebível pelo intelecto. No plano do *ser* nada há nem pode haver fora de Deus, mas sim, no plano do *existir*. Uma árvore que hoje começa a *existir* como este fenômeno individual, já *era* (ou, mais corretamente, *é*) desde toda a eternidade como Realidade.

Uma vez que a suprema Realidade, Deus, é a essência e o íntimo quê de todas as coisas, segue-se que essas coisas não podiam *começar* nem *continuar* a sua existência fenomenal sem que a eterna Realidade lhes desse e conservasse essa existência individual, graças à permanente imanência da Divindade em todos os seres; segue-se, outrosssim, que nenhum ser individual pode *deixar de ser*, cair no abismo do puro nada, embora possa deixar de existir como este fenômeno individual agora existente, mas não pode deixar de ser Algo, de fazer parte do oceano eterno da infinita e indestrutível Realidade.

Nascer e *morrer* não são princípios nem fins absolutos: são apenas um começar e um acabar relativos. Um ser *nasce* quando emerge do oceano infinito da Realidade absoluta e universal, e aparece, como onda pequena ou grande, na superfície visível desse imenso Pélago invisível, Deus, superfície essa a que chamamos mundo, Universo, natureza. Antes de emergir desse Pélago, o ser possui Realidade universal; depois de emergir possui existência individual, podendo ser objeto verificável por um ou mais dos nossos sentidos. Um ser *morre* quando abandona a tona perceptível do oceano cósmico e torna a submergir nas imperceptíveis profundezas da eterna Realidade.

Não há nada que passe da irrealidade para a realidade, no

sentido próprio, como não há nada que passe da realidade para a irrealidade. O que é real é e será real para sempre — o que é irreal, foi, é e será irreal por toda a eternidade. Existindo, porém, uma Realidade absoluta e inexaurível, incontáveis fenômenos individuais podem, através de toda a eternidade, emergir ou emanar dessa ilimitada abundância.

* * *

Como a Suprema Realidade é causa e fonte de tudo quanto existe nos vastos domínios do cosmo, é certo que essa Realidade é consciente, *autoconsciente* (*self-conscious*, *selbstbewusst*), uma vez que entre os fenômenos por ela creados existem seres autoconscientes — e não é possível, logicamente, admitir efeito superior à sua causa. A infinita Realidade é a infinita Consciência, quer dizer que é cônscia de si mesma com infinita claridade e veemência[6]. Entretanto, como Deus não possui consciência individual – pois não é indivíduo, senão o Ser Universal — mas consciência universal ou cósmica, é ambíguo e impreciso dizer que Deus é consciente, possui autoconsciência. As filosofias e religiões orientais, em geral, negam que Deus seja um ser consciente, ou pessoal, e os grandes videntes e místicos de todos os tempos usam termos que sugerem esta mesma idéia. Houve quem daí concluísse que Deus é um ser inconsciente e impessoal, à semelhança das forças da natureza física, eletricidade, luz, magnetismo. Se assim fosse, seria Deus menos perfeito do que o homem e outros seres autoconscientes. Entretanto, é falsa essa conclusão. O fato de não ser Deus consciente não implica em inconsciência. Deus é superconsciente, pelo fato de possuir consciência universal.

---

[6] Na teologia eclesiástica, Deus é chamado "pessoa" (*persona*), "personalidade", palavra que tem dado azo a muita discussão e controvérsia. Se tomarmos o termo "pessoa", "personalidade", como sinônimo de "indivíduo", "individualidade", é impossível considerar Deus como pessoa, porque seria reduzi-lo a um indivíduo, fazê-lo finito, limitado, quando de fato Deus é o Ser Universal, Infinito. Entretanto, é permissível chamar a Deus pessoa no caso em que tomemos esta palavra como equivalente a "consciente" ou "superconsciente", "oniconsciente", como a igreja cristã certamente entendeu nas suas definições dogmáticas sobre a personalidade de Deus.

Quanto maior é a consciência de um ser, tanto maior é a sua perfeição, tanto mais alto está na escala dos seres. Um ser com consciência zero teria perfeição zero, isto é, não seria um ser real, seria um puro nada. Tal ser, evidentemente, não existe. Devido à fraqueza da nossa percepção, consideramos certos seres, por exemplo, os do plano mineral, como totalmente destituídos de consciência, como absolutamente inconscientes, o que é um erro. Não existe nenhum ser de todo inconsciente. Mesmo o elétron, que gira com estupenda velocidade e quase invencível fidelidade ao redor do seu próton, não é de todo inconsciente desse seu centro de gravitação, embora essa consciência seja puramente mecânica.

Ser de absoluta inconsciência é um ser nulo, irreal.

Ser de consciência parcial é um ser finito.

Ser de consciência total é um ser infinito.

Nomes sem conta se tem dado a esse Ser pleniconsciente, realíssimo, a essa Realidade Primeira e Última, a esse Um e Tudo, que está infinitamente além e intensamente dentro do Universo e de cada ser — nomes sem conta porque é o único Ser sem nome, anônimo e inominável. Dar nome quer dizer definir, e definir quer dizer traçar "fines" (limites) ao redor de um ser, circunscrevê-lo, incluí-lo no âmbito de uma certa área mais ou menos restrita e finita. Nomear, denominar, definir o Ser Infinito seria desinfinitizá-lo, finitizá-lo, privá-lo da sua vasta infinitude e reduzi-lo à angústia da finitude.

Um Deus definido é um não-Deus.

Todas as chamadas "definições" de Deus são outras tantas confissões da sua indefinibilidade: a Realidade, o Númeno, a Causa Prima, o Absoluto, o Infinito, o Eterno, o Todo, o Movente Imóvel, o Ultra-Ser, a Razão Cósmica, o Lógos, o Nous, a Alma do Universo, Yahveh (Jehovah), Dyaush, Deus, Theós, Zeus, Deus-Pater (Júpiter), God, Gott, El, Iluh, Allah, Brahman, Tao, Luz, Vida, Amor — todos estes e mil outros nomes são heróicas tentativas de nominar o inominável, de colher o Infinito em um receptáculo finito.

Jesus de Nazaré, o Vidente da Realidade Absoluta e da Beleza Eterna, ele, o "mais profundo filósofo e supremo artista", como lhe chama Mahatma Gandhi, dá ao grande Anônimo de mil nomes o afetivo título de "Pai" e a tudo que a ele se refere a designação de "reino de Deus", "reino dos céus".

* * *

Se, por um lado, não pode haver *efeito sem causa*, por outro também não pode haver *causa sem efeito*. De fato, que Realidade seria essa que nada realizasse? Um agente que não agisse? Uma atualidade que não atuasse? Seria uma Realidade passiva, inerte, estática, inativa, morta — o que é contraditório em termos. Realidade quer dizer atualidade ou atividade[7], ou, como diz o grande Estagirita, "actus purus" (pura atividade). Não existe realidade passiva, porque esta seria uma realidade irreal.

É, aliás, surpreendente como a ciência física, sobretudo as pesquisas nucleares do século vinte, tendem a confirmar brilhantemente a intuição metafísica dos grandes filósofos. Tive sobre este ponto interessante entrevista com o grande Einstein, na Universidade de Princeton, New Jersey. Os mais avançados nuclearistas de hoje negam ou põem em dúvida a existência de "matéria" no sentido tradicional da palavra, isto é, uma substância inerte, passiva, estática, que sirva de substrato imóvel aos fenômenos energéticos. Desapareceu ou está desaparecendo, da física hodierna, o tradicional dualismo entre *matéria* e *energia*, cedendo lugar à concepção unitária ou monista de energia como único substrato do Universo. A conhecida fórmula de Einstein $E = mc^2$ (energia é igual a massa multiplicada pelo quadrado da velocidade da luz), fórmula que serviu de base à construção da primeira bomba atômica solta sobre Hiroshima em 6 de agosto de 1945, esta fórmula aponta na mesma direção da filosofia antiga, negando a existência, mesmo no mundo físico, de uma realidade inerte, passiva, estática. Realidade, também na ciência moderna, quer dizer energia, dinâmica, atividade... Cientificamente falando, o materialismo do século XIX morreu... por falta de matéria! A tal "matéria", proclamada pelos materialistas como sendo a única realidade do Universo, abortou em "imaterialidade", isto é, acabou por se revelar inexistente, irreal, e os seus adoradores estão prostrados diante de um altar sem deus; a deusa Matéria desmaterializou-se em pura energia... Matéria não passa de "frozen energy", energia congelada, na frase típica de Einstein.

---

[7] Em alemão, realidade é "Wirklichkeit", que é derivado do verbo "wirken" que significa "agir". Nesta palavra vem contida a verdadeira significação da realidade: Real é aquilo que age (*wirklich ist das, was wirkt*). Irreal é aquilo que não age. Toda realidade é, pois, ativa, dinâmica. A infinita Realidade é infinitamente ativa, dinâmica, creadora.

Quer dizer que um ser é tanto mais real quanto menos material e quanto mais energético. O grau de freqüência das vibrações dinâmicas determinam o grau da realidade de um ser. Um ser com freqüência vibratória grau zero é um não-ser, uma ficção, um nada. A mais alta vibração física conhecida pela ciência é a da luz (o "c" da fórmula einsteiniana), ou a "velocidade da luz". A palavra "luz" tem de ser tomada em sentido absoluto, a luz é em si mesma invisível; a luz visível acusa vibração ou freqüência inferior à da luz invisível.

Ora, sendo que a luz absoluta é a mais intensa realidade no domínio do universo energético, é lógico que todas as demais realidades da natureza — isto é, as outras formas de energia e de "matéria" — sejam efeitos derivados dessa causa primária. A luz é a mãe de todos os fenômenos do mundo. Nada existe no vasto âmbito do Universo que não seja produto da luz — como também não existe alimento algum que não seja produto da luz. Todos os seres são *lucigênitos* e todos são *lucífagos*. Isto, que um século atrás teria sido simples divagação poética ou hipérbole mística, é hoje em dia uma conquista da ciência exata. Tudo é originado da luz e sustentado pela luz, ou radiação cósmica.

Disto já sabia, por visão intuitiva, o autor do livro do *Gênesis* quando dizia que no primeiro dia da criação foi feita a luz — não a luz do sol ou das estrelas, que, segundo o mesmo *Gênesis*, apareceu no quarto dia, mas a luz cósmica, universal, o "c" de Einstein e dos cientistas em geral. Desta luz primária nasceram todas as coisas do mundo, nos domínios da energia e da força.

Também a "natura naturans" de Spinoza não é outra coisa senão o princípio ativo e dinâmico do Universo, ao passo que a "natura naturata" é o elemento passivo e estático.

Quer seja Moisés ou Aristóteles, Spinoza ou Einstein, quer sejam os profetas, os filósofos ou os cientistas — todos eles concordam fundamentalmente na afirmação de que a Suprema e Absoluta Realidade é a Potência Universal, ou a Consciência Cósmica, da qual a luz é a mais alta manifestação, razão por que Deus é invariavelmente chamado "Luz", e os grandes videntes sempre percebem Deus através de fenômenos luminosos.

O que a Luz Cósmica é no mundo físico, isto é a Consciência Cósmica no universo metafísico.

"No princípio era o *Lógos* (Razão Cósmica, Espírito Universal), e o *Lógos* estava com Deus, e o *Lógos* era Deus... Todas as coisas foram feitas por ele, e nada do que começou a ser foi feito sem ele.

Nele estava a Vida, e a Vida era a Luz dos homens... Veio ao mundo a Luz verdadeira que ilumina todo homem. Estava ele no mundo, o mundo foi feito por ele, mas o mundo não o conheceu. Veio ao que era seu, mas os seus não o receberam. A todos que o receberam deu-lhes o poder de se tornarem filhos de Deus... E o *Lógos* se fez carne e habitou entre nós — e nós vimos a sua glória, a glória do Unigênito do Pai, cheio de graça e de verdade... Da sua plenitude todos nós temos recebido graça sobre graça (João, 1, 1ss)."

* * *

A Verdade, a Realidade, é, pois, a infinita Atividade Creadora, a Consciência Universal, da qual todos os seres reais receberam sua parcela de consciência individual. Não existe ser que não seja de algum modo consciente, embora o seja em tão primitivo grau que, visto da altura da nossa autoconsciência humana, nos pareça inconsciente. Ser é ser-consciente. O incessante transbordar da infinita plenitude da Consciência Cósmica é que é a perene atividade creadora de Deus — e é ao mesmo tempo o seu Amor universal. É da íntima natureza de Deus fazer efluir, extravasar, transbordar gotas finitas desse ser-consciência-amor-felicidade da infinita plenitude do oceano do seu Ser, da sua Consciência, do seu Amor, da sua Felicidade sem limites.

Um Deus que não fosse creador também não seria Deus, porque todo ser passivo é um não-ser. *Ser* quer dizer *agir*. *Ser é viver* — e todo viver é dinâmico, a essência da vida é energia.

Deus é creador desde que é Deus, isto é, desde toda a eternidade. Deus não começou jamais a criar, assim como não começou nunca a ser Deus. Estes dois conceitos coincidem absolutamente, tanto na ordem lógica como no plano cronológico.

Ora, como Deus não podia ser Creador sem crear algo, algo foi creado *ab aeterno*. Se nosso Universo é esse algo, segue-se que o Universo foi creado *ab aeterno*. De maneira que poderíamos definir a Absoluta Realidade (Deus) como *Pura Atividade,* ou Atualidade — o "actus purus" de Aristóteles, ou a "Forma" sem "Matéria" alguma.

O contrário da Pura Atividade seria a Pura Passividade, diametralmente oposta àquela, sendo por isto a Absoluta Irrealidade, o Nada. Esse Nada, oposto ao Tudo, é, naturalmente, uma ficção, um não-ser, a infinita negatividade.

Entre esses dois extremos, entre o infinitamente *Ativo* e o infinitamente *Passivo*, entre o Tudo e o Nada, entre a Plenitude e a Vacuidade, entre o Positivo e o Negativo, entre a Luz eterna e a Treva eterna — está o mundo, esse Algo misto de dois elementos; esse Algo crepuscular, nem luz meridiana nem treva de meia-noite; esse Algo parcialmente positivo, e parcialmente negativo; esse Algo participante da infinita atividade do Tudo e da infinita passividade do Nada. O que o mundo tem de real ou bom vem de Deus, o que o mundo tem de irreal ou mau vem do Nada.

Com efeito, segundo os grandes pensadores da Antiguidade, e com eles o neoplatônico cristão Santo Agostinho, o que chamamos "males" não é algo positivo e real em si mesmo, mas é a ausência de alguma realidade positiva. Os chamados "males", quer físicos quer morais, são o vácuo, o negativo, o passivo, o irreal, assim como a treva é a ausência da luz, como a moléstia é a ausência da saúde, como a morte é a ausência da vida. Naturalmente, em um mundo realizado como o nosso, essa ausência de realidade não é total e absoluta senão apenas parcial e relativa; a ausência total e absoluta da realidade seria o Nada, a irrealidade.

Todo mal consiste, pois, em uma irrealidade parcial e relativa. O grau da sua imperfeição é o grau da sua irrealidade; o grau da sua realidade é o grau da sua perfeição.

Tem-se escrito enorme literatura e têm-se feito incontáveis discursos e sermões sobre o problema do mal. A existência do mal no mundo e na humanidade é o eterno escândalo dos agnósticos, dos materialistas, dos descrentes, como também de muitos dos que se dizem crentes. Por que não creou Deus um mundo perfeito, sem males? — perguntam eles; não o podia? Não o queria? Se não o podia, que é da sua onipotência? Se não o queria, que é do seu amor infinito?

Toda essa questão em torno do problema do mal labora de uma espécie de pecado original, ou, se quiserem, de moléstia hereditária. Se Deus creasse um mundo absolutamente perfeito crearia a infinita Realidade, que é ele mesmo; o Deus infinito crearia outro Deus infinito — o que é extremamente absurdo. Haveria dois infinitos, ou tantos infinitos quantos fossem esses mundos de absoluta perfeição. De duas uma: o "infinito" número *um* contém ou não contém as perfeições do "infinito" número *dois*; se as contém, os tais "dois infinitos" são na realidade um só; se o "infinito" número *um* não contém as perfeições do número *dois*, não é infinitamente perfeito, porque lhe faltam essas perfeições. Em resumo: a existência de dois infinitos, ou mais, é intrinsecamente impossível. Quer dizer, a existência de um ser creado de absoluta perfeição é metafisicamente impossível. Nem o próprio Deus com toda a sua onipotência pode crear um mundo infinitamente perfeito — assim como não pode crear um círculo quadrado ou uma vida morta. A razão por que Deus não pode crear algo dessa natureza não é por deficiência de poder creador, mas unicamente porque algo intrinsecamente contraditório não é "algo", como parece ser, mas é um puro nada, e Deus não pode crear o nada; o objeto resultante de um ato creador deve sempre ser algo, e não o nada.

Quer dizer que o objeto de um ato creador de Deus é sempre *algo*, e não o *nada*, nem o *Tudo*. Ora, qualquer espécie de *algo*, por maior que seja, é finito, limitado, imperfeito. O *algo* é sempre um *menos* em comparação com o grande MAIS ou MÁXIMO, que é o TUDO, a Realidade absoluta e infinita.

Qualquer creatura é necessariamente finita e imperfeita na sua *existência* individual e fenomenal, embora seja infinita e perfeita na sua *essência* universal e numenal, pois a essência de todo o ser é Deus.

Os seres individuais não são parcelas ou fragmentos da Divindade como certos poetas parecem admitir; são manifestações parciais do grande Tudo, assim como os meus pensamentos são manifestações da minha mente. De fato, o Universo não é senão um pensamento de Deus feito visível, espécie de Idéia Divina cristalizada. Também aqui poderíamos dizer "O Verbo se fez carne", quer dizer, o espírito eterno se fez matéria temporal, o invisível se fez visível. O mundo é uma permanente encarnação de Deus. Deus não é a causa transcendente do mundo, assim como o pai é a causa de seu filho; Deus é a causa imanente do mundo, assim como minha mente é a causa do meu pensamento, que só é real enquanto eu o "penso" e deixa de ser real no mesmo instante em que eu deixo de "realizá-lo" pensando-o. Se Deus deixasse por um só instante de "pensar" o mundo, o mundo deixaria de ser real, como fenômeno individualmente existente. Para aniquilar o Universo bastaria que Deus deixasse de o "pensar" amorosamente porque, considerando o pensamento divino a única força creadora do cosmo — o "Lógos" ou Verbo, de São João —, é certo que esse efeito deixaria de existir no mesmo instante em que a Causa deixasse de operar. O Universo é perenemente creado pelo amoroso pensamento do Creador[8].

---

[8] É profundamente significativo que a mesma palavra "pensar", no

A imperfeição ou o mal de qualquer fenômeno não é senão a sua finitude, o fato de ser cada fenômeno apenas um efeito ou uma manifestação unilateral, e não a Causa onilateral.

O Bem infinito é a Realidade absoluta, Deus.

O Mal infinito é a Irrealidade absoluta, o Nada.

O Bem finito — que é ao mesmo tempo o Mal finito — é um misto de Realidade e Irrealidade, o Mundo.

Um mundo absolutamente bom, perfeito, sem males, seria Deus.

Um mundo absolutamente mau, seria o Nada.

Nenhum mundo real pode ser absolutamente bom nem absolutamente mau.

Qualquer mundo real é relativamente bom e relativamente mau.

Os que se queixam dos males do mundo e por esta razão pretendem ser ateus, não sabem o que fazem. Pretendem algo intrinsecamente impossível. O seu chamado ateísmo é simplesmente o resultado da sua profunda ignorância e falta de lógica. A exemplo de Dom Quixote de La Mancha, lutam a noite toda contra moinhos de vento, que tomam por feroz inimigo — até que, findas as trevas do erro e despontando a luz da verdade, descubram o seu engano, se é que o descobrem...

O ateísmo é filho legítimo do erro e da ignorância.

A sabedoria, que é a intuição clara da realidade, não pode ser atéia.

O mundo é bom — e isto prova que ele é de Deus.

O mundo é absolutamente bom — e isto prova que ele não é Deus.

Ateísmo e panteísmo — são duas atitudes mentais incompatíveis com o conhecimento da Verdade.

A Realidade é uma só — o contato com ela é a Verdade. A posse da Verdade é que faz o possuidor livre. No mundo irracional, onde o contato com a Última Realidade é impossível, não pode

---

sentido de atividade mental, seja idêntica ao verbo "pensar", no sentido de cuidar amorosamente de um ferido ou procurar solicitamente restabelecer a saúde em um doente. Se Deus não "pensasse" o mundo ainda irreal, jamais se teria o mundo tornado real; se Deus deixasse de "pensar" carinhosamente este mundo realizado, voltaria o mundo ao abismo do irreal. Tão grande é a potência creadora do amoroso pensamento ou do amor pensante de Deus!

haver liberdade. A liberdade começa lá onde amanhece a verdade — no mundo consciente do homem.

Nenhum homem ignorante da verdade é livre, embora viaje desimpedidamente por todos os continentes, mares e ares do globo.

Nenhum homem possuidor da verdade é escravo ou cativo, ainda que passasse a existência toda por detrás de barras de ferro ou prostrado em um catre de hospital.

A Verdade de que Jesus fala é a Realidade Absoluta — Deus.

Conhecer esta Realidade é conhecer a Deus — e isto é ser livre no mais alto sentido da palavra. É esta a "gloriosa liberdade dos filhos de Deus".

E é nisto que está o supremo destino do homem.

Os bandeirantes da verdade

"Conhecereis a verdade — e a verdade vos libertará."
"Que é a verdade?"

Desde que Jesus e Pilatos — representantes de duas classes de homens e de duas filosofias — proferiram as palavras acima, continua a humanidade dividida em dois campos adversos, no tocante ao conhecimento ou não-conhecimento da verdade.

Vimos no capítulo anterior o que é a Realidade, a Realidade Absoluta.

Mas... será possível entrar em contato com essa Realidade ultra-sensível e ultra-intelectiva? Será que podemos ter certeza definitiva da existência dessa Realidade suprema?...

O Nazareno proclama: 1) a existência da verdade; 2) a cognoscibilidade da verdade; 3) a função libertadora da verdade conhecida. "Conhecereis a verdade — e a verdade vos libertará." Vai nestas palavras lapidares uma inteira filosofia da vida.

O governador romano, por seu turno, põe em dúvida a existência da verdade, com todos os seus derivados.

A humanidade continua dividida entre esses dois campos: entre os discípulos da filosofia clara e positiva de Jesus — e os adeptos da filosofia nebulosa e negativa ou cética, de Pilatos.

Há muitos que, como o primeiro, afirmam a realidade objetiva da verdade, sua cognoscibilidade subjetiva e sua ação beatificante libertadora — e há também quem negue ou, pelo menos, ponha em dúvida, a verdade como tal, objetivamente real e, por conseguinte, a sua cognoscibilidade e ação libertadora. Para esses negadores ou céticos, a verdade não é algo que o homem *descubra*, mas algo que o homem *faz*; a verdade, para eles, é algo que eu considero como sendo a verdade, mas não é algo que exista independentemente de mim, da minha atividade mental; eu é que sou o *fazedor*, e não o *descobridor* da verdade, dizem eles; a verdade é um produto humano, e não uma realidade independente do homem. A verdade é subjetivamente relativa, e não objetivamente absoluta. Ora, já que eu faço a verdade, também posso desfazer o que fiz.

Com outras palavras, pergunta-se se a verdade tem *valor objetivo e autônomo*, ou se não passa de uma *opinião subjetiva e heterônoma*. A verdade, dizem os relativistas subjetivistas, não é uma norma fixa, espécie de obelisco monolítico, pelo qual eu deva orientar minha metafísica e a minha ética, mas é, antes, como um boneco ou fantoche que eu mesmo fabrico e manipulo como bem entendo, segundo as conveniências do momento. Se minha verdade for desfavorável aos meus interesses individuais, modifico-a até que se amolde aos meus gostos pessoais, aos interesses do meu grupo, da minha pátria ou da minha igreja.

Neste último caso, a verdade deixa de ser livre e soberana, para se tornar escrava e servidora dos meus interesses — e deixa de ser uma "verdade libertadora", pois ela mesma não é livre.

A aceitação de uma *verdade absoluta*, por um lado, e a adesão a umas *verdades relativas*, por outro, cavou um abismo invisível entre os dois grupos em que se divide a humanidade de todos os tempos. Todos os bens e todos os males, no plano moral, derivam da aceitação prática desta ou daquela filosofia sobre o caráter e a função da verdade.

* * *

Quid est veritas? Que é a verdade? — disse Pilatos.

Vejamos se é possível definir, ou melhor, descrever o que entendemos pela palavra "verdade".

A verdade é, em poucas palavras, a *harmonia, total ou parcial, entre o meu pensamento subjetivo e a realidade objetiva.*

Conseqüentemente, a inverdade, ou o erro, consiste na desarmonia entre meu pensamento e a realidade.

Como se vê, a verdade ou o erro começam onde começa o pensamento. Onde não há pensamento, não há nem verdade nem erro; só pode haver ignorância, como acontece no mundo infrahumano, e também naquela zona do mundo humano onde não atinge a ação do pensamento; no mundo dos sentidos não há verdade nem erro, há tão-somente ignorância da Realidade, uma vez que a Realidade não é objeto de percepção sensitiva.

Entre parênteses, a realidade objetiva, muitas vezes chamada "verdade", não é, propriamente, a verdade, mas apenas um elemento necessário para a construção da verdade. A verdade, propriamente dita, sempre consiste numa relação entre o sujeito cognoscente e o objeto cognoscível.

Enquanto o sujeito cognoscente não tem nenhuma noção ou contato com o objeto cognoscível, a realidade, está ele em um estado de completa *ignorância*.

Se o sujeito considera como real o que não é real, ou como irreal o que é real, está no estado de *erro*, ou de inverdade. Se o sujeito admite como real o que é objetivamente real, ou como irreal o que é objetivamente irreal, está com a *verdade*.

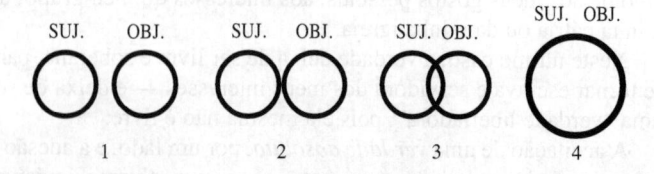

No desenho acima procuramos representar graficamente essas diversas constelações entre o sujeito cognoscente e o objeto cognoscível, ou conhecido. Enquanto esses dois círculos permanecerem em uma posição de separação total, como na figura número 1, impera a ignorância total. Na figura número 2, há um ligeiro contato entre sujeito e objeto, isto é, um início de verdade. Na figura número 3, há um contato maior entre os dois elementos, porquanto existe uma pequena zona sobreposta entre o sujeito cognoscente e o objeto cognoscível, e, neste caso, já parcialmente conhecido. Na figura número 4, há completa sobreposição ou coincidência dos dois círculos (vendo-se, por isso, um só), representando o conhecimento perfeito, ou seja, a completa identificação do sujeito com o objeto.

No caso em que o sujeito seja um *ser finito*, e o objeto um *ser infinito*, claro está que aquele nunca se sobreporá integralmente a este, o finito jamais cobrirá toda a área do infinito, existindo, portanto, a possibilidade de um conhecimento progressivo, indefinido, uma marcha eterna rumo ao infinito, uma "vida eterna"; o sujeito finito em marcha cognoscitiva nunca chegará a um ponto onde haja permanente "luz vermelha", trânsito impedido para sempre, mas sempre terá diante de si, na vasta estrada, "luz verde", caminho aberto para avanços ulteriores. Se o sujeito, na sua jornada cognoscitiva, alguma vez atingisse uma barreira definitiva, intransponível, teria ele, o finito, atingido plenamente o infinito — o que é intrinsecamente contraditório, uma vez que o finito jamais poderá coincidir com o infinito; ou então o infinito deixaria de ser infinito, outra hipótese intrinsecamente contraditória. Quer dizer que o sujeito finito, por mais que se aproxime, progressivamente, do objeto infinito, nunca chegará a um ponto onde deva parar, por falta de espaço ulterior. A vida eterna é necessariamente algo dinâmico, e não estático; um incessante viajar pelo mundo da verdade, um permanente abrir de novos horizontes de conhecimentos, rumo ao infinito.

* * *

Há diversos modos de conhecer[9], se tomarmos este termo no sentido mais amplo.

Todo e qualquer indivíduo finito — e todos os indivíduos são finitos — tem a tendência instintiva de se pôr em contato com o mundo externo, o Todo em derredor dele, enquanto é capaz de o apreender. A finalidade dessa tendência universal é evolutiva: cada indivíduo tende a evolver ou aperfeiçoar-se por meio do contato com o mundo maior em torno dele.

Esse processo de contato admite diversos estágios ou graus de perfeição.

O modo mais simples e primitivo é o de *assimilação física*, pelo qual o sujeito menor incorpora algo do objeto maior. Plantas e animais ingerem, incorporam, assimilam algo do mundo externo, consubstanciando-o com seu mundo interno, e conseguindo assim maior grau de perfeição. O maior, parcialmente identificado com o menor, confere maior perfeição a este último. É que a lei básica da evolução não consiste apenas em "ser", mas em "se tornar atualmente o que já é potencialmente". A lei evolutiva não é, por assim dizer,

---

[9] Como acontece muitas vezes, a filologia e a etimologia são ótimas aliadas da filosofia. Conhecer, do latim *cognoscere* formado de *connoscere*, quer dizer literalmente "ter uma noção em conjunto", ou um contato mútuo, denotando a relação entre o sujeito e o objeto.

um plano horizontal, estático, mas antes uma linha ascensional, dinâmica. A assimilação física, como toda e qualquer tendência e processo de contato com o ambiente maior, obedece a essa lei de evolução ascensional.

Outro processo de contato, bem mais perfeito que a simples assimilação física de substâncias materiais, consiste na *percepção sensória*. Neste caso, o *sujeito percipiente* se põe em contato com o *objeto perceptível* ou *percebido*, por meio dos sentidos (ou do sentido, porquanto os seres inferiores dispõem apenas de um sentido: o tato), assimilando reflexos, imagens, impressões vindas do mundo circunjacente, e centralizando-os numa percepção mais ou menos consciente e homogênea.

Para que haja percepção sensória (ou assimilação física) requer-se a presença física do objeto. Há, todavia, uma classe de seres aqui na terra, capazes de assimilar ou perceber algo que não se acha fisicamente presente, devendo, todavia, estar presente *metafisicamente*, ou seja, *mentalmente*. Esta percepção metafísica ou mental é tipicamente humana, não se encontrando, ao que consta, no mundo infra-humano. Pela percepção metafísica, mental ou intelectual, põe-se o homem em contato com realidades (note-se bem, *realidades objetivas*, e não apenas ficções subjetivas!) presentes, mas não individualizadas e concretas de maneira que possam ser percebidas pelos sentidos materiais. A palavra "inteligir" (*interlegere*, ler ou perceber por entre), como já dissemos, é admiravelmente escolhida para indicar este processo de contato com o grande mundo ultra-sensório: pelo intelecto, o homem percebe algo entre as coisas fisicamente presentes, percebe o nexo metafísico que entre essas coisas físicas existe, embora escape à verificação dos sentidos. Como essa percepção intelectual é uma percepção em conjunto, é ela chamada adequadamente "concepção".

Não é de supor, contudo, que essa faculdade intelectiva seja o mais alto modo de conhecer que a humanidade possa atingir. Pelo contrário, temos numerosos exemplos, através de todos os milênios da história humana, de que o *homo intelligens* do nosso século pode vir a tornar-se o *homo sapiens*[10] dos séculos vindouros, uma

---

[10] A conhecida expressão *homo sapiens*, tão usada por cientistas e literatos modernos para designar a espécie humana, em oposição ao mundo infra-humano, não é aplicável ao grosso da humanidade atual, mas tão-somente a uma pequena elite. A massa da humanidade atual é formada do

vez que nas profundezas da natureza humana existe, embora ainda latente na maior parte dos seres humanos, a potencialidade para essa ulterior evolução ascensional.

De longe em longe aparece uma antecipação dessa humanidade futura, homens dotados de uma faculdade cognoscitiva que tanto ultrapassa o processo *intelectivo* do homem comum de hoje, como este supera o processo *sensitivo* do infra-homem pré-histórico.

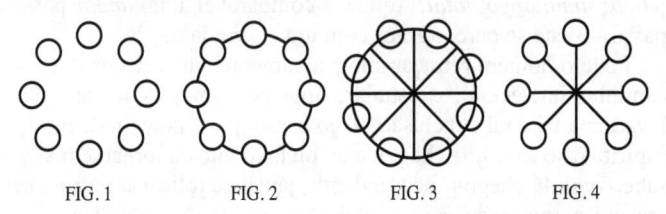

FIG. 1   FIG. 2   FIG. 3   FIG. 4

Pelos sentidos (figura 1) percebe o homem as coisas concretas, individuais, do mundo físico, material, sem nenhum nexo entre esses indivíduos.

Pela inteligência (figura 2) percebe ou concebe o homem as invisíveis relações de causa e efeito que vigoram entre os seres do mundo.

Pela intuição racional[11] (ou espiritual) entra o homem em contato direto e imediato com o Todo, a Realidade absoluta, total, infinita, eterna, onipresente. Se esse conhecimento racional panorâmico teve como preliminar uma atividade intelectual, como muitas vezes acontece em homens cultos, as linhas convergentes para o centro partem das linhas que representam o nexo entre os indivíduos (figura 3); se essa intuição racional ou espiritual ocorre em um homem não intelectualizado, temos o processo simbolizado pela figura 4.

Porquanto, convém notar, pode existir a mais alta intuição espiritual em um homem cientificamente analfabeto e sem erudição intelectual. Muitas vezes, a erudição intelectual é até um obstáculo à

---

tipo *homo sentiens* e *homo intelligens*, havendo, porém, uma porta aberta para o advento do verdadeiro *homo sapiens*, tipo Jesus Cristo e mais alguns outros espécimes avançados do homem perfeito.

[11] O uso comum identifica *intelectual* com *racional*, procedimento esse inadmissível à luz de uma filosofia esclarecida. A inteligência é unilateral, a razão é onilateral. A razão (*Ratio*, o *Lógos* de Heráclito, dos neoplatônicos e do quarto Evangelho) é idêntica ao espírito universal, Deus mesmo, e não significa alguma faculdade individual, como a inteligência.

intuição espiritual, não em si mesma, mas porque o homem altamente intelectualizado facilmente se convence de que, além do plano intelectivo, nada mais existe digno de ser atingido, caindo assim vítima de uma deplorável autocomplacência narcisista, que fecha todas as portas a uma evolução ulterior, rumo ao conhecimento intuitivo.

Todo conhecimento sensitivo-intelectivo é *analítico*, *sucessivo*, *parcelado* — o conhecimento intuitivo, racional, espiritual, é *sintético*, *simultâneo*, *total*. Aquele é comparável a um *andar* passo a passo — este se parece antes com um *voar* a jato.

Pode o homem retraçar silogisticamente, analiticamente, o seu caminho intelectual, e estudar, uma por uma, as razões que o levaram a tal e tal conclusão — ao passo que o homem de intuição espiritual só sabe *que* chegou a tal ou tal ponto da jornada, mas não sabe *como* lá chegou, não podendo jamais explicar a outros, nem mesmo a seu próprio ego intelectivo, as razões por que admite certas coisas. Resulta daí que as nossas mais altas certezas aparecem, não raro, como coisas irracionais, ilógicas, absurdas; o grande Tertuliano, do segundo século cristão, chegou a ponto de dizer "credo quia absurdum", creio porque é absurdo. Absurdo não quer dizer contraditório, mas, para além da percepção intelectual. A Realidade absoluta é, necessariamente, "absurda" para uma faculdade relativa como a inteligência, porque o Todo não pode ser abrangido pela parte, nem o Universal cabe no individual. Por esta mesma razão, o apóstolo Paulo disse que os atenienses eram um povo muito religioso, pelo fato de adorarem um "Deus desconhecido", desconhecido aos sentidos e à inteligência, porém, conhecido à razão intuitiva, ao espírito cósmico do homem.

O homem de ontem foi meramente sensitivo.
O homem de hoje é sensitivo-intelectivo.
O homem de amanhã será sensitivo-intelectivo-intuitivo.
O homem sensitivo não é filósofo.
O homem intelectivo é filósofo.
O homem intuitivo será um *sophós*, um sábio, um verdadeiro *homo sapiens*.
O *homo intelligens* de hoje, o filósofo, é um viajor em plena jornada.
O *homo sapiens* de amanhã, o *sophós*, se aproximará do termo da viagem.

Em busca da matéria-prima do mundo

A filosofia, como dissemos, nasceu com o despontar da inteligência humana. Todo homem pensante suspeita de uma última unidade essencial por trás dessa desconcertante pluralidade dos fenômenos em derredor.
Onde está essa unidade?
Em que consiste ela?
Quando o homem começou a filosofar, começou pela periferia das coisas, começou pelas coisas mais acessíveis à sua investigação. A raça humana percorreu, em séculos e milênios, o mesmo caminho que o indivíduo humano recapitula, sinteticamente, em poucos anos: a evolução, cultura, civilização, tanto da raça como do indivíduo, começam invariavelmente pelo lado de fora, projetando-se daí para dentro, até atingir o último centro — último no conhecimento, primeiro na realidade.
O homem procurou, a princípio, descobrir a unidade do Universo no mundo *externo*. Mais tarde, passou do mundo externo, para o mundo *interno*, do macrocosmo para o microcosmo, do *kósmos* para o *ânthropos*. E por fim, ultrapassando o *externo* e o *interno*, culminou no *superno*; transcendendo o *kósmos* externo e o *ânthropos* interno, acabou no *Theós* universal, ou seja, na Causa Prima, na Fonte de todos os fenômenos do mundo e do homem, no Todo, no Absoluto, no Infinito — em Deus.
Consoante esse processo evolutivo do pensamento filosófico da humanidade, divide-se a história da filosofia antiga em três períodos distintos, a saber:

(1) cosmocêntrico;
(2) antropocêntrico;
(3) teocêntrico.

Naturalmente, não se encontram esses três períodos nitidamente discriminados, justapostos, em coordenação sucessiva. Compenetram-se, entrelaçam-se, sobrepõem-se parcialmente.

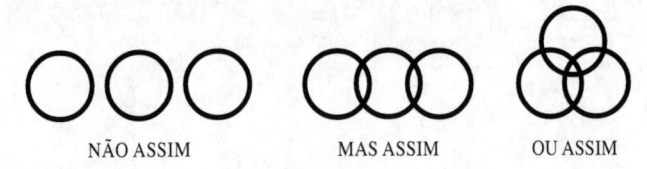

NÃO ASSIM   MAS ASSIM   OU ASSIM

Entretanto, existe uma razão objetiva para essa qualificação em cosmocêntrico, antropocêntrico e teocêntrico, porque nos diversos períodos predomina e prepondera este ou aquele elemento característico.

Período cosmocêntrico

A filosofia do Ocidente principia pelo século VI antes de Cristo, no Oriente Próximo, na província da antiga Jônia, Ásia Menor.

A primeira tentativa para descobrir a unidade do Universo baseia-se na suposição de que o último constitutivo do mundo consista em um dos elementos físicos desse mundo.

Cerca de 600 a.C. vivia na cidade de Mileto, província da Jônia, o filósofo Tales, um dos "sete sábios" da Grécia, e chamado geralmente o "pai da filosofia ocidental". Com ele, pode-se dizer, emancipou-se o pensamento filosófico das divagações mitológicas, entrando no estágio da especulação científica.

1. Tales admite que o constitutivo fundamental de todas as coisas seja a *água* (*hydor*). Dela tudo deriva, nela tudo consiste, a ela tudo volta. É o "ciclo aquático". O que motivou essa concepção do célebre jônio foi, possivelmente, o fato de que a vida sobre a face do globo se originou nas águas primevas, e que até hoje nenhum ser biológico existe sem a água.

A ciência moderna sabe que a água não é um elemento no sentido exato, mas um composto de dois elementos, H (hidrogênio) e O (oxigênio), na proporção de 2 para 1. Como H é o mais simples dos 92 elementos naturais da ciência moderna — possuindo um próton e um elétron — teria Tales, se hoje vivesse, afirmado talvez que o hidrogênio, a parte principal da água, é o elemento básico do Universo.

2. Outro filósofo jônio, Anaximandro, considera o "ápeiron" (isto é, o "ilimitado" ou "infinito") como base de todas as coisas, universalizando assim a substância individual de Tales. Por esse "ilimitado" ou "infinito" entende ele o espaço ou a atmosfera. A própria água, diz ele, vem do espaço, como dele vem a luz e a terra. Todos os "finitos" vieram do "infinito"; os "indivíduos" nasceram do "universal" — pensamento esse que, mais tarde, redescobriremos nas especulações filosóficas de Sócrates, Platão, Pitágoras, dos Neoplatônicos, e de muitos outros.

3.. Anaxímenes, de Mileto, chama o primeiro princípio cósmico "aér", isto é, "sopro", "hálito" ou "espírito" (no sentido primitivo de "vento"), talvez idêntico ao que, mais tarde, a ciência denominou "éter". Pelo processo de *condensação* e *rarefação* (contração e dilatação) do "aér" originaram-se, segundo Anaxímenes, os corpos vários do Universo.

4. Coube, todavia, a Leucipo e seu famoso discípulo Demócrito, de Abdera (c. 420 a.C.), a honra de terem elaborado a mais sutil e célebre teoria da Antiguidade sobre o elemento fundamental de todas as coisas — a *teoria atômica*.

Segundo esses filósofos, existe no Universo uma última unidade física, tão infinitamente pequena que não admite ulterior divisão; essa partícula mínima é o "átomos", quer dizer, "indivisível". Entre parênteses: o átomo da ciência moderna, embora continue com o mesmo nome, não é verdadeiro "átomo", porque é divisível.

Ensina Demócrito que a íntima natureza de todos os átomos é a mesma; de fato, só existe um único átomo, *qualitativamente* considerado, podendo, todavia, aparecer em maior ou menor *quantidade*. Além disto, a despeito da natureza sempre idêntica do átomo, pode ele assumir formas várias, por exemplo, redonda, quadrada, triangular, cilíndrica, etc. Mais ainda, pode a posição relativa, digamos, a "constelação", desses átomos variar grandemente. Assim, por exemplo, com apenas três átomos em forma diversa e natureza idêntica, podemos obter grande número de constelações diferentes, além de muitas outras. Com dez átomos da mesma natureza, mas em forma diversa, podemos fazer milhares e até milhões de combinações.

△ □ □△ □ ▽□
○□ ○△ ○□ ○△□ ○▽□

○□▽ ▽○□ ○▽□ □▽○ ○□
                           ▽

○△ □○▽
 □

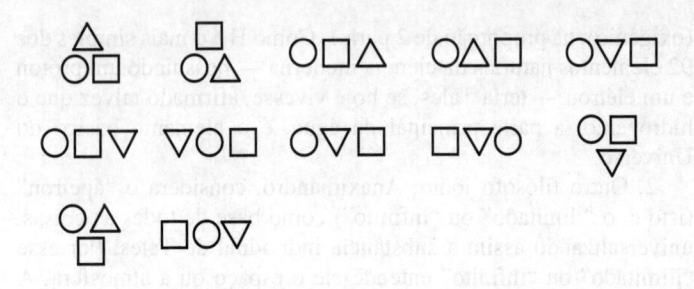

Ora, dessa variedade de formas e de constelações é que dependem, segundo os antigos atomistas, os diversos corpos que constituem o mundo físico.

O átomo deve, pois, ser considerado como incriado, eterno, universal, causa-prima de todas as coisas, espécie de deus-atômico, infinitamente simples. O simples é o perfeito, o complexo é o imperfeito.

O que a filosofia moderna entende com a expressão "Deus é infinitamente simples" é a "simplicidade da plenitude"; o que Demócrito e os atomistas da sua escola entendem com essa expressão parece ter sido uma "simplicidade da vacuidade".

O que Leibniz, mais tarde, chamou "mônada", e o que Einstein e os estudiosos da física nuclear chamam "luz" é, *mutatis mutandis*, o átomo de Demócrito, embora ele pareça considerar essa partícula como algo estático, inerte, passivo, substancial, ao passo que os modernos filósofos e cientistas abriram mão desse conceito e proclamam que a matéria-prima do Universo não é "matéria", no sentido tradicional, mas é um "processo", uma "radiação", uma "dinâmica".

Segundo Demócrito, o átomo esférico é o mais perfeito de todos os átomos, e os seres espirituais são compostos desse tipo de átomo, ao passo que nos seres inferiores há uma mescla de átomos em formas várias. A perfeição de um ser, como se vê, seria redutível a simples geometria e pura mecânica.

A matéria-prima do Universo não pode ser *quantidade*, deve ser *qualidade*.

Muitos dos materialistas europeus e americanos do século XIX ressuscitam a teoria atômica dos antigos filósofos de Abdera, defendendo o materialismo universal — até que o presente século, desintegrando o átomo e não encontrando nele matéria alguma, senão dois pólos dinâmicos, positivo (+) e negativo (-), acabou por destruir a concepção atômico-materialista do Universo: morreu o atomismo por falta de átomos, e morreu o materialismo por falta de matéria... Segundo os nuclearistas de hoje, a polaridade, tensão ou equilíbrio dinâmico entre o próton (pólo positivo) e o elétron (pólo negativo), é que produz a impressão de solidez e estabilidade da chamada matéria, embora essa tal matéria não passe de um estado ou modo de ser da energia universal, "energia congelada" (*frozen energy*) na expressão de Einstein, cuja conhecida fórmula $E = mc^2$ (energia é igual a massa multiplicada pelo quadrado da velocidade da luz) é, praticamente, a certidão de óbito da teoria atômica, no sentido estático.

A ciência nuclear do presente século ultrapassou a teoria atômica de Demócrito, e suas derivadas, em dois sentidos: 1) pela desintegração do átomo material; 2) pela redução das energias várias a uma única energia cósmica, embora essa segunda fase se ache ainda em vias de evolução; a "Unified Field Theory" de Einstein visa esse objetivo.

Os cientistas de hoje proclamam a energia radiante (luz) como essência-prima do Universo. Possivelmente, daqui a mais uns decênios, essa *energia* será destronada, como foi a *matéria*, e em vez dela surgirá outro termo — talvez *vida*, ou *inteligência*, ou *espírito*, ou *consciência cósmica*, ou *Deus* — acabando lá onde a intuição filosófica e a inspiração bíblica começaram...

Estático — ou dinâmico?
O "lógos" de Heráclito

Pelo fim do período cosmocêntrico, abandonam os antigos pensadores a discussão sobre a matéria-prima do Universo como algo físico. Uma onda de desânimo e ceticismo invade os espíritos, em face da impossibilidade de positivar o último substrato geral de todas as coisas. Já não querem saber se é o "hydor" (água), de Tales; o "ápeiron" (infinito), de Anaximandro; o "aér" (ar), de Anaxímenes; ou se é, finalmente, o "átomos" (indivisível), de Leucipo e Demócrito.

Desde então, a controvérsia se move sobre base mais geral, antes abstrata que concreta. Procuram os filósofos helênicos precisar se esse elemento universal do cosmo, que faz do mundo uma verdadeira unidade na pluralidade, é algo *estático e passivo* ou algo *dinâmico e ativo*; se é uma *substância* ou um *processo*, se é algo *permanente* ou *transitório*.

A *escola filosófica dos Eleáticos* (com sede em Eléia, cidade do sul da Itália), chefiada por Parmênides, defende a concepção estática, substancial, do Universo — ao passo que a escola de Éfeso (com sede em Éfeso, capital da Jônia, Ásia Menor), sob a liderança de Heráclito, advoga a idéia de que o substrato do cosmo é essencialmente dinâmico, processual.

A célebre frase "panta rhei" (tudo flui), usada por Heráclito, cognominado "o obscuro", resume, não só as culminâncias da filosofia antiga, como também a concepção científica moderna sobre a constituição física do mundo. Segundo essa concepção, o último constitutivo — seja metafísico ou físico — do Universo não é uma substância estática, passiva, inerte, mas sim um processo dinâmico, ativo, vibrante ou radiante; consistem uma tensão, polaridade, em um equilíbrio, ou seja, na "identidade dos opostos". Essa concepção dinâmica do cosmo é, fundamentalmente, idêntica à do grande matemático, filósofo e místico antigo, Pitágoras, que proclamou a famosa "teoria dos números" como base última do mundo, quer dizer, a harmonia dos contrários, a síntese das antíteses, o consórcio dos "pares" (2, 4, 6, 8) e dos "ímpares" (1, 3, 5, 7, 9), a conciliação do "positivo" (+) e do "negativo" (-), a cooperação do "masculino" e do "feminino", do "dativo" e do "receptivo".

Desde então, o "ser" é considerado idêntico a "agir", "realidade" e "atividade", e tanto mais perfeito é um "ser" quanto maior é o seu "agir".

Não há "realidade passiva", só há "realidade ativa".

E, como o "agir" mais perfeito é antes imanente do que transcendente, pode essa "atividade" ser chamada "vida", "intelecto", "razão", "mente", "espírito", "alma", ou na sua forma mais perfeita, "consciência". Mais tarde, Aristóteles, continuando nessa linha proclama o "ato puro", ou seja, a atividade absoluta (sem mescla de passividade) como sendo Deus, o Ser Absoluto, a Infinita Dinâmica.

Heráclito de Éfeso, por meio desses canais, chega à famosa concepção do "Lógos" como sendo a alma do Universo. "Lógos" quer dizer Razão (*Ratio*, em latim) considerada no seu estado mais perfeito e universal, a Razão Cósmica, o Espírito Universal, aquele quê indefinível e anônimo, essencialmente ativo e dinâmico, vivo e consciente, que permeia o Universo em todas as suas latitudes, longitudes, altitudes e profundidades, e está presente como a íntima essência em todos os seres, pequenos e grandes, do mundo fenomenal. O "Lógos" é, na concepção de Heráclito e de outros, aquele eterno e ilimitado oceano de forças no qual tudo está, do qual tudo vem e para o qual tudo tende. É praticamente idêntico ao "Eidos" (Idea) de Platão, à "Morphé" (forma) de Aristóteles, ao "Brahman" dos hindus, ao "Tao" de Lao-tsé, à "Substância Única" de Spinoza, e ao "Verbo" do quarto Evangelho do Cristianismo[12].

---

[12] A tradução usual do termo grego "Lógos" por "Verbo" (ou "Palavra") é um tanto obscura. A razão age por meio do Pensamento, e o Pensamento se revela em Palavras (Verbos). A Vulgata latina, traduzindo "Lógos" por "Verbum", tomou por base a manifestação mais visível da Razão, a Palavra, o Verbo.

O autor do quarto Evangelho, escrevendo, provavelmente na cidade de Éfeso, usa a palavra tradicional "Lógos" para designar a atividade creadora de Deus. Sem o "Lógos", que no princípio estava com Deus e que era Deus mesmo, nada foi feito de tudo quanto começou a ser no plano do mundo fenomenal, individualizado; e a mais perfeita manifestação desse divino "Lógos" apareceu em Jesus de Nazaré, filho da Virgem Maria, o qual foi tão plenamente "ungido" ou permeado pelo eterno "Lógos" que se tornou o "Christós" (Ungido) desse espírito divino.

Com a concepção do "Lógos", de Heráclito (e, mais tarde, de Philo e Plotino, de Alexandria), abandona a filosofia grega o terreno cosmocêntrico e ergue-se a vertiginosas alturas metafísicas.

Aliás, Hermes Trismegistus, do Egito (cerca de 2000 antes de Cristo), os autores anônimos dos *Vedas* e da *Bhagavad Gita*, livros sacros dos hindus (cuja origem remonta a milênios antes da era cristã), defendem essencialmente essa mesma idéia. Para todos eles, Deus é a Consciência Cósmica, a Razão Universal, a Alma do Mundo, o onipresente *Lógos* que era desde a eternidade, sem princípio, auto-existente — o "Yahveh" da Bíblia — mas que, através dos tempos, se revelou em formas várias, neste mundo fenomenal. Deus é a eterna Razão, cujos pensamentos (atividade) e manifestação (palavras, verbos) são os mundos e as creaturas.

As grandes correntes metafísicas modernas — Christian Science, Science of Mind, Self-Realization Fellowship, Unitários, Aliança Internacional do Novo Pensamento, os movimentos Neo-Teosóficos, o "Neugeist" dos países germânicos, a nossa "Alvorada Cósmica", e muitos outros — seguem essencialmente a mesma orientação do "Lógos" de Heráclito.

◻

Início do período antropocêntrico. Sofistas versus socráticos. Que é o homem? Donde vêm as nossas idéias: de dentro ou de fora?

Cerca de dois séculos — de 600 a 400 a.C. — haviam os pensadores helênicos lutado por conseguir a matéria-prima do Universo, porquanto a percepção de uma última unidade por detrás da desconcertante pluralidade dos fenômenos é a quintessência de toda filosofia.

Finalmente os maiores gênios da época acabaram por convencer-se de que o homem nada pode saber ao certo sobre o macrocosmo circunjacente enquanto não descubra o microcosmo do seu próprio Eu.

Na fachada do templo de Delfos, o mais famoso santuário da Antiguidade, estavam gravadas as palavras lapidares: *gnôth seautón!* Isto é: conhece-te a ti mesmo! Sintetizava essa legenda, brevíssima e imensa, a alma de toda filosofia e religião. Não pode o homem conhecer o mundo ao *redor* dele (*kósmos*), nem o mundo *acima* dele (*theós*), sem primeiro conhecer o mundo *dentro* dele (*ânthropos*), uma vez que o instrumento-chave que ele emprega para qualquer conhecimento é o seu próprio Eu.

Desde então, vigora na filosofia grega o célebre lema: *ânthropos métron pánton*, o homem é a medida de todas as coisas.

Mas... que é o homem?

Em face desta pergunta, aparentemente tão simples e evidente, dividem-se os caminhos da filosofia antiga — e até hoje, pode-se dizer, não se reuniram ainda os dois ramos da vasta bifurcação do conceito "homem"; a humanidade de hoje continua dividida, como a da antiga Hélade, em dois campos adversos, no que tange à definição do homem. Como naquele tempo, temos ainda os *individualistas* (ou sofistas) e os *universalistas* (ou socráticos), embora muitos dos adeptos hodiernos destas ideologias nada saibam da existência daquelas correntes ideológicas na filosofia helênica.

Que é pois o homem?

O homem é este ou aquele *indivíduo* concreto, visível — Pedro, Paulo, Maria, Isabel —, respondem os adeptos da escola dos sofistas, sob a liderança de Protágoras, conterrâneo do célebre Demócrito de Abdera.

O homem é a natureza humana tomada no sentido *universal*, ao passo que este ou aquele indivíduo concreto e visível é apenas uma manifestação transitória do homem eterno — afirmam os socráticos, assim chamados segundo seu grande chefe, Sócrates de Atenas.

Sophós quer dizer sábio: *sophistes* designava, nesse tempo, um doutrinador de *sophia* ou sabedoria, um filósofo profissional. Os chamados sofistas tiraram a filosofia da época dos círculos acadêmicos e a levaram à praça pública, popularizando os conhecimentos filosóficos, como mestres ambulantes e conferencistas, que, em geral, percebiam remuneração por essa atividade, e por isto eram desprezados por muitos dos filósofos puramente idealistas. Entretanto, seria inexato pensar que os sofistas fizessem da filosofia um simples ganha-pão ou uma atividade meramente comercial; muitos deles possuíam elevado idealismo cultural, e alguns eram verdadeiros gênios do pensamento filosófico.

Os sofistas não admitiam realidade objetiva universal; para eles, *real* e *individual* eram sinônimos, ou antes, homônimos. O que é real é individual. O universal, segundo eles, não passa de uma abstração da nossa mente, para fins de classificação científica; porém, nada há na ordem objetiva que corresponda à idéia do universal.

Considerando que o homem é um ser real, claro está que ele é, essencial e exclusivamente, um indivíduo. Para além dessa individualidade concreta — Pedro, Paulo, Maria, Isabel — nada existe de real, no plano da humanidade. A humanidade é a soma total dos indivíduos humanos; se todos os indivíduos humanos morressem, a humanidade estaria extinta — assim como antes do advento do primeiro indivíduo humano não existia humanidade.

Dessa concepção individualista e concreta da natureza do homem nasce, necessariamente, uma psicologia e ética também individualistas. O homem não é nem pode ser imortal, uma vez que todo indivíduo é essencialmente mortal.

Além disto, o homem, exclusivamente individual, não pode querer outra coisa senão o que favoreça a sua própria individualidade; quer dizer que todo o homem é, em virtude de sua natureza, um egoísta, e, se alguém pensa ou afirma que é altruísta (isto é, universalista na ética), ilude-se a si mesmo ou pretende iludir os outros. Se egoísmo é pecado, o homem é pecador em virtude da sua própria natureza. O chamado "altruísmo", fator necessário para a vida social do homem, diz o sofista, é uma criação artificial da cultura e civilização humanas, mas não está baseado na natureza humana como tal. Em última análise, todo altruísta é egoísta.

Todos esses conceitos, metafísicos, psicológicos e éticos, dos sofistas antigos são endossados hoje em dia por milhares e milhões de homens; e não há dúvida que, à primeira vista, parecem sumamente sensatos e correspondentes à realidade. Uma vez admitida a natureza individual do homem, chega-se logicamente a todas essas conclusões, porquanto toda a psicologia e ética, como também toda a sociologia e política, têm a sua última base no terreno da filosofia. De uma premissa filosófica errônea resultam necessariamente conclusões errôneas.

Contra todo esse complexo de idéias, sobretudo contra o seu postulado básico, insurgiu-se o filho de um modesto escultor ateniense, Sócrates. Não teve jamais pretensões de ser um filósofo metafísico — até escarnecia dos metafísicos —, o único objetivo dele era o de fazer o homem feliz, e, como a verdadeira *felicidade* é impossível sem a *bondade* (o "ser bom"), proclamou Sócrates o "ser bom" como o supremo destino do homem, idêntico ao de "ser feliz". O historiador Xenofonte, no seu livro *Memorabilia*, e o exímio pensador ateniense Platão, nos seus famosos *Diálogos*, deram-nos alguns traços biográficos de Sócrates e nos puseram em contato com as idéias desse genial boêmio da filosofia grega, do qual não possuímos obra alguma direta. Costumava Sócrates ir à Ágora (mercado) de Atenas e discutir sobre a ética da vida humana com alguns amigos que lá se reuniam, entre eles o grande e aristocrático Platão. Os célebres "diálogos socráticos" remontam a essa época e a esse costume. Certo dia, um amigo de Sócrates foi ter com a célebre pitonisa (profetiza) de Delfos e perguntou-lhe quem era o maior sábio da Grécia, ao que a vidente respondeu imediatamente: "Sócrates de Atenas". Quando o filósofo ouviu essa mensagem, disse ao amigo: "Sabes por que a pitonisa me considera mais sábio que todos os outros? É porque eu conheço a minha ignorância, ao passo que os outros ignoram sua ignorância. O conhecimento da própria ignorância é o início da sapiência".

Considerando que o destino do homem é ser feliz, e a felicidade é essencialmente idêntica à bondade, resta saber o que é "ser bom".

Ser bom quer dizer estar e agir em harmonia com a norma suprema da Bondade, que é a Realidade Absoluta. Essa suprema Realidade, ou Bondade, é a própria essência do homem, ou seja, a sua alma. A alma humana é Deus mesmo, em forma individualizada. A alma é, pois, eterna em sua essência divina, embora seja temporal na sua individualização corpórea. O "ser" do homem é eterno, o seu "existir" é temporário. Como um "ser divino", o homem é eterno e imortal; como um "fenômeno humano", o homem é temporário e mortal. Já que a alma é a essência do homem, o homem como tal, pode-se dizer com absoluta verdade que o homem é imortal.

A existência do homem é anterior à sua encarnação — como também será posterior à sua desencarnação.

Sócrates pode ser considerado, na filosofia do Ocidente, como o grande pioneiro da idéia da imortalidade do homem, o primeiro "cristão ocidental" antes do Cristo.

Aos 70 anos de idade, foi Sócrates condenado à morte pelo crime de não cultuar as divindades do Estado e por corromper a juventude com suas perigosas idéias. Provavelmente, também influíram nessa decisão do governo de Atenas idéias de caráter político, porque Sócrates, embora não militasse a favor de nenhum partido de seu tempo, era tido como favorável ao "partido aristocrático", caindo no desagrado do "partido democrático", vitorioso, que sentenciou à morte o influente pensador.

Na véspera de beber a taça da cicuta mortífera, foi o filósofo informado secretamente por seus amigos de que estava livre, porque eles haviam subornado o guarda da prisão, que abriria a porta do cárcere durante a noite. Sócrates, todavia, se recusou a fugir, alegando que, se tal fizesse, nem seus próprios amigos e discípulos acreditariam na sinceridade das convicções do mestre; de resto, não considerava a morte corporal como o fim da vida, mas como simples transição de um para outro ambiente de existência. Quando seu mais devotado amigo, Críton, insistiu com súplicas e lágrimas que escapasse à morte iminente, o velho filósofo fez ver ao amigo que ninguém o podia matar, porque ele era imortal, porquanto o verdadeiro Sócrates era a alma e não o corpo dele, mero invólucro temporário daquela.

Assim, ficou sentado no cárcere aberto, e na manhã seguinte sorveu tranqüilamente o veneno mortífero, que pôs termo à vida desse primeiro mártir da filosofia do Ocidente.

* * *

Sócrates propugnava também a doutrina das "idéias inatas". Segundo ele e sua escola, as nossas idéias — pelo menos as idéias espirituais — não vêm de fora, dos objetos do mundo externo, como ensinavam os sofistas, e como ensinam ainda os empiristas de todos os matizes; mas as nossas idéias vêm de dentro, da própria essência divina da alma. As idéias são eternas, potencialmente consideradas, embora sejam atualizadas no tempo. Existem na alma assim como a árvore existe na semente, não em miniatura, mas em potência. As idéias inatas são latentes ou dormentes; a função dos sentidos corpóreos é despertar do seu sono essas idéias dormentes no interior da alma. Caso um ser humano morra antes que os sentidos tenham podido despertar-lhe as idéias latentes, terá essa alma ensejo para atualizar as suas idéias embrionárias numa outra existência corpórea (reencarnação).

* * *

Sócrates gostava de se comparar a uma parteira, porque assim como a obstetrícia não dá vida à criança mas apenas a ajuda a entrar em uma vida independente, da mesma forma, dizia Sócrates, nem ele nem mestre ou educador algum podia dar vida às idéias inatas — e como que em gestação — dos ouvintes ou educandos; só podiam ajudar para que essas idéias, já potencialmente vivas, passassem para o estado de idéias atualizadas e conscientes.

De maneira que Sócrates entende pelo "ânthropos" algo inteiramente diverso do conceito de Protágoras e sua escola.

* * *

A *psicologia* e a *ética*, bem como a *sociologia* e a *política*, que derivam dessa concepção universalista do homem, revestem, naturalmente, o caráter e colorido dessa metafísica fundamental.

Como todos os homens possuem, em última análise, a mesma natureza ou essência — a essência divina —, não há motivo real para os homens se odiarem e guerrearem uns aos outros; mas é natural e espontâneo que cada um ame seu semelhante como a si mesmo. A *virtude ética* do amor universal nasce da *sapiência metafísica* sobre a verdadeira natureza do homem. A única razão por que o homem comum odeia a seus semelhantes é a *ignorância* da sua verdadeira natureza. O homem ignorante identifica o seu ego individual (corpo) com a sua íntima natureza, o seu Eu universal (alma), e, devido a essa ignorância e essa confusão, o homem insipiente julga dever prejudicar os outros a fim de tirar vantagem para si mesmo.

Segundo os socráticos, a *ignorância* é o grande *pecado* do homem — como o contrário da ignorância, a *sapiência*, é a grande *virtude* do homem.

O pecador é o ignorante — o santo é o sábio.

Sabedoria ou sapiência, naturalmente, não quer dizer erudição meramente intelectual, mas sim a intuição espiritual, o contato direto com a suprema e última Realidade, com o Absoluto e Infinito (Deus), presente em cada homem como a sua alma. A insipiência ou o pecado pode coexistir com a erudição intelectual no mais alto grau, mas não com a verdadeira sapiência, que é a própria santidade do homem.

As palavras de Jesus na cruz: "Pai, perdoa-lhes, porque não sabem o que fazem", estão bem na linha do pensamento socrático: o homem peca porque "não sabe o que faz"; se o soubesse, não pecaria.

Hedonistas e epicureus — cínicos e estóicos

Havia as duas escolas antropocêntricas — a dos sofistas e a dos socráticos — proclamado o princípio de que o homem é a medida de todas as coisas, e que o destino do homem está em ser integralmente feliz. Haviam também reconhecido que a felicidade supõe a ética, e que esta se baseia na realidade objetiva conhecida e reconhecida como tal.

Portanto, concluíram, o homem, para ser feliz, deve conhecer a si mesmo, sua verdadeira natureza, e viver em harmonia com esse conhecimento.

Ora, já que para os sofistas o homem é essencial e exclusivamente este ou aquele indivíduo concreto, deve ele viver em perfeita harmonia com este conhecimento de si mesmo; quer dizer que sua felicidade consiste em ser fiel a seu ego individual, e é dever do homem promover por todos os meios os interesses e a prosperidade desse ego concreto. Admitir uma realidade humana para além desse ego individual ou pessoa é falta de realismo e de verdade; é simples ficção, ilusão, utopia — e a felicidade humana não pode ter por base senão o real e o verdadeiro. Portanto, qualquer sonho idealista não baseado na realidade objetiva da natureza humana é prejudicial à consecução e conservação da verdadeira felicidade.

Não quer isto dizer, todavia, diziam os sofistas, que o homem não deva ser altruísta; pelo contrário, deve por todos os meios contribuir para promover a felicidade de seus semelhantes, uma vez que da não observância do altruísmo resultariam, cedo ou tarde, desvantagens para o próprio ego não altruísta; e, segundo a experiência, a felicidade do indivíduo depende grandemente da felicidade da sociedade de que ele faz parte. Por isto, quanto mais o indivíduo promove a felicidade dos outros, tanto mais favorece a sua própria felicidade.

Em termos desassombrados: o altruísmo é um meio necessário para a perfeição do egoísmo.

Esta orientação é chamada, geralmente, "hedonismo", palavra derivada do vocábulo grego "hedoné", que significa "prazer", ideologia defendida principalmente por Aristipo de Cirene e sua escola, e continuada e aperfeiçoada, mais tarde, por seus sucessores, os epicureus.

"Hedoné" ou prazer não abrange somente as satisfações físicas e materiais, mas compreende também toda a vasta escala de gozos superiores que possam proporcionar, aumentar ou conservar a "felicidade" do ego, como sejam as satisfações de caráter científico, literário, artístico, social, etc.

O hedonismo representa, pois, a ideologia de que as satisfações pessoais do homem, sejam de que natureza forem, são o supremo e único destino da vida, devendo, por isto, ser procuradas na mais larga escala, para que o homem seja integralmente feliz.

Contra esta filosofia sofista-hedonista se insurgiu uma determinada ala da escola socrática, segundo a qual o homem não é o seu ego físico-individual, mas sim o seu Eu espiritual-universal, devendo, portanto, a felicidade do homem consistir naquilo que representa a verdadeira natureza humana.

No princípio, a reação contra o hedonismo extremo assumiu formas também extremas, como sói acontecer em movimentos dessa natureza.

Esses extremistas socráticos anti-hedonistas são conhecidos na história pelo nome de "cínicos", palavra derivada do termo grego "kyon" (genitivo *kynos*), que quer dizer "cão". Os cínicos, sob a chefia de Antístenes de Atenas, no seu ardor antipersonalista, iam ao extremo no desprezo da matéria e do corpo, chegando alguns deles a levar "vida de cachorro", pelo que foram apelidados de "cínicos", como alguns autores explicam esse nome. É possível, todavia, que a palavra "cínicos" derive simplesmente de "Kynosarges" (*Cinosarges*), lugar onde eles realizavam as suas reuniões, em Atenas.

Ora, uma vez que o homem não é o seu ego personal e concreto — o corpo — mas o seu Eu universal — a alma — concluíam os cínicos que cuidar do corpo e das coisas materiais era erro e falta de verdadeira filosofia. Por esta razão, resolveram negligenciar todas as coisas materiais e culturais, dedicando-se exclusivamente a assuntos imateriais e à simples natureza, vindo a ser, destarte, os "ascetas da filosofia".

Verdade é que nem todos os cínicos traduziam na vida prática esta sua teoria metafísico-ética. Alguns, porém, associando a prática à teoria, foram ao extremo no desprezo do conforto pessoal e das conquistas da cultura e da civilização humana. Entre estes últimos, adquiriu celebridade mundial Diógenes de Sípone, que renunciou a todas as suas posses e a todo o conforto material, vivendo desnudo em um velho tonel que existia num dos ângulos da Ágora (mercado) de Atenas. As numerosas anedotas que dele se contam podem não ser autênticas individualmente, revelam, porém, a mentalidade dos extremistas da escola cínica da época, razão por que resolvemos reproduzir algumas dessas histórias.

A mais conhecida é a da "Lanterna de Diógenes", que veio a ser proverbial em todas as línguas do mundo. Segundo ela, o famoso gênio vagabundo andava, certo dia, em plena luz meridiana, na praça pública, com uma lanterna na mão, como que a procurar algo que não conseguisse achar; interrogado sobre o que fazia, respondeu que andava à procura de um homem. Entendia Diógenes que os chamados "homens", que enchiam a praça, não eram homens de verdade, porque não haviam renunciado à posse dos bens materiais e desprezado todo o conforto individual; só o homem despossuído de tudo, o filósofo cínico radical, é que era homem genuíno e autêntico. (Implicitamente, Diógenes considerava a si mesmo como o único homem integral — por onde se vê que a mais extrema renúncia ascética pode andar de mãos dadas com o mais requintado orgulho.)

Em outra ocasião, viu Diógenes um menino que se servia do oco da mão para beber água de um rio, ao que o filósofo lançou fora a concha de molusco que usava para beber, exclamando: "Vergonha para mim, ter de aprender filosofia de uma criança!" Desde então, bebia água com a mão.

A fama de Diógenes penetrou até a corte de Alexandre Magno, Imperador da Macedônia. Numa tarde fria de inverno, quando o imperador se achava em Atenas, foi visitar o rei dos cínicos, o qual recebeu o ilustre visitante sentado no chão à entrada do seu velho tonel. Alexandre Magno perguntou ao filósofo se tinha algum desejo que ele, o imperador, lhe pudesse satisfazer; e pela primeira vez, com estupefação geral, Diógenes respondeu que tinha um desejo — quando a sua filosofia preceituava não possuir nada nem desejar coisa alguma. À pergunta do grande Macedônio sobre esse desejo, respondeu Diógenes: "Não me tires o que não me podes dar". É que a sombra de Alexandre caía sobre o corpo desnudo de Diógenes, naquela fria tarde de inverno, tirando-lhe o calor solar. Assim que o imperador compreendeu o sentido das palavras do cínico, desviou o corpo — e Diógenes era de novo plenamente feliz.

Certa vez, visitou Diógenes, em Atenas, o grande filósofo Platão, abastado proprietário e possuidor de um belo palacete. Ao entrar na residência do aristocrata, começou o cínico, acintosamente, a limpar os pés sujos nos preciosos tapetes do palacete platônico; à pergunta do dono da casa sobre o que estava fazendo, respondeu Diógenes: "Estou calcando aos pés a vaidade de Platão!" Ao que o exímio pensador ateniense acrescentou calmamente: "...com a vaidade de Diógenes". Quer dizer que a vaidade de Platão consistia em possuir algo, enquanto a vaidade de Diógenes estava em não possuir nada — restava saber qual das duas vaidades era pior...

* * *

Assim como o hedonismo primitivo culminou, mais tarde, no Epicurismo filosoficamente substruturado — semelhantemente, o primitivo cinismo se desenvolveu, em tempos posteriores, no estoicismo de Zenon e sua escola, vindo a ser a mais bem elaborada e fundamentada filosofia ética da Antiguidade, representada por homens eminentes, como o filósofo Sêneca, o imperador Marco Aurélio, Epicteto e outros. Até o presente dia, milhões de homens adotam, praticamente, os princípios básicos defendidos pela *Stoá* de Atenas.

Zenon, ou Zeno, o principal codificador dessa ideologia, não legou o seu nome ao movimento, o qual tomou o nome do lugar, a *Stoá* de Atenas, onde o exímio mestre reunia os seus simpatizantes. *Stoá* quer dizer "pórtico"; era uma galeria de colunas de mármore que corria ao longo da Ágora (mercado), servindo de abrigo ao povo em dias chuvosos. Nesse belo pórtico, pavimentado de ladrilhos multicores (daí o nome "Stoá poikilé"), teve início o grande movimento ético-filosófico, que sobreviveu vinte e cinco séculos, até os nossos dias.

O estoicismo é, substancialmente, socrático-universalista; mas, diversamente dos cínicos, não pensa que a felicidade do homem consista em *não possuir nada*, e sim em *não ser possuído por coisa alguma*, seja de fora, seja de dentro. Pode o homem possuir *externamente* o que quiser, mas não deve *internamente* ser apegado a coisa alguma, de maneira que suas posses sejam a causa de sua felicidade, ou a falta dessas posses seja a causa da sua infelicidade. A felicidade não está naquilo que o homem possui, porém no *modo como* o possui.

O estoicismo proclama o princípio básico de toda a ética real, que, no Sermão da Montanha, se chama "pobreza pelo espírito" e "pureza de coração", ou seja, a liberdade interior, o desapego interno, voluntário, tanto das coisas que o homem possui, como também das que não possui, isto é, a espontânea renúncia ao desejo desregrado de possuir.

Nem o possuir, nem o desejo de possuir devem destruir a liberdade interior do homem. O homem deve manter o seu Eu espiritual sempre em perfeito equilíbrio, superior ao prazer do gozo ou da riqueza, e superior também ao desprazer do sofrimento ou da pobreza.

Possuir sem ser possuído!
Usar sem abusar!
O hedonista abusa.
O cínico recusa.
O estóico usa.

O homem que conseguiu estabelecer dentro de si esse imperturbável equilíbrio dinâmico, essa permanente e consciente serenidade, é invulnerável, senhor de seu destino, e portanto solidamente feliz.

No próximo capítulo passaremos a expor, mais detalhadamente, os princípios básicos do estoicismo e seus efeitos sobre a vida humana.

Princípios básicos do estoicismo

O estoicismo está baseado, essencialmente, nos seguintes princípios:
1) no processo da apercepção; 2) na lei da harmonia cósmica.

1. O PROCESSO DA APERCEPÇÃO resume-se no seguinte: tudo que exerce impressão sobre nós e determina o curso da nossa vida consta de dois elementos, externo e interno, ou seja, ação e reação. Algum objeto ou fato externo fere a minha atenção; é "ação", ou o "elemento externo". Ao mesmo tempo, eu reajo de certo modo, é o "elemento interno" que responde ao impacto externo. Graficamente, poderíamos representar esse processo de apercepção do modo seguinte:

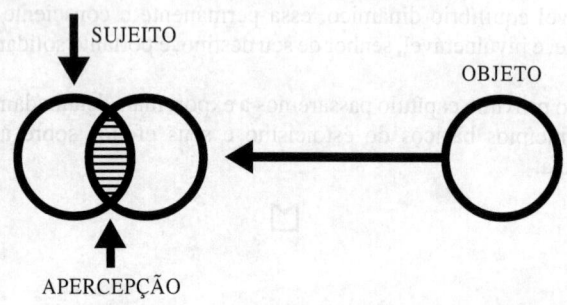

SUJEITO

OBJETO

APERCEPÇÃO

A apercepção é, pois, um composto resultante da ação do objeto e da reação do sujeito. Se não houvesse reação, o objeto atuante penetraria no sujeito passivo como em um recipiente vazio, inerte;

e, neste caso, o sujeito estaria inteiramente à mercê do objeto, seria simplesmente uma vítima passiva e inerme do impacto de fora, da tirania dos objetos e acontecimentos externos. Isto, porém, não acontece em uma pessoa normal. No homem normal, o impacto do objeto é recebido, por assim dizer, na fronteira do sujeito, onde recebe este ou aquele colorido, quer dizer, onde é impregnado da cor ou atitude peculiar do recipiente. Digamos que o objeto me fira como algo incolor ou neutro; mas eu tenho dentro de mim uma permanente atitude habitual, simbolizada pelo vermelho ou pelo verde; é claro que o objeto, embora em si mesmo incolor ou neutro, assume imediatamente o colorido da minha disposição subjetiva, vermelho ou verde; eu não vejo o objeto incolor como incolor, mas como colorido com a cor do meu sujeito. Em outras palavras, não vejo o objeto assim como *ele é*, mas sim como *eu sou*. Subjetivizo o objeto. Este processo de subjetivização é, em geral, inconsciente, instintivo; de maneira que um sujeito pode afirmar com toda a honestidade que o objeto é vermelho ou verde uma vez que o homem projeta para dentro dele, inconscientemente, a cor do sujeito.

Ora — e isto é importantíssimo — o objeto ou fato externo que me fere não está, geralmente, sob o meu controle, ao passo que a minha atitude está. Eu sou, em última análise, responsável pelo colorido com que esse objeto incolor entra na zona da minha consciência e determina o curso da minha vida. Digamos que o vermelho representa o "mau", e o verde simboliza o "bom". Se recebo o impacto incolor do objeto dentro do ambiente vermelho do meu sujeito, sou por ele prejudicado, fico pior do que era; mas, se recebo o mesmo impacto incolor no ambiente verde, aproveito com a experiência e fico melhor.

Ora, continua o estóico, o que vem de fora é relativamente secundário, mas o que vem de dentro é que é importante e decisivo; com efeito, todo o curso da minha vida é modelado essencialmente pelo elemento subjetivo, pelo modo como recebo a impressão de fora e como reajo ao impacto dos objetos e dos fatos. Duas pessoas são alvo do mesmo acontecimento nas mesmas circunstâncias externas, mas com ambiente interno diferente: "A" recebe o impacto com uma atitude positiva (boa), ao passo que "B" o recebe com uma atitude negativa (má) — é claro que o primeiro sai desse acontecimento melhor do que entrou, ao passo que o segundo sai dele pior.

Note-se bem que o estóico, uma vez que é realista, não afirma, como certos filósofos modernos ultra-otimistas e pouco realistas, que o objeto seja indiferente e não exerça influência alguma sobre os eventos da minha vida e sobre o drama da minha evolução pessoal; mas afirma que esse elemento externo é relativamente secundário em comparação com o fator interno. Digamos que o impacto externo equivalha a 10% do total, ao passo que o processo interno corresponda a 90%. Estando esses 90% internos sob o meu controle pessoal e direto, é lógico que eu possa fazer preponderar esses 90% internos sobre os 10% externos, e emprestar ao fato objetivo o colorido da minha atitude subjetiva. Quer dizer que posso determinar com a minha reação pessoal o efeito da ação impessoal do acontecimento. Não sou vítima inerme e indefesa de algum acontecimento externo — se o sou é por culpa minha, por falta da competente reação, e, em última análise, por falta de uma permanente atitude positiva, ou boa.

Exemplifiquemos: duas pessoas recebem inesperadamente uma grande fortuna; uma logo faz planos sobre como aproveitar essa soma para melhorar a sorte de seus semelhantes — a outra se põe a especular e calcular sobre como aumentar e intensificar o seu próprio conforto e luxo pessoal. Donde a diferença? Do dinheiro? Certo que não, que este é o mesmo nos dois casos. A diferença de reação vem da atmosfera peculiar, ou seja, da atitude característica que existe nessas duas pessoas, anterior ao evento. Essa atitude não é criada pelo dinheiro inesperadamente recebido, mas preexiste ao advento dessa fortuna. O dinheiro não foi senão um agente revelador de um estado de alma oculto nesses dois homens: estado de altruísmo ou estado de egoísmo, ambos latentes, e agora tornados manifestos nos dois felizardos. Devido a esse estado psíquico preexistente, o primeiro é tornado melhor pelo dinheiro, porque atualizou o seu altruísmo potencial — ao passo que o segundo, pelo mesmo dinheiro, é tornado pior, porque teve ensejo para atualizar melhor o seu habitual egoísmo potencial. O dinheiro não é, pois, a causa, senão apenas a condição ou o ensejo, para os dois tipos de atividade que se seguiram.

Como se vê, a reação subjetiva no momento do impacto do objeto depende de uma atitude prévia, de uma espécie de atmosfera, ambiente ou clima habitual, positivo ou negativo, que preexista na alma do sujeito.

O mais importante é, então, diz o estóico, criar dentro da alma uma atitude que responda ao desafio de fora de um modo que beneficie a vida total. E, como só uma atitude positiva é boa e benéfica, importa que o homem crie dentro de si essa permanente atitude positiva.

Essa atitude, pelo fato mesmo de ser atitude, e não apenas um ato, não pode ser criada de improviso, no momento de perigo ou de crise; deve ser criada com antecedência e deve preexistir a qualquer evento crítico; do contrário, não terá garantia de êxito e triunfo.

Toda essa psicologia ética do estoicismo consiste, como se vê, numa espécie de *imunização*, *vacinação* ou *profilaxia* moral, contra uma possível intrusão de micróbios venenosos. Esse processo profilático não pode ser iniciado no momento em que as bactérias destruidoras estejam invadindo o organismo; deve ser efetuado com a devida antecedência para que a imunização penetre plenamente todos os tecidos celulares, oferecendo sólida e eficiente resistência positiva ao ataque dos elementos negativos. Os soldados da defesa orgânica ou psíquica devem estar de prontidão, bem armados e dispostos ao longo das fronteiras, vigilantes, muito antes que qualquer inimigo apareça no horizonte. Só assim haverá esperança real de vitória. O princípio da apercepção é, pois, fundamentalmente, um processo de profilaxia psíquica que imuniza a alma e lhe confere permanente invulnerabilidade, haja ou não inimigos pela fronteira do país. A consciência dessa invulnerabilidade é que outorga ao verdadeiro estóico essa admirável serenidade e paz imperturbável que o caracteriza. Ele vive na consciência calma e segura de que nada existe no Universo inteiro que o possa fazer infeliz (tampouco, feliz) — a não ser ele mesmo. Não há nele nenhuma *alergia* para coisa negativa, nenhum "calcanhar de Aquiles" — ele é invulnerável de alto a baixo. O estóico está com as chaves do céu e do inferno nas mãos; só ele, e mais ninguém, pode abrir o reino da felicidade, como também o da infelicidade. Esta convicção lhe dá imperturbável paz e serenidade.

2. A LEI DA HARMONIA CÓSMICA, o segundo princípio do estoicismo, é a parte objetiva da sua filosofia ética. Se o estóico se limitasse ao processo subjetivo da apercepção, poderia ser acoimado, possivelmente, de otimista barato e superficial, a exemplo dos adeptos de certas escolas modernas, que se auto-sugestionam a ponto de não enxergarem os males da vida visíveis a todos. O verdadeiro estóico, porém, não pratica esse mesmerismo, essa auto-hipnotização, ou essa "política de avestruz". (Essa ave, segundo

dizem, quando perseguida pelo caçador e impossibilitada de fugir, mete a cabeça debaixo da areia, e, como não vê o inimigo, pensa que o inimigo também não a vê).

O estoicismo não nega a existência dos males do mundo, embora admita que eles não consistam em uma realidade positiva, mas na ausência da mesma; sabe contudo que o efeito dos males sobre o homem é terrivelmente real, e não há sugestão que os possa fazer irreais. O estoicismo admite a existência dos males e os olha bem de frente. Nega, todavia, que algum mal possa fazer o homem infeliz. Se a minha felicidade ou infelicidade viesse de fora, de algo alheio à minha vontade, o mundo deixaria de ser um cosmo (sistema de ordem e harmonia), acabando em um caos (confusão e desordem).

É impossível que minha felicidade (ou infelicidade) dependa de algo que não dependa de mim.

O estoicismo é, essencialmente, uma filosofia de *realismo* e de *racionalidade*.

* * *

Por que, então, devo assumir uma atitude positiva em face dos eventos externos?

Pela simples razão de ser positivo o caráter básico do cosmo. A alma do Universo, a lei cósmica, é essencialmente positiva, ativa, benéfica, boa, porquanto o real, o verdadeiro, o bom e o feliz são uma e a mesma coisa. Não há uma realidade negativa. Os chamados "males físicos" não são realidades em si mesmas, mas irrealidades, razão por que nos afetam dolorosamente. Assim como a treva não é senão a ausência da luz; como a doença consiste na falta de saúde; como a morte é a ausência da vida — assim são os chamados "males físicos" simplesmente a ausência de um bem maior, são bens limitados, e esta limitação é que nos afeta ingratamente.

O cosmo como um todo é infinitamente positivo. Por isto, deve o homem assumir uma atitude positiva, e evitar todo e qualquer estado negativo.

O positivo é o real, o bom, o feliz.

O negativo é o irreal, o mau, o infeliz.

O homem cósmico, harmonizado com o cosmo, é um homem positivo, verdadeiro, bom, feliz.

O indivíduo e o Universo têm um único centro comum: são concêntricos. Se uma creatura pretende destoar dessa natural concentricidade, tornando-se "excêntrica", entra em conflito com o cosmo, e isto significa tanto maldade como infelicidade, pecado, neurose, esquizofrenia, etc.

Todo o valor e toda a felicidade do homem consistem, pois, na perfeita harmonia com a grande lei cósmica. Fazer o nosso pequeno *querer* coincidir com o grande QUERER do cosmo, é nisto que consiste a nossa verdade, santidade e felicidade. Desviar-se dessa concentricidade do querer é ser insipiente, mau, infeliz.

O pecador é o homem *a-cósmico* ou *anti-cósmico* — assim como o santo é o homem *cósmico*. Em muitas línguas a palavra santo tem o mesmo radical que a palavra "total", "universal", "cósmico". Em inglês, *whole* é total, inteiro, e *holy* é santo; em alemão, *heil* é total, e *heilig* é santo; em latim, *mundus* é o Universo total, e *mundus* também significa puro, santo. Mesmo em português, *são* (sanidade) e *santo* (santidade) remontam à mesma origem. Santo é, portanto, aquele ser que, objetivamente unido ao Todo, vive também subjetivamente como uma parte unida a esse Todo, que é Deus.

A natureza inferior, inconsciente, ou não suficientemente consciente, não pode deixar de estar em permanente harmonia com o cosmo, razão por que ela é boa por essência. O homem, podendo se harmonizar ou desarmonizar com a lei cósmica, pode ser bom ou mau; mas, sendo livremente bom, atinge perfeição incomparavelmente maior que os seres necessariamente bons.

O amigo de Deus é necessariamente amigo da natureza, e amigo de todos os homens, mesmo dos pecadores, embora inimigo do pecado.

O pecado, essa desarmonia consciente entre o indivíduo e o Universal, é, por conseguinte, o único mal verdadeiro aqui na terra.

O pecador é um separatista mental. Pretende fazer de si um novo centro autônomo, em vez de girar harmonicamente em volta do centro universal. Pecado é *egocentrismo versus cosmocentrismo* (ou teocentrismo).

Por ser o homem o único autor do mal aqui no mundo, pode ele fazer este mundo integralmente bom, pela livre abolição do mal livremente por ele criado (o pecado).

De maneira que poderíamos resumir o complexo e doloroso "problema do mal" nesta fórmula simples: a) os males físicos não são males no sentido próprio, porque não são contra a vontade de Deus, nem impossibilitam o supremo destino do homem; b) os males morais, únicos males verdadeiros, podem ser evitados. Resultado final: o homem pode fazer este mundo integralmente bom; basta que ele mesmo seja bom, fazendo o seu *querer* individual coincidir com o grande *querer* do cosmo.

* * *

O estóico não faz distinção entre pecados graves e pecados leves. Para ele, todo e qualquer pecado é grave, porque todo pecado é uma voluntária oposição à lei cósmica; não interessa à lei cósmica a diferença material do objeto do pecado, o que interessa é a atitude mental do pecador. Essa atitude anticósmica, porém, existe tanto no autor do pecado leve como no do pecado grave. O mal do pecado não provém do objeto, mas está no sujeito; reside, não na matéria, mas na mente. Enquanto o homem estiver disposto a quebrar a lei cósmica, seja em ponto grande, seja em ponto pequeno, é ele pecador. "Quem falha em um só ponto da lei — escreve o apóstolo Tiago — é réu de violação da lei toda."

A maldade não está no *quê* do objeto, mas no *como* do sujeito; não no *fato* objetivo, mas no *ato* subjetivo. Quem rouba um cruzeiro* tem a mesma vontade má de quebrar a lei cósmica da justiça como quem rouba um milhão de cruzeiros. Não se pode ser um pouco bom e um pouco mau, diz o estóico; ou se é inteiramente bom ou então inteiramente mau.

O estoicismo é também o grande precursor e patrono do ideal das "Nações Unidas", ou seja, do Governo Mundial e do espírito cosmopolita. É necessário que o universal prevaleça contra o individual, não só contra o individual singular da pessoa, como também contra o individual coletivo das nações. Já que todo mal e pecado consiste no egoísmo, é necessário abolir o egoísmo, tanto na sua forma individual (egolatria), como também na sua forma coletiva (estatolatria). O egoísmo nacional é pior que o egoísmo individual. Os Estados nacionalistas devem ceder ao Estado supranacionalista ou universal. A Humanidade como tal é que é o Estado.

Zenon, Epicteto, Sêneca, o imperador Marco Aurélio, e muitos outros, imbuídos desse espírito, elevaram o estoicismo da Anti-

---

* Cruzeiro: nome antigo da moeda que hoje se chama "real". (N. do E.)

guidade à mais perfeita filosofia psico-ética. Muitos dos filósofos da Renascença, como Immanuel Kant, são fundamentalmente estóicos. O "imperativo categórico" do solitário pensador de Koenigsberg é essencialmente idêntico à lei da "harmonia cósmica" de Zenon e sua escola.

Se há uma fraqueza fundamental no estoicismo heleno-romano é sua frígida racionalidade incompatível com o calor de uma emoção positiva ou de um entusiasmo vibrante. O estóico detesta toda a emoção como anti-racional. Não compreende que a emoção não é, de per si, contra a razão. Incapaz de integrar a emoção na razão, eliminou aquela a favor desta.

Neste ponto, o Cristianismo ultrapassou o estoicismo, proclamando a grande síntese da razão e do coração, o feliz consórcio da luz do pensamento e do calor do sentimento, criando assim a maravilha máxima do HOMEM INTEGRAL.

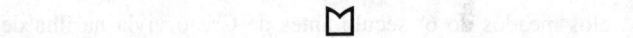

Pitágoras e os pitagóricos — tentame de uma cosmocracia

1. O homem

Pelos meados do 6º século antes de Cristo vivia na ilha de Samos, no Mar Egeu, um jovem de nome simbólico "Pitágoras", cujos pensamentos representavam um elo entre a filosofia do Ocidente e as profundas concepções de Hermes do Egito e do Extremo Oriente. "Pítia" (Pythia) ou pitonisa era o nome daquela misteriosa vidente ou profetiza que, no santuário de Delfos, da Grécia, revelava os famosos oráculos da Antiguidade; "goras" (em sânscrito, "guru") é derivado de um radical que quer dizer "guiar", "conduzir". De maneira que "Pitágoras" significa "guiado pela Pítia", ou seja, conduzido pelo espírito vidente. A ideologia de Pitágoras, do Ocidente, e de Buda (Buddha, iluminado), do Oriente, revela surpreendente afinidade.

Consoante a tradição, esse homem estranho, deixando a sua terra natal, impelido por um veemente heliotropismo metafísico-místico, visitou os grandes centros espirituais da Antiguidade, percorrendo a Fenícia, o Egito, a Babilônia, e penetrando possivelmente na Índia. Regressando, finalmente, para a Grécia, após decênios de peregrinação, foi beber a divina sabedoria em Delfos donde seguiu para a Itália meridional, estabelecendo-se, por fim, em Crotona, sobre o golfo de Tarento, a oeste do Mar Adriático. Do outro lado do golfo branquejava a cidade de Sibaris, famosa pela opulência e pela luxúria de seus habitantes, os sibaritas, desbragados gozadores da boa vida. Dificilmente se poderia imaginar maior contraste que o descontrolado materialismo dos cidadãos de Sibaris e a disciplinada espiritualidade da cidade iniciática que Pitágoras fundou em uma colina de Crotona.

A princípio, as estranhas doutrinas do adventício causaram espécie. Inexplicável fascínio parecia irradiar de sua personalidade, atraindo irresistivelmente a elite da juventude masculina e feminina de Crotona, galvanizada pelas idéias do "mago". O próprio Senado da cidade inquietou-se com o crescente prestígio desse homem misterioso e dele exigiu uma explicação racional. Pitágoras atendeu sem delongas ao desafio dos poderes públicos, expondo no Senado de Crotona uma síntese da sua doutrina, destinada a regular a vida humana em todos os setores da sua atividade conforme os altos ditames da Razão.

Tão sensatas pareceram aos sisudos magistrados crotonenses as idéias do sábio que lhe outorgaram ampla liberdade e até lhe cederam uma verde colina sobranceira à cidade para que ali erigisse o seu santuário filosófico-espiritual.

Pitágoras, não menos realista que místico, não tardou a concretizar em forma palpável as suas grandes idéias, permeando com elas a vida individual, social, política e religiosa dos seus discípulos voluntários.

A cidade espiritual no topo da colina de Crotona, fundada e dirigida por esse homem enigmático, não possuía legislação civil nem policiamento de espécie alguma; era orientada unicamente por uma sensata e luminosa racionalidade, por uma como que mística racional, ou racionalidade mística, que não tem par nos anais da história da humanidade antes do advento do Cristo. Se fosse possível realizar em ponto grande o que Pitágoras fez em pequena escala, não tardaria o reino de Deus a ser proclamado sobre a face da terra.

Infelizmente, as potências do mal prevaleceram fisicamente contra essa sublime realização de um homem que tinha os pés solidamente firmados na terra e a cabeça banhada nas luzes do céu. As paixões dos partidos políticos destruíram, mais tarde, o que o idealismo dinâmico de um grande profeta construíra. Nunca se soube do fim de Pitágoras. Opinam alguns que pereceu no caos da revolução política. Dizem outros que fugiu para Atenas. As suas idéias, porém, sobrevivem e iluminam as almas humanas através dos séculos e milênios.

2. As idéias

Pitágoras é conhecido na ciência como grande matemático e geômetra. O estudante de ginásio trava relações com o "teorema de Pitágoras".

Entretanto, para o filósofo de Samos, a matemática e a geometria não eram um simples conjunto de números e figuras suscetíveis de adição, subtração, multiplicação, divisão, e constelações várias. Para além desse *corpo* visível ou inteligível da matemática e geometria vivia a *alma* invisível dessas disciplinas, conhecida tão somente dos homens dotados de vidência intuitiva.

Para Pitágoras, o Universo inteiro, material e imaterial, é baseado na "harmonia" dos números. Os "pares" (2, 4, 6, 8) e os "ímpares" (1, 3, 5, 7, 9) não passam de símbolos externos de um simbolizado interno; são, em última análise, os fenômenos efêmeros do eterno Númeno; rios e arroios desse oceano imenso do qual derivam inicialmente todas as coisas e para o qual voltam finalmente. Os "pares" representam os "positivos", os "ímpares" os "negativos". Aqueles são no mundo universal o que o masculino é no plano orgânico, ao passo que estes correspondem ao elemento feminino.

No centro do alvejante santuário, em forma circular, rodeado de uma colunata de mármore que Pitágoras mandara construir no alto da colina, erguia-se a estátua de *Héstia* (a Vesta dos romanos), a divindade do fogo sagrado; o rosto coberto por um véu, com a mão direita apontando o céu, berço da luz, e com a mão esquerda voltada para a terra, como que a dizer: das celestes alturas dimana a luz que as baixadas terrestres acolhem e refletem em forma de vida, beleza e felicidade.

Héstia simbolizava o princípio eterno de todas as coisas, o imenso oceano de luz e calor, a fonte das energias vitalizantes, a Causa-Prima, o Universal, o Eterno, o Todo, o Infinito, do qual todos os finitos são outras tantas manifestações.

Dispostas em vasto círculo, com o rosto voltado para *Héstia*, rodeavam a figura central as estátuas brancas das nove Musas — Urânia, Polímnia (Polyhymnia), Melpômene, Calíope (Callíoppe), Clio, Euterpe, Terpsícore (Terpsíchore), Érato e Talia (Thalia) — quer dizer, os principais atributos da luz eterna, revelados nas ciências e artes da humanidade e nas maravilhas da natureza.

Héstia simbolizava o grande "UM", o "Infinito", ao passo que as nove estátuas em derredor personificavam os pequenos "muitos":

1, 2, 3, 4, 5, 6, 7, 8, 9. A Potência cósmica do eterno "Um" atualiza-se constantemente na estupenda multiplicidade de fenômenos vários, idéia essa misteriosamente indicada por essas nove figuras em círculo homenageando o fogo central. A Unidade na Multiplicidade. Deus é UM na sua essência, porém *muitos* nas suas aparências; simples em seu SER invisível, complexo em seu *agir* visível.

Para Pitágoras, o grande "UM" (que não se deve confundir com o número 1) é assexual, pré-masculino e pré-feminino; é o tronco geral que precede a bifurcação dos sexos. Deus é neutro, não por falta de fecundidade masculino-feminina, mas por abundância e plenitude dessas potências sexuais. Nele não existe polaridade ou tensão que vigora entre o *ele* e o *ela*, própria do mundo do dualismo fenomenal. Deus não é *antítese*, como não é *síntese* tampouco — ele é a grande TESE, da qual nascem todas as antíteses e na qual culminam todas as sínteses. Ele está antes de todos os princípios e depois de todos os fins. Não é nenhum dos muitos elos da longa cadeia fenomenal, nem é a soma total desses elos, mas é aquilo que sustenta a cadeia toda e na qual todos os elos convergem.

O seguinte diagrama ilustra, mais ou menos, essa idéia:

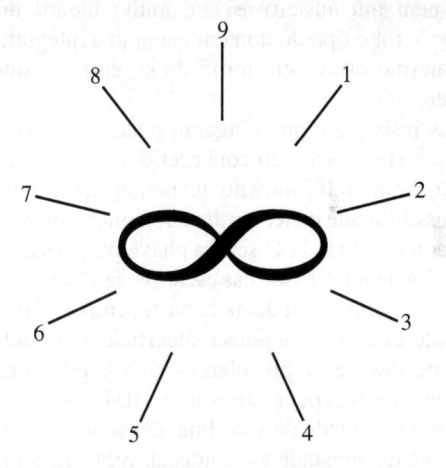

As nove categorias de finitos, pares e ímpares (polaridade), irradiadas pelo Infinito, com o qual formam um Todo harmônico e inseparável.

"Essas Musas" — escreve Pitágoras — "não são senão as imagens terrestres das potências divinas, cuja beleza imaterial e sublime pode cada homem contemplar em si mesmo. Do mesmo modo que elas estão com os olhos fitos no fogo de Héstia, que as produziu e lhes dá movimento, ritmo e melodia, assim deve todo homem submergir no fogo central do Universo, no espírito divino, e com ele permear todas as manifestações visíveis da sua vida."

Em seguida, como em um gesto de sublime audácia, apaga Pitágoras ante os olhos de seus discípulos todas as belezas criadas e arrebata-os, com a irresistível magia da sua palavra e da sua personalidade, à presença do Ser incriado. Daí, os faz regressar ao plano da vida terrestre, aureolados de um halo permanente, que, daí por diante, ilumina os caminhos da sua peregrinação e os torna profundamente felizes no meio de todas as infelicidades em derredor.

Pode-se dizer que Pitágoras foi o primeiro gênio do pensamento ocidental que realizou em si perfeita harmonia, o sereno e espontâneo intercâmbio e interlúdio de alma, mente e corpo, arquitetando a suprema maravilha do homem em toda a sua plenitude, força e formosura. Conseguiu estabelecer o equilíbrio dinâmico entre o homem-alma, o homem-mente e o homem-corpo, sem sacrificar os interesses de um setor em prol de outro. Não foi um espiritualista nefelibata, nem um austero asceta, muito menos um grosseiro materialista — foi o tipo do homem genuíno e integral. E o que ele era em si mesmo criava em torno de si, entre os que o podiam compreender.

Pitágoras insiste em que ninguém pode *conhecer* a divindade sem *ser* o que ela é. A lei do conhecer é a lei do ser. A completa identificação com o Infinito no plano do ser é que faculta ao homem a possibilidade de ter verdadeiro conhecimento do Infinito. Só se sabe aquilo que se é. O ser é a chave para o saber.

Como a flor de lótus nasce nas escuras e lamacentas profundezas do lago, e daí se ergue, em delgada haste, através das águas, rumo às alturas, até atingir a luminosa superfície e desdobrar as suas imaculadas pétalas aos beijos solares — assim principia o homem a sua jornada ascensional por entre as trevas da ignorância, e, impelido pela intrínseca divindade de sua alma, dessa alma ainda dormente, ou semidormente, demanda as alturas através das zonas crepusculares da consciência em vários graus, até, finalmente, atingir a luz meridiana da pleniconsciência de si mesmo e do Deus imanente. Entretanto, por mais que a flor suba, não se desprende do fundo do lago; une as alturas celestes com as profundidades terrestres, o meio-dia com a meia-noite — da mesma forma não deve o homem espiritual deixar de ser desta terra; deve interessar-se por todos os departamentos correspondentes à sua tríplice natureza; deve viver intensamente no vasto cosmo espiritual da alma, no imenso oceano intelectual da mente e no mundo multicolor e multiforme do corpo material.

3. O método

A fim de criar nos seus discípulos essa perfeita harmonia de alma, mente e corpo, Pitágoras não se limitava a teorias abstratas ou doutas preleções. Aliava a vida prática à doutrina. A congregação pitagórica, no alto da verde colina de Crotona, principiava o dia com o nascer do sol para além das ondas plácidas do Adriático. Cantavam hinos sacros ao Fogo Central da divindade onipresente, simbolizado no grande astro solar. Parte desses hinos eram cantados por entre graciosas danças e bailados rítmicos, adaptados aos dois grupos, masculino e feminino, de que se compunha a sociedade dos iniciandos.

Após o culto matutino, e terminada a frugal refeição vegetariana, entregavam-se os estudantes à meditação da suprema filosofia, sob a direção de grandes mestres presididos pelo próprio Pitágoras.

Quando as faculdades mentais se achavam exaustas de longo estudo e meditação, espalhavam-se os discípulos pelos campos circunvizinhos, onde se entregavam a trabalhos agrícolas, extraindo da terra fecunda as energias solares destinadas a alimentarem os corpos, assim como a luz divina lhes alimentava os espíritos.

A refeição do meio-dia consistia, geralmente, em pão, mel, olivas e outros alimentos ligeiros, tais que ao mesmo tempo sustentassem as energias físicas e permitissem à mente e à alma plena liberdade de funcionamento e evolução.

Parte da tarde era devotada a exercícios ginásticos e calistênicos destinados a manter o corpo em perfeito vigor e formosura, porque Pitágoras via no homem a maravilha máxima da natureza, cuja perfeição integral lhe merecia constantes e carinhosos cuidados. "Quem não harmonizou o seu próprio ser — dizia ele — não pode refletir a harmonia divina."

Ao pôr do sol, a congregação pitagórica se reunia de novo para o culto religioso, cantando hinos sacros acompanhados de movimentos calistênicos. Sobre o altar ardia um braseiro, e dele evolavam-se brancas nuvens de incenso que impregnavam o ambiente de uma aura de suave sacralidade.

* * *

O matrimônio era considerado sagrado. A castidade era recomendada aos noviços e aos solteiros em geral; a disciplina sexual, aos casados. Qualquer espécie de luxúria ou incontinência era severamente condenada como contrária ao fim superior do homem e como impedimento à iniciação espiritual. "Cede à volúpia — dizia o mestre — somente quando consentes em ser menos que tu mesmo." A um discípulo impetuoso que perguntou qual era o tempo próprio para casar, Pitágoras respondeu ironicamente: "Quando estiveres cansado da paz do teu espírito".

Conta-se que, quando Pitágoras tinha 60 anos, uma das suas mais avançadas discípulas veio ajoelhar-se ao pé dele, colocou-lhe as mãos sobre o joelho e, de olhos baixos, confessou-lhe que nutria ardente amor por um homem, pedindo ao mestre que a orientasse nessa difícil situação. O grande iniciado deu à jovem diversas diretivas sensatas e, por fim, perguntou quem era o alvo do seu grande amor, ao que a jovem, ousando pela primeira vez erguer os olhos ao semblante de Pitágoras, respondeu: "És tu, meu querido mestre". O filósofo sorriu-se benevolamente e, diz a tradição, aceitou no outono da sua vida o sorriso da primavera, e dessa união nasceu um filho de extraordinários dons divinos e humanos, síntese feliz da serenidade madura do grande vidente e da sorridente alegria da jovem discípula.

Possivelmente, essa história é uma simples alegoria da perfeita harmonia com que Pitágoras sabia estabelecer a "identidade dos opostos".

4. Estágios da jornada

Os grandes místicos da Idade Média são unânimes em estabelecer para seus discípulos três graus de evolução espiritual, a saber: 1) purificação; 2) iluminação; 3) união. Quer dizer que o homem profano necessita, antes de tudo, realizar um intenso trabalho preliminar de caráter mais ou menos negativo, de limpeza moral; deve remover dos caminhos da sua vida tudo que lhe impeça a jornada rumo a Deus; deve abandonar o mal que praticou e abraçar o bem que deixou de realizar. Depois, deve preparar-se para receber iluminação divina, porque é espiritualmente cego e não enxerga claramente o caminho a trilhar. Por fim, virá a íntima união de todo o seu ser com a Divindade, que se revela em inefável beatitude.

Pitágoras conduz os seus discípulos, praticamente, pelos mesmos estágios, que ele chama: 1) preparação; 2) purificação; 3) perfeição; 4) epifania, isto é, literalmente, "visão de cima", visão panorâmica e onilateral do cume do monte sagrado, onde habita a sabedoria, a santidade, a beatitude imperturbável.

O "silêncio pitagórico" tornou-se proverbial desde esse tempo. É que o grande mestre recomendava a seus discípulos absterem-se, durante o período preparatório, de toda e qualquer palavra desnecessária, como também de todo pensamento supérfluo ou incompatível com o alvo espiritual. Quem muito fala, ou muito divaga mentalmente, impede a criação de um clima interno propício para o advento da sabedoria divina. "Sê quieto, e sabe: EU SOU DEUS!" Este preceito bíblico está em inteira conformidade com a mentalidade de Pitágoras. Nem permitia a seus discípulos que, nos primeiros anos, formulassem perguntas durante as lições, porque toda pergunta é filha da obscuridade, mas essa obscuridade provém da falta de uma visão total e panorâmica do assunto. De fato, ninguém pode adequadamente compreender as partes antes de compreender o Todo. Em vez de perguntar, aconselhava o mestre a seus ouvintes que refletissem e mergulhassem profundamente no sentido real do que tinham ouvido, identificando a sua vida inteiramente com aquilo, porque, em última análise, só se sabe o que se vive e o que se é. No fim de certo período de intensa e diuturna meditação, as dúvidas iniciais se dissipam por si mesmas na razão direta da expansão dos horizontes internos, e as perguntas se tornam supérfluas.

* * *

Afirma Aristóteles que Pitágoras ensinava que a terra girava ao redor do sol, o "fogo central" do nosso sistema, recebendo claridade desse foco, assim como todos os seres que não possuem luz própria recebem a luz de um ser autoluminoso.

Ensinava aos iniciantes do 3º grau que a terra tinha um movimento duplo, o da rotação sobre seu próprio eixo, e o da revolução ao redor do sol. Como os sacerdotes de Mênfis, no Egito, sabia também o sábio de Samos que os planetas eram filhos do sol e giravam em torno dele; que os astros eram outros tantos sóis e sistemas solares, regidos pelas mesmas leis que presidem ao nosso sistema.

Entretanto, nenhum desses conhecimentos era confiado aos *exotéricos* (os de fora, os profanos), que não estavam em condições de aceitá-los; eram revelados tão-somente aos *esotéricos* (os de dentro, os iniciados), para os quais tudo isto era natural e compreensível.

As grandes idéias creadoras de Sócrates, de Platão, dos Neoplatônicos e de outros remontam em boa parte a Pitágoras, que como dissemos pode ser considerado o traço de união ou a ponte entre a filosofia do mundo ocidental, assaz recente, e a sabedoria antiqüíssima do Egito, da Índia, da China e de outros povos de cultura multimilenar.

Demócrito, Pitágoras, Einstein & Cia.

Na razão direta em que o homem progride na sua evolução ascensional, diluem-se mais e mais as linhas divisórias entre ciência, filosofia e religião, múltiplas e, não raro, antagônicas na sua base, porém unidas e idênticas no seu vértice.

Pitágoras baseia toda a sua filosofia na concepção da "harmonia dos números", o que, expresso em termos hodiernos, quer dizer que a última realidade do Universo não é *substância estática*, mas sim, um *processo dinâmico*; que o último constitutivo do mundo não é uma partícula material — digamos, o "átomo" de Demócrito —, mas um centro energético, um foco dinâmico de forças em equilíbrio. A realidade não consiste propriamente em um "ser" (*Sein, To Be, Esse*), mas em um "devir", "tornar-se" (*Werden, To Become, Fieri*). A realidade é um incessante "devir", e não um permanente "ser". A lei da bipolaridade é que é o substrato e a íntima estrutura de todas as realidades do mundo fenomenal; o par e o ímpar, o positivo e o negativo, o masculino e o feminino, a atração e a repulsão, o amor e o ódio — é esta universal "identidade dos opostos" que mantém o mundo inteiro no plano do ser e do agir, em um permanente e imperturbável equilíbrio dinâmico.

A Realidade do mundo numenal, porém, é anterior a essa bipolaridade; é a grande TESE que precede tanto as antíteses como também a síntese.

A realidade do mundo fenomenal é, para Pitágoras, equivalente a harmonia (ou equilíbrio). Harmonia, porém, supõe oposição ou antítese; supõe tensão, força centrífuga e força centrípeta, devidamente equilibradas. Se uma dessas forças contrárias da tensão prevalecesse sobre a outra, acabaria tudo em *caos* ("pecado" no plano do consciente); se não houvesse tensão alguma, teríamos uma imensa *monotonia* estática, o que, de fato, equivaleria à irrealidade, ao nada absoluto. Mas a realidade não é nem um caos nem uma monotonia, mas sim, uma *harmonia*, ou seja, um jogo de antíteses sintetizadas, unidade na variedade.

Ora, confrontando estas idéias filosóficas da Antiguidade com as recentes descobertas da física nuclear de nossos dias, verificamos uma surpreendente similitude de conceitos, para não dizer, uma perfeita identidade.

A conhecida fórmula einsteiniana $E = mc^2$ pode ser considerada como a certidão de óbito da matéria estática, e, com isto, do dualismo do Universo. Não existe matéria, no sentido tradicional. Matéria é energia em estado de condensação ou congelamento. O elétron é, na física nuclear, o primeiro foco energético condensado em "matéria", o berço e gerador do chamado mundo material, o "átomo" de Demócrito traduzido em terminologia moderna. Mas esse "á-tomo" (in-divisível) não é um verdadeiro átomo, senão apenas um pseudo-átomo. O verdadeiro átomo seria a pura Realidade, quer tomemos a palavra átomo em sentido material (Demócrito), quer em sentido energético (Pitágoras). O fundamento último do mundo não pode consistir no infinitamente *simples por vacuidade*, mas no infinitamente *simples por plenitude*, não no tenebroso abismo do *nadir*, mas na luminosa altura do *zênite*, não no *nada*, mas no *Tudo*.

Na física nuclear dos nossos dias, os elétrons, de carga negativa, giram em torno de um foco central, de carga positiva, com estupenda velocidade e em todos os sentidos de uma elipse, criando como que diversas camadas duras e impenetráveis em torno desse centro, formadas de prótons e nêutrons, induzindo o sentido do tato a crer em "matéria sólida".

Todos os prótons de um átomo podem ser considerados essencialmente iguais e da mesma natureza — como o são também os elétrons. No entanto, esse sistema de prótons e elétrons forma os 92 elementos naturais (além de 4 artificiais) — devido a quê? Devido unicamente ao número de prótons e elétrons contidos em cada átomo, e ao potencial de carga positiva e negativa que eles contêm. No átomo de hidrogênio, por exemplo, há apenas um próton e um elétron, que se equilibram mutuamente constituindo um átomo de hidrogênio estável. O átomo de urânio, por seu turno, contém 92 prótons equilibrados por outros tantos elétrons.

Os números atômicos são, geralmente, compostos de *prótons* (positivos) e de certo número de *nêutrons* (de eletricidade neutra, ou melhor, constantemente invertida, milhões de vezes por segundo, atuando como fator bivalente); do contrário, os prótons perderiam a sua coesão, uma vez que positivo repele positivo. A desintegração atômica consiste em separar os diversos componentes do núcleo atômico — digamos, em desequilibrar o equilíbrio do *sol atômico* (prótons e nêutrons) e, por conseguinte, os seus *planetas atômicos* (os elétrons). O resultado desse bombardeio de núcleo atômico, feito com nêutrons ou outras partículas, pode ser vário, consoante a reação do núcleo em face do projétil recebido. Pode ser:

1. transformação de um dos elementos do sistema periódico em outro elemento;
2. a creação de um átomo radioativo (isótopo);
3. a desintegração do núcleo atômico acompanhada da libertação de energia intra-atômica, manifestada como explosão violenta.

Ora, tudo isto é uma demonstração parcial da física nuclear das visões metafísicas de Pitágoras e de seu predecessor Demócrito. Tanto o filósofo dinamista de Samos como o pensador empírico de Abdera afirmam a unidade básica do Universo, com a diferença de que Demócrito admite como última unidade uma partícula *material* indivisível (átomo), ao passo que Pitágoras, penetrando mais profundamente na natureza das coisas, defende um foco *energético* como matéria-prima ou substrato do Universo.

A ciência moderna prossegue no rumo das concepções filosóficas desses pensadores antigos, procurando demonstrar a unidade essencial de todas as coisas. A "United Field Theory", de Einstein, visa provar que, além de não existirem matéria e energia como entidades diversas, também não existem energias (no plural), mas que as três energias aparentemente diversas — magnetismo, eletricidade e gravitação — não passam de três manifestações de uma e mesma energia.

Uma vez demonstrada cientificamente essa última tese, teremos um Universo único e homogêneo, baseado em uma única energia universal, da qual todos os fenômenos são formas ou manifestações parciais. Essa energia universal, é claro, não pode ser simplesmente mecânica, inconsciente, uma vez que dela nascem sem cessar fenômenos incomparavelmente superiores à mecânica inconsciente — nascem a vida, a inteligência, a razão, a consciência. Ora, como o efeito não pode ser superior à sua causa, deve a causa desses efeitos ser viva, inteligente, racional, consciente.

A energia universal deve, pois, ser considerada como um oceano imenso de energia vital, inteligente, racional, consciente — ou melhor, ela mesma deve ser a Vida, a Inteligência, a Razão, a Consciência cósmica universal.

No princípio do *algo* não está o *nada*, mas o *Tudo*; não a *vacuidade*, mas a *plenitude*; não o tenebroso *não*, mas o luminoso *sim*.

A teoria atômica de Demócrito e a harmonia dos números de Pitágoras são duas etapas evolutivas no grandioso drama que o espírito humano está realizando e que, por ora, atingiu as alturas da Idade Atômica, ou melhor, da Física Nuclear. Dentro em breve teremos ultrapassado o estágio nuclear de hoje e daremos outro nome àquilo que está por trás dessa energia radiante do átomo e seus componentes mecânicos.

A ciência física demonstrará, um dia, o que a intuição metafísica sabia desde tempos antiqüíssimos. Uma coisa é *saber*, outra coisa é *demonstrar*. As verdades mais profundas podem ser sabidas com absoluta certeza, sem serem experimentalmente demonstráveis. Em última análise, a certeza não vem de provas de laboratório, mas da intuição espiritual.

O universalismo platônico

Havia entre os discípulos de Sócrates um jovem aristocrata ateniense descendente, pelo lado paterno, de Kodros, último rei da Ática, e, por parte de mãe, da estirpe de Sólon, famoso legislador da Grécia. O nome desse jovem era, provavelmente, Aristoclés; mas, devido à largueza da sua mente, entrou na história da filosofia com o nome de "Platon", o que quer dizer "Amplo", "Largo". Os oitenta anos da sua existência terrestre decorrem entre 427 e 347 antes de Cristo.

A juventude de Platon, ou Platão, incide no turbulento período da Guerra do Peloponeso, que terminou com a derrocada da independência de Atenas.

Corria-lhe nas veias o sangue da alta nobreza helênica, e o maior pesar do jovem aristocrata era ver o seu país agonizar em um caos — com desordens internas e externas. Desde esse tempo concebeu Platão a idéia de pôr a sua vida a serviço da pátria e da prosperidade nacional. Tornou-se político militante e atingiu notável influência nesse setor.

Entretanto, graças à perspicácia do seu gênio, não tardou a verificar que, para promover a grandeza nacional, era necessário, antes de tudo, sanar o ambiente político interno, ou melhor, converter os políticos do egoísmo para o altruísmo, dos interesses do bolso e das vantagens pessoais para o idealismo do sacrifício pela causa pública. Platão compreendeu que o mal da política estava nos maus políticos, e que político sem ética é edifício sem alicerce.

Viu que era necessário converter para a ética os políticos atenienses.

Mas que é a ética? Por que deve o homem ser ético, altruísta, em vez de egoísta? E, antes de tudo, existe uma ética como tal? Não é a ética uma criação do homem individual ou então do grupo social a que ele pertence?

Ética ou moralmente bom é, segundo a opinião de muitos, aquilo que promove o meu bem-estar pessoal; ou, na opinião de outros, aquilo que promove a prosperidade do meu país e do meu povo. Quer dizer, a norma suprema da ética está na maior ou menor vantagem que de algum ato ou de uma atitude resulta para o indivíduo ou para o grupo a que esse indivíduo pertence. Se, por exemplo, há vantagem em que meu país conquiste o território de outra nação, e se dispõe dos meios físicos para conseguir vitória sobre outro povo mais fraco, essa conquista é perfeitamente ética, uma vez que promove a prosperidade do meu povo — tanto mais se o chefe nacional ordena essa conquista em nome da nação.

Não foi Maquiavel que inventou essa ideologia de ética oportunista; ela era conhecida e tem sido praticada em todos os tempos da História, por todos os adeptos de um padrão relativo de moralidade; Hitler, Mussolini, e outros chefes totalitários não fizeram senão aplicar em larga escala e aureolar de um halo de mística sacralidade esse relativismo ético.

Alfred Rosenberg, o "evangelista" do nazismo de Hitler, no seu famoso livro *Der Mythus des zwanzigsten Jahrhunderts* (O mito do século vinte) invoca a superioridade única do "sangue ariano" como fonte e norma suprema de ética humana. Todas as coisas grandes e belas que a humanidade edificou sobre a terra são, segundo Rosenberg, filhas do sangue divinamente puro da excelsa raça ariana, único povo que nunca se contaminou pela mescla biológica e espiritual com raças inferiores. Tenta até provar, com argumentos ou sofismas por vezes surpreendentes, que o próprio Jesus Cristo foi de raça ariana, e não semítica, como fomos erroneamente ensinados a crer.

Tomar como norma ética o indivíduo, a sociedade, a nação, ou as qualidades místicas do sangue desta ou daquela raça — tudo isto é alicerce incerto e movediço areal para a estrutura de uma ética firme e inabalável.

Platão não podia deixar de ver que uma ética baseada em princípios *pessoais* e *relativos*, de fabricação humana, não era fundamento sólido nem garantia de verdadeira prosperidade nacional.

Por isto, foi em busca de uma base *universal* e *absoluta* para a ética individual e social. Compreendeu que a norma última da ética humana não pode ser algo que o homem invente a seu gosto e talante, mas deve ser algo que pré-exista ao homem, dele independente, podendo ser por ele descoberto e servir-lhe de norma e norte, na sua vida individual e social. A ética deve ter o seu fulcro em um "ponto de Arquimedes", isto é, em algo que não dependa da boa ou má vontade do homem, mas exista para além de todas as fronteiras e balizas criadas pelo homem. Pois é evidente que o que o homem *faz* também pode *desfazer*. Se aquilo que hoje tomo por norma da minha vida amanhã se provar desvantajoso aos meus interesses, posso desfazê-lo e estabelecer outra norma, mais favorável. Quer dizer que, neste caso, a ética não é soberana em minha vida, mas sim *escrava* subserviente da minha vontade, das minhas veleidades, dos meus caprichos — nomes vários para o meu egoísmo. Uma ética relativa, na verdade, não é norma alguma, senão apenas um simulacro de norma, espécie de fantoche ou boneco de engonços que obedece docilmente aos invisíveis fios manobrados pelo homem.

Platão não tardou a compreender que uma verdadeira norma ética, soberana e eficiente, só pode ser algo independente da vontade humana, algo objetivo, algo ultra-humano, absoluto, intangível. Do contrário, não é fator soberano, mas subserviente.

Foram estas considerações, rigorosamente lógicas e genuinamente realistas, que levaram o jovem filósofo, do cenário da *política* para o plano da *ética*, e, finalmente, para as alturas da *metafísica* — à mais remontada metafísica de que há memória nos anais da filosofia ocidental[13].

Platão, no intuito de criar uma política sadia e sólida, um Estado próspero, como tentou no seu grande livro *Politeia* (na tradução, *República*), veio a ser o príncipe dos metafísicos. E todos os que querem edificar a sua filosofia ética e política sobre a rocha viva, e não sobre movediço areal, têm de fazer o mesmo, se não quiserem presenciar grandes catástrofes.

Os que desconhecem o verdadeiro caráter de Platão consideram esse exímio pensador helênico como um especulador transcendente,

---

[13] Dizemos "ocidental" porque a filosofia do Oriente nunca deixou de ser essencialmente metafísica e mística, e é fora de dúvida que Platão, através de Alexandria, sofreu o impacto do pensamento filosófico do Egito, da Índia e da China.

um homem que, talvez por falta de melhor ocupação, desertou desta terra sólida e se refugiou nas regiões vagas de impalpáveis abstrações metafísicas e místicas que, na opinião deles, nada têm que ver com a vida real do homem.

Entretanto, à elite da humanidade pensante de todos os séculos subseqüentes não valeu libertar-se da "obsessão platônica", ou melhor, do estranho fascínio que esse universalismo cósmico continua a exercer sobre a mente de homens dotados de maior penetração filosófica.

Disse Tertuliano que "toda alma é cristã por natureza" — e com a mesma razão poderíamos dizer que todo filósofo é platônico por natureza, embora nem todos desenvolvam dentro de si esse universalismo platônico latente.

* * *

Mas, antes que o jovem político ateniense remontasse às supremas alturas da sua metafísica, teve de passar por diversas peripécias, uma das quais por um triz o eliminaria do número dos vivos.

Díon, cunhado de Dionísio I, famigerado tirano de Siracusa, na Sicília, convidou Platão para uma visita à corte do soberano. O filósofo atendeu ao convite e teve algumas palestras com Dionísio; este, porém, não tardou a ver no hóspede um perigo para seu governo. Mandou prendê-lo e entregá-lo ao embaixador de Esparta, com a qual Atenas estava em pé de guerra. O embaixador espartano enviou Platão à ilha de Aigina (Egina), não longe de Atenas, a fim de ser vendido como escravo. Quis a sorte que Platão fosse resgatado por um amigo, que o recambiou para Atenas.

Em um dos subúrbios da capital, nas imediações do parque e campo atlético de Hekademos, possuía Platão uma casa de campo. Essa nesga de terra era fadada a se tornar célebre na história da filosofia perene com o nome posterior de "Academia de Platão" (Academia é corrupção de Hekademos!). Ali, com a idade de quase 40 anos, começou o célebre filósofo e político a reunir um pugilo de homens de diversos países interessados em suas idéias — entre os quais também figurava um jovem cientista, filho de médico, de Stageiros (Estagira), por nome Aristóteles, com o qual travaremos conhecimento daqui a pouco.

A princípio, Platão se guiava mais ou menos pelas idéias de seu venerando mestre Sócrates, o heróico mártir da filosofia. Mas, como Sócrates não dera à sua ética uma subestrutura propriamente metafísica, o seu genial discípulo não tardou a lançar esse alicerce, ultrapassando as fronteiras socráticas e desenvolvendo, com não menos reverência pelo mestre do que autonomia criadora, o seu próprio pensamento.

Durante mais de vinte anos foi a confortável casa de Hekademos o centro filosófico do mundo ocidental e, pode-se dizer, a primeira Universidade da Europa. A esse foco do saber acorriam, de todos os quadrantes do império romano, da Europa, Ásia e África, numerosos homens ávidos de beber as águas puras da sabedoria dos séculos, dos lábios desse novo Salomão.

As obras de Platão

Sobre a escrivaninha do presidente Franklin D. Roosevelt havia sempre um exemplar do *Banquete*, de Platão, obra em que o chefe de uma grande democracia do século XX encontrava singular inspiração.

Einstein, o iniciador intelectual da Idade Atômica, era leitor assíduo das obras de Platão: durante a última doença de sua irmã Maja, que faleceu em 1950, lia-lhe Einstein, cada dia, durante duas horas, trechos seletos das obras do maior filósofo da Hélade.

Afinidade de gênios cósmicos!

Dos grandes filósofos da Antiguidade é Platão o único cujas obras completas chegaram até nós. Os seus numerosos livros, escritos em forma de diálogo, podem dividir-se em quatro grupos, compreendendo o primeiro, os trabalhos da sua mocidade; o segundo, o período de transição da escola socrática para a filosofia platônica independente; o terceiro, as obras da sua maturidade; e o quarto, alguns livros escritos na idade avançada.

A. Obras da mocidade de Platão[14]

Apologia e *Kriton* (*Críton*) — Livros em que o exímio pensador faz o elogio da pessoa de seu mestre Sócrates e fundamenta muitas das idéias dele.

---

[14] Damos os títulos pela grafia dos originais gregos.

Íon — Trata da poesia e da inspiração artística em geral.

Protágoras — Discute o problema sobre se a virtude é ensinável ou não.

Laches (*Laques*) — Aborda o assunto da virtude da fortaleza ou bravura.

Charmides (*Cármides*) — Trata da virtude da temperança na mais larga acepção do termo.

Politeia I — A primeira parte de um dos grandes livros de Platão (na tradução: *República*), onde o autor discorre sobre a virtude típica do chefe de nação, a justiça ou retitude, virtude que alia à mais profunda sabedoria a mais alta honestidade, atributos do "filósofo-rei".

Euthyphron (*Êutifron*) — Tem por objeto a virtude da piedade e pode ser considerado como precursor da concepção platônica do "Eidos" (Idéia).

Lysis (*Lísis*) — Expõe os característicos da virtude da amizade.

B. Escritos de transição da escola socrática

Gorgias (*Górgias*) — Trata da essência e do valor da retórica.

Menon (*Ménon*) — Versa a natureza da virtude em geral e a questão da sua docilidade.

Euthydemos (*Eutidemo*) — É uma sátira sutil de certos vícios da época e da humanidade em geral.

Hippias (*Hípias*) (duas partes) — Aborda o magno problema da beleza, sua natureza e função na vida humana.

Kratylos (*Crátilo*) — Ventila o interessante assunto da afinidade entre filosofia e fitologia, e levanta a questão sobre se a língua humana é algo natural ou artificial.

Menexenos (*Menéxeno*) — Uma oração fúnebre em homenagem aos soldados atenienses que caíram na guerra.

C. Livros da maturidade de Platão

Os quatro livros seguintes marcam o clímax da evolução filosófica e ética do grande pensador.

Symposion (na tradução: *O Banquete*) — Contém seis tratados sobre Eros, o amor creador, e seu correlativo, a beleza.

Phaidon (*Fédon*) — Desce às profundezas da especulação sobre a imortalidade, metempsicose e reencarnação. É um deslumbrante cosmorama de idéias de Hermes Trismegisto, Pitágoras, Heráclito, Sócrates e outros gênios da Antiguidade. Considerando que a vida individual deriva da Vida Universal, é lógico que ela volte também a esse oceano eterno donde surgiu. A imortalidade que Platão defende nessa obra é assaz diferente da que os escolásticos medievais e as igrejas cristãs em geral ensinam, lembrando antes a sobrevivência semiconsciente no *Sheol* hebraico ou no *Hades* helênico do que o Além da teologia cristã. Entretanto, o autor mantém as portas abertas para a interpretação de que essa semivida de após-morte não passe de um parêntese ou *intermezzo* para uma plenivida; um período de potencialidade latente sucedido por uma vida nova de manifesta atualidade; a fagulha dormente sob as cinzas poderá, um dia, despertar e deflagrar em vívida flama.

Politeia II — Continuação e conclusão da primeira parte da *República*.

Phaidros (*Fedro*) — Continuação do livro *Phaidon*, sobre a imortalidade.

D. Obras dos últimos anos de Platão

Theaitetos (*Teeteto*), *Parmênides*, *Sophistes* (*Sofistas*), *Politikos* (*O político*), *Philebos* (*Filebo*), *Timaios* (*Timeu*), *Kritias* (*Crítias*), *Nomoi* (*As leis*), *Epinómis*.

Nestes livros completa e amplia o filósofo muitas das idéias expostas em obras anteriores, dando contornos mais precisos e nítidos a muitos conceitos vagamente delineados em trabalhos anteriores e eliminando outros pensamentos defendidos em livros de períodos imaturos. Parmênides, Sophistes e Timaios giram, principalmente, em torno da concepção central de Platão sobre o "Eidos" (Idéia). Como as obras do insigne pensador helênico se assemelham a uma vasta floresta tropical de idéias várias postas nos lábios de diversos locutores, nem sempre é fácil descobrir qual seja, em última análise, o pensamento do autor. Daí se explica que da "Academia Platônica" pudesse nascer o "Liceu Aristotélico" e todo esse sistema da escola peripatética do célebre Estagirita, grandemente diferente, e, não raro, contrário às concepções do filósofo ateniense.

A "idéia" platônica

A doutrina sobre a tal "Idéia" pode ser considerada como a alma da filosofia de Platão. Quem não tem noção nítida do verdadeiro sentido dessa "Idéia" não pode compreender a filosofia do exímio pensador.

Antes de tudo, essa "Idéia" nada tem a ver com o que hoje em dia chamamos "idéia", termo que para nós designa uma criação e projeção da nossa mente.

A palavra grega "Eidos", que em latim deu "idea", e em vernáculo "idéia", quer dizer "imagem", isto é, o original primitivo, que não é cópia de outro, mas o original, o modelo e a norma para todas as cópias. O radical de "Eidos" é idêntico ao do verbo grego "ver", denotando assim o objeto da visão espiritual, intuitiva, cósmica[15].

Do "Eidos" (imagem original) são derivados os "eidola" (plural grego de "eidolon"), vocábulo de que derivamos "ídolo", quer dizer uma cópia do original. "Idólatra" é um cultor de "eidola" ou "eidolons", ou seja, cópias do "Eidos". Essas cópias são chamadas, em geral, "creaturas", ao passo que o "Eidos" é o "Creador". O "Eidos" é a Causa Universal, os "eidolons" são os efeitos individuais.

O "Eidos" de Platão pode ser equiparado ao "Apeiron" (ilimi-

---

[15] A palavra sânscrita "Vidya", donde derivamos "Vedas", quer dizer fundamentalmente o mesmo que o termo helênico "Eidos", isto é, "visão" ou "conhecimento" da Suprema Realidade.

tado), de Anaximandro; ao "Lógos" (Razão), de Heráclito e Filo; à "Morphé" (forma), de Aristóteles; ao "Ultra-Ser", de Plotino; ao "Tao", de Lao-tsé; à "Natura Naturans", de Spinoza; ao "Brahman", dos hindus; à "Alma Universal", dos místicos; ao "Yahveh" (Jeová), dos hebreus; ao "Deus", do Cristianismo.

Platão concebe esse "Eidos" como a Realidade Universal, ou melhor, como a única Realidade, absoluta, eterna. O "Eidos" não é indivíduo, nem um super-indivíduo. Não tem forma. Não existe dentro das categorias de tempo e espaço. Ultrapassa o conceito de causalidade. É incausado em si mesmo e causador de todos os fenômenos (eidolons) do mundo individual.

É claro que esse "Eidos" não pode ser apreendido pelos sentidos, nem concebido pelo intelecto[16] — razão por que Aristóteles, personificação da Inteligência filosófica, chega a negar a realidade objetiva do "Eidos" platônico, considerando-o mera abstração da nossa mente, ou seja, como ficção subjetiva, à qual nada corresponde no plano da ordem objetiva.

O "Eidos", inacessível aos sentidos e à inteligência, só pode ser atingido pela intuição espiritual, ou seja, pela Razão universal, não pela inteligência individual. Já que essa Razão universal, o "Lógos", é a íntima essência do homem (e de todas as coisas), pode o homem atingir o eterno "Eidos" pela introspecção, pelo verdadeiro conhecimento de si mesmo, pelo descobrimento do seu Eu real, que é idêntico ao "Eidos" (Deus).

◻

---

[16] Conta-se que, certo dia, Platão chegou à "Academia" e, vendo desocupada a cadeira de seu inteligente aluno Aristóteles, disse: "Hoje está ausente a Inteligência da Academia". Se Aristóteles simbolizava a Inteligência analítica, Platão representava a Razão intuitiva.

O universalismo de Platão e o individualismo de Aristóteles

Nos dois chamados "príncipes da filosofia helênica" culminam duas ideologias perenes da humanidade pensante: a mentalidade dedutiva-sintética-intuitiva de Platão, e a concepção indutiva-analítica-intelectiva de Aristóteles. Atenas e Estagira simbolizam dois centros de cristalização sobre a concepção do Universo, tão antigos como o próprio gênero humano, que nesses exímios pensadores encontraram dois veículos adequados, dois clássicos focos de catalização filosófica, a ponto de marcarem as duas principais correntes ideológicas da humanidade até os nossos dias. É natural que, no presente estágio evolutivo da nossa raça, mais intelectualista que intuitiva, Aristóteles seja ainda considerado o príncipe supremo da filosofia ocidental; tempo virá em que Platão e seu grande predecessor e patrono Pitágoras serão proclamados os gênios máximos do mundo filosófico.

A principal diferença entre Platão e Aristóteles está no modo como eles concebem a realidade, que para aquele é essencialmente *universal* e para este fundamentalmente *individual*. Platão, colocado no centro único absoluto, procura atingir as periferias múltiplas e relativas — ao passo que Aristóteles, peregrinando pelas variadas latitudes e longitudes das periferias do mundo fenomenal, alonga os olhos rumo ao centro. Para o ateniense, o centro é real, realíssimo, a única realidade digna deste nome, ao passo que as coisas da periferia são tão vagas e longínquas, tão diluídas e tênues que, propriamente, nem merecem o nome de realidades. Para o estagirita, porém, com os pés firmemente colocados nas realidades concretas da periferia física, a metafísica do centro se lhe afigura tão incerta e esvaída, que, se alguma realidade objetiva possui, não pode ela ser equiparada à solidíssima e palpável objetividade do mundo dos sentidos e do intelecto.

Verdade é que, no princípio, Aristóteles é mais platônico que aristotélico; mais tarde, porém, no período da sua maturidade filosófica, ele se separa mais e mais do modo de pensar de seu grande mestre e elabora a sua filosofia tipicamente aristotélica.

Pitágoras, Platão, Filo, Plotino, Orígenes e outros alexandrinos, são os locutores e intérpretes de uma humanidade futura — ao passo que Protágoras, Demócrito, Aristóteles, Epicuro, etc., falam em nome de uma humanidade presente. Aqueles são idealistas e visionários — estes são empiristas e práticos.

Para Platão e os platônicos, como vimos, o *universal* (que não é soma total dos *indivíduos!*) tem existência real em si mesmo; ou melhor, é a única realidade genuína e autêntica.

Para Aristóteles e sua escola o *universal* é irreal, ao passo que o *individual* é que é real, a única realidade. Para ele, o universal não passa de uma abstração mental, espécie de "hipótese de trabalho", como diriam os cientistas modernos. Verdade é que nem todas as individualidades são materiais; há para o estagirita duas grandes torrentes de realidades individuais: uma de índole *material*, outra de caráter imaterial ou *espiritual*. Deus é a grande realidade individual espiritual, ao passo que o mundo é, no entender dele, a grande realidade individual material. Ambos são eternos, paralelamente existentes desde sempre; este não é efeito criado por aquela causa; ambas, Deus e o mundo, são duas causas autônomas, independentes, coordenadas, como os dois trilhos de uma ferrovia, para nos servimos de um símile do presente século; sobre esse binário material-espiritual, mundo-deus, é que corre o veículo da evolução cósmica.

Os escolásticos tomistas, proclamando Aristóteles o seu patrono filosófico, fizeram um importante empréstimo com Santo Agostinho quando declararam que o mundo, longe de ser co-eterno e autoexistente com Deus, era creado *ex nihilo*, do puro nada. Não deram ao mundo a honra de ser individualidade eterna e autônoma, como é no sistema peripatético; nem ousaram considerá-lo emanado de Deus, como nas filosofias orientais; degradaram-no ao íntimo nível da possibilidade, reduzindo-o a um filho legítimo do nada, da absoluta vacuidade, fecundada pelo libérrimo *fiat* criador do Onipotente.

Conseguiram, assim, contornar o perigoso escolho do dualismo zoroastriano-gnóstico, salvando do naufrágio o monoteísmo bíblicocristão — mas não valeram arribar às praias longínquas do puro monismo dos grandes gênios religiosos e místicos de todos os tempos e países. Talvez fizessem bem, esses escolásticos romanos e teólogos protestantes, em admitir a ideologia aristotélico-tomista em vez da concepção platônico-origenista, porque a humanidade não estava, nem está, madura para tão arrojada visão cósmica da realidade.

* * *

É lógico que dessas suas concepções opostas, oriundas de uma premissa básica, nascessem duas conclusões também opostas e se ramificassem pelo vasto terreno da ética, da sociologia e da política do gênero humano. Do unismo platônico devia derivar necessariamente uma concepção da vida humana diferente do pluralismo aristotélico. Um sistema de linhas paralelas aplicado à ética e à política dá à origem da sociedade humana e ao Estado um *background* e uma norma reguladora totalmente diversa de um padrão de linhas convergentes que irradiem de um único centro ou foco inicial.

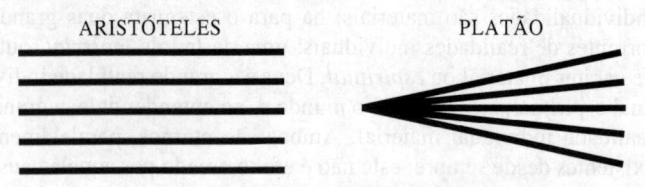

ARISTÓTELES   PLATÃO

O que a sua primeira origem é *um* tende a ser *um* também no seu último fim —, mas o que em sua fonte inicial é *múltiplo*, tende a ser *múltiplo* também no seu termo final.

Unismo metafísico gera unidade ética.

Dualismo metafísico gera dualidade ética.

Todas as revoluções no plano *horizontal* — ético, político, etc. — remontam à linha *vertical*; foram concebidas no silêncio e na escuridão de algum cérebro. Por menor que, no princípio, seja o ângulo de desvio de dois trilhos ferroviários, esse ângulo aumenta na proporção direta do distanciamento dos trilhos do ponto inicial, até que a diferença seja de dezenas e centenas de quilômetros.

Para Aristóteles, o *Ser* é idêntico ao *existir*. O que não existe não é. O que não tem individualidade no plano múltiplo das existências não tem realidade no plano da essência.

Para Platão, o *Ser* universal não implica necessariamente o *existir* individual; este é apenas uma conseqüência, quase fortuita e acidental, daquele. Quer haja quer não haja fenômenos individualmente existentes, o Númeno sempre é real em sua essência absoluta. Graficamente, poderíamos ilustrar essa diferença do seguinte modo:

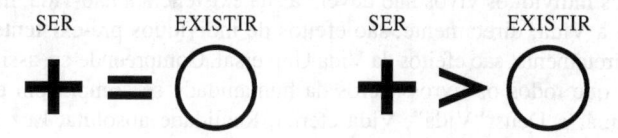

SER   EXISTIR   SER   EXISTIR

$+ = \bigcirc$ $+ > \bigcirc$

Na primeira figura há perfeita identidade entre Ser e existir; na segunda, o Ser é infinitamente maior que o existir, e todos os existires.

Para o estagirita, a soma total dos existires perfaz o Ser — para o ateniense, o Ser não é o resultado ou a soma total dos existires, mas a causa de todos eles.

Para concretizar esse conceito, sirva a seguinte ilustração: se destruíssemos todos os seres vivos, teríamos aniquilado a Vida Universal do mundo (Aristóteles) — se destruíssemos todos os seres vivos, a Vida Universal continuaria inalterada (Platão), e tornaria a manifestar-se, cedo ou tarde, aqui ou alhures, em novas formas vitais. De fato, houve um tempo em que não existia ser vivo individual sobre a face da terra, nem em outro planeta. Hoje há grande número de indivíduos vivos, desde o pequeno unicelular até os grandes organismos pluricelulares. Donde vieram esses indivíduos vivos? Naturalmente, do Ser Vivo, ou seja, da Vida Universal, Cósmica, que é eterna, autônoma, sem princípio nem fim. A vida não é a soma total dos indivíduos vivos, mas a causa primária de todos eles. Quer existam quer não existam indivíduos vivos, a Vida sempre é[17].

---

[17] Na linguagem comum, não fazemos distinção entre *ser* e *existir*. Se a nossa linguagem fosse etimológica e filosoficamente exata, deveríamos reservar o verbo *ser* só para Deus, e usar o verbo *existir* exclusivamente para as criaturas ou fenômenos do mundo. Deus não *existe*, Deus *é*. Existir, do latim *ex-sistere* (mais tarde, *existere*) quer dizer *estar de fora*, ou *ser produzido*, assim como o menor sai do maior, ou como uma onda emerge do oceano, ou como um raio luminoso é irradiado por um foco. Para Aristóteles, naturalmente, não há de fato um *Ser*, mas tão-só muitos *existires* ou indivíduos. Segundo Platão, o único *Ser* absoluto e autônomo se revela em muitos *existires* relativos e heterônomos, mas esses indivíduos não são novos seres, senão apenas novas modalidades do único *Ser* absoluto e real, Deus.

Filosoficamente falando, toda essa debatidíssima questão sobre a origem da vida, geração espontânea, etc., que decênios atrás agitou os meios científicos da Europa e da América, não tem nenhuma razão de ser, porquanto a Vida não teve origem, como não terá fim. Origem só tiveram, e fim terão, os indivíduos vivos. É evidente que esses indivíduos vivos não devem a sua existência à não-vida, mas sim à Vida; diretamente, são efeitos de indivíduos pré-existentes; indiretamente, são efeitos da Vida Universal. Compreende-se, assim, por que todos os livros sacros da humanidade se comprazem em chamar a Deus "Vida", Vida eterna, Realidade absoluta, Luz do mundo, Consciência Cósmica, Espírito onipresente — tudo isto é, fundamentalmente, o mesmo.

* * *

Por volta dos 50 anos de idade, após extensas viagens, voltou Aristóteles para Atenas, onde fundou o famoso Liceu de filosofia, assim chamado por causa do lugar, Apollo Lykaios (em latim Lyceum) — assim como a Academia platônica deve o seu nome ao parque Hekademos, num bairro de Atenas onde o grande pensador lecionou durante vários decênios.

O estagirita expunha as suas idéias enquanto perambulava lentamente com um grupo de discípulos pela saibrosa pista de um campo atlético, razão por que o povo os apelidou de "peripatéticos", quer dizer, "perambuladores". Até hoje, a filosofia aristotélica é chamada, freqüentemente, a escola peripatética, ou então, a filosofia do Liceu.

Mais tarde, acusado de simpatizar com a política do macedônio Alexandre Magno, de que fora preceptor, e lembrando-se da sorte trágica de Sócrates, Aristóteles achou mais prudente retirar-se da capital, evitar a efervescência política e passar o resto dos seus dias em Chalcis, na Euboea, onde faleceu em 322 a.C., com a idade de 63 anos.

O caráter de Aristóteles bem pouco tinha de amável e atraente. Era homem de escassa afabilidade, sempre absorto nas suas lucubrações científicas — possuía um notável jardim botânico e zoológico, como também um bem montado museu de ciência natural. Aristóteles é, acima de tudo, um hábil sistematizador dos conhecimentos humanos, mas não propriamente um criador de idéias novas, como Pitágoras e Platão. Na sistematização lógica do conhecimento e no enciclopedismo da sua erudição, o estagirita merece, certamente, o nome de "príncipe dos filósofos", que seus admiradores medievais lhe conferiram com tamanha liberalidade — embora esse glorioso título pareça antes competir a Platão, mercê da força creadora do seu gênio e da visão cósmica do seu espírito.

Como veremos mais tarde, não era possível, no Ocidente cristão, estabelecer uma hierarquia eclesiástica poderosa sobre o universalismo platônico, mas sim sobre o individualismo aristotélico. Se cada homem é uma manifestação individual da Realidade Universal (Deus), e, como tal, pode retraçar o seu caminho rumo à sua origem, é lógico que o homem possa encontrar a Deus por si mesmo, dentro da sua íntima essência divina — concepção essa que não favorecia de modo algum o prestígio de uma autoridade eclesiástica ávida de poder. A ideologia aristotélica, pelo contrário, deixa as portas abertas para o desenvolvimento de uma hierarquia poderosa, como as necessidades da época pareciam exigir.

Todo eclesiasticismo é, consciente ou inconscientemente, aristotélico — todo misticismo é essencialmente platônico.

Tomás de Aquino e Francisco de Assis são, no século XIII, os dois representantes típicos dessas duas concepções de Deus e do homem.

Deus e a alma humana na filosofia aristotélica

O antigo conceito mítico ocidental sobre a natureza e o destino da alma humana vem literalmente exposto nas obras imortais de Homero e de outros escritores contemporâneos. Segundo essa ideologia, o corpo humano é que é o verdadeiro "ânthropos" (homem), a substância real do ser humano, ao passo que a alma é uma espécie de sombra fantástica que acompanha o corpo e sobrevive de algum modo à vida do mesmo, passando para um mundo de existência crepuscular, onde continua a viver indefinidamente, em um estado de vaga inconsciência ou semi-inconsciência muito inferior à vida consciente aqui na terra.

O *sheol* dos israelitas, no tempo da decadência religiosa, é praticamente idêntico ao *hades* do povo helênico e ao *infernus* (lugar inferior) dos romanos, isto é, uma região sombria onde os fantasmas humanos vegetam em uma semivida sonâmbula e triste. Compreende-se, assim, por que a literatura antiga desses povos esteja permeada de preces e súplicas para que a divindade preserve ou libere o humano viajor dessa deplorável existência pós-morte. Só mais tarde o *sheol-hades-infernus* veio a ser mais nitidamente discriminado de uma vida da alma desencarnada menos vaga, culminando, por fim, na idéia do *olympos* (céu) como oposto àquele. Era proverbial entre os gregos que a vida mais humilde aqui na terra era preferível à existência da alma do famoso herói Aquiles, no além.

Nos tempos de Pitágoras, Sócrates e Platão — influenciados provavelmente através de Alexandria por concepções orientais, sobretudo da Índia, operou-se na literatura heleno-romana uma profunda modificação, para não dizer inversão de idéias, sobre a condição da alma liberta do corpo, filosofia essa que supõe como premissa uma nova concepção da própria natureza da alma humana. A vida física aqui na terra começou a ser considerada como um período meramente preliminar, e o corpo como algo secundário do composto humano. O nascimento do homem passou a ser equiparado a uma espécie de morte, enquanto a morte era celebrada como o nascimento para um mundo superior.

A doutrina da reencarnação generalizou-se rapidamente, porque parecia permitir uma indefinida evolução da alma, neste ou em outros planos de existência. Daí por diante, o corpo era um instrumento de aperfeiçoamento da alma através de sucessivas existências — quando não era considerado por certos extremistas como um cárcere em que a alma se achava presa e do qual convinha libertar-se o quanto antes.

Aristóteles, durante o seu período platônico, aceitou com entusiasmo essa doutrina, cujos vestígios aparecem em seu tratado sobre a natureza da alma chamado *Eudaimos* (Eudemo).

Mais tarde, porém, a mente do estagirita engolfou-se no estudo das ciências físicas, afastando-se gradualmente dessa concepção do homem, que lhe parecia demasiadamente metafísica e fantástica, e tornou a simpatizar com a ideologia tradicional concretizada na *Ilíada* de Homero e em toda a mitologia da época. Como dissemos, se a mente de Aristóteles é visceralmente indutiva-analítica-intelectualista, era inevitável que em sua filosofia prevalecesse essa orientação, que continua a ser a de alguns cientistas e filósofos ocidentais de hoje.

Daí por diante, frisa ele a realidade do corpo ou de algo inseparavelmente dependente dele como o verdadeiro Eu humano, embora não ouse degradar a alma a uma simples sombra vaga e sem finalidade. Vai através de todas as obras posteriores do filósofo de Estagira uma constante tentativa, culminando, por vezes, em verdadeira acrobacia mental, para conciliar o corpo e a alma em uma unidade homogênea sem entrar em conflito com suas próprias premissas e postulados. Finalmente, Aristóteles acaba por declarar que tanto a matéria como o espírito — corpo e alma — são eternos e auto-existentes. A matéria não provém do espírito, nem este nasce daquela. Ambos co-existem desde toda a eternidade, são a bem dizer duas divindades paralelas.

Devido a essa coordenação de corpo e alma (ou melhor, de corpo, mente e alma) como entidades eternas, coexistentes, só pode o estagirita tecer a apologia do *equilíbrio* entre esses diversos componentes do ser humano, incapaz de aceitar a idéia platônica da *sub* e *super-ordenação* de corpo, mente e alma.

Representando graficamente essas duas concepções filosóficas sobre a natureza do homem, poderíamos traçar os diagramas seguintes:

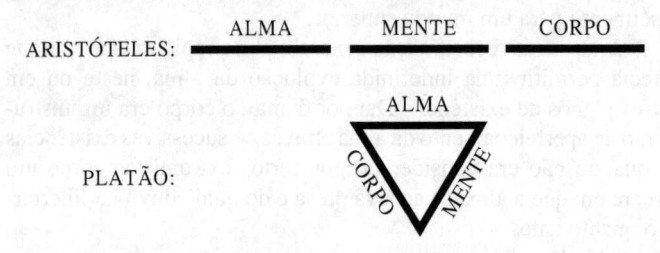

ARISTÓTELES: ALMA   MENTE   CORPO

PLATÃO:
```
        ALMA
         △
    CORPO  MENTE
```

A concepção coordenada, horizontalista, de Aristóteles tem algo de *democrático*; ao passo que, a ideologia sub e super-ordenada, triangular, de Platão, lembra uma espécie de *aristocracia*, o trono excelso da alma sustentado pelos dois servos, mente e corpo.

A coordenação aristotélica é *intelectual* — a sub e super-ordenação platônica é *racional* ou espiritual.

Esse dualismo aristotélico, cristalizado no eterno paralelismo de matéria e espírito, aparece e reaparece indefinidamente em todas as épocas do drama cultural da humanidade pensante — não só no Agostinho cristão, nos gnósticos e maniqueus heréticos dos primeiros séculos, como também em Descartes, Kant e inúmeros outros representantes da filosofia contemporânea.

Aristóteles admite que algo no homem sobrevive à morte corporal, mas a sua *metafísica* nunca chegou a um conceito claro e diáfano sobre esse ponto. Em vez disto, prefere insistir nas conseqüências éticas que essa existência *post-mortem* implica para a vida humana na existência atual. É claro, diz ele, que o estado futuro do homem depende, de um ou outro modo, do teor da sua vida presente; de maneira que é razoável e prudente praticar, durante a vida terrestre, as virtudes que aperfeiçoam o nosso ser.

O nosso filósofo defende mais ou menos o ponto de vista de milhares de outros homens honestos que se guiam por este princípio cético-agnóstico: "Na existência do aquém, procuro viver do melhor modo possível para que, no além, tenha esperanças de uma sorte feliz".

Blaise Pascal, nos seus *Pensées*, sugere aos céticos e agnósticos do seu tempo uma "aposta", que faz lembrar essa mentalidade dúbia do estagirita, embora o austero asceta de Port-Royal não perfilhasse, para sua própria vida, essa ideologia. Diz Pascal que, em qualquer hipótese, o que é cético e agnóstico faz bem em viver como se houvesse vida futura, embora não esteja definitivamente convencido deste fato — por quê? Pela razão seguinte: 1) se creio no mundo espiritual, a) e ele não existe, perco apenas as vantagens materiais da vida terrestre, e nada mais, quer dizer que sofro apenas uma perda temporal; b) se esse mundo espiritual existe, tenho um lucro eterno, à custa de uma perda temporal; 2) se descreio do mundo espiritual, a) e esse mundo não existe, gozo as vantagens temporais da vida presente, e nada mais; b) se ele existe de fato, sofro uma perda eterna em troca de um lucro temporal. Logo, conclui o filósofo matemático, é melhor admitir a realidade de um mundo espiritual, porque, nesta hipótese, tenho esperanças de ter *um lucro eterno por uma perda temporal*, ao passo que, do contrário, me exporia ao risco de sofrer *uma perda eterna por um lucro temporal*.

Essa célebre "aposta pascalina" visa os que não estejam definitivamente convencidos da realidade do mundo invisível, homens que nem afirmam nem negam categoricamente a existência de Deus e da vida eterna, mantendo as portas abertas tanto para o *sim* como para o *não*.

Ora, o que Aristóteles nos diz do mundo imaterial é logicamente esse "equilíbrio neutro" da nossa mente; ele é por demais medroso para *afirmar* e cauteloso demais para *negar* algo de preciso sobre esse magno problema. Não ousa confessar-se discípulo integral da metafísica de Platão, nem da física de Protágoras, preferindo equilibrar-se habilmente na corda bamba de um bilateralismo dualista que, embora possível em teoria, é impossível na vida prática. Pode, sim, haver céticos e agnósticos no plano das teorias abstratas, mas no campo da vida concreta de cada dia só existem afirmadores ou negadores, partidários do *sim* ou adeptos do *não*.

Pôncio Pilatos julgou professar neutralidade cética quando lavou as mãos perante o povo, declarando-se inocente do sangue daquele "homem justo" — condenando-o, no mesmo instante à morte como culpado. A neutralidade, embora possível em teoria e, não raro, confira a seu autor uma como que auréola de superioridade intelectual, equivale, na prática, a uma negação. Possivelmente, o equilibrismo filosófico de Aristóteles tenha prejudicado mais à causa da verdade do que a própria negação categórica do mundo espiritual pelos sofistas, hedonistas e epicureus. As grandes forças construtoras brotam de um categórico *sim*, como as potências destruidoras são filhas de um violento *não* — mas um dúbio *talvez* não possui dinâmica suficiente para realizar algo de grande.

Pode-se dizer que com a acrobacia equilibrista do estagirita entrou a filosofia helênica no seu primeiro período de decadência.

Aristóteles é, na história da filosofia ocidental, o rei dos acrobatas.

Todos os movimentos *meramente éticos* têm no estagirita um ótimo patrono e advogado — ao passo que os *metafísicos* e *místicos* lutam, consciente ou inconscientemente, sob a bandeira de Platão.

* * *

O melhor livro que Aristóteles nos deixou é provavelmente a sua *Ética Nicomáquica* (dedicada a seu filho Nicomachos), onde o autor expõe a idéia de que a mais profunda e sólida felicidade humana radica na sabedoria tomada como norma de vida. Quanto mais o homem se afasta da vida puramente material e egoísta e se aproxima da vida espiritual e altruísta, tanto mais feliz se sente. Por vezes, tem o leitor da *Ética* a impressão de espairecer pelas regiões etéreas de Platão — até que, de improviso, o autor o arranca desses devaneios espiritualistas, dizendo-lhe em termos bem claros que um certo coeficiente de bens e conforto material é necessário para uma vida feliz. Não raro parece arvorar-se no precursor do *gentleman* dos nossos dias, recomendando a seus discípulos o cultivo de boas maneiras e de certa elegância social como indispensáveis à felicidade. Outras vezes, insiste no caráter propriamente moral da perfeição mais do que nas convenções sociais.

* * *

Para Aristóteles, todas as coisas constam de *matéria* e *forma* (*hyle* e *morphé*), quer dizer, de um elemento determinável, amorfo, passivo, receptivo, e de um elemento determinante, formante, ativo. A matéria é potencialidade — a forma é atualidade. Esta *faz* algo — em torno daquela, algo é *feito*.

Quanto mais forma e menos matéria um ser possui, mais perfeito é, e vice-versa. Logicamente, um ser constituído em forma pura sem matéria é o mais perfeito dos seres — assim como o ser que só possuísse matéria sem nenhum grau de forma, seria um ser de ínfima perfeição, ou melhor, um não-ser, um puro nada. O ser de forma pura é infinitamente perfeito — o ser de pura matéria seria infinitamente imperfeito, isto é, inexistente. A forma pura é Deus — a matéria pura é o nada.

Todos os seres reais não infinitamente perfeitos são, pois, um misto de matéria e forma.

Entretanto, como já vimos, Deus não deve ser concebido como criador da matéria, que, a despeito do seu caráter meramente potencial ou negativo, existe desde toda a eternidade (é este talvez o ponto mais vulnerável da metafísica aristotélica!). Deus é apenas o *primum movens*, o primeiro movente da matéria; pois a matéria é inerte por natureza, só podendo ser movida por um movente não idêntico ao movendo ou movido. O movendo, para ser movido, necessita do movente, o qual, é claro, deve ser automovente, impelido a agir de dentro, e não de fora.

O homem como todos os seres finitos é composto de matéria e forma. No homem superior, esta prevalece sobre aquela; no homem inferior, a matéria supera a forma.

O que Aristóteles chama forma pode ser considerado como idêntico a *universal* (absoluto), ao passo que matéria corresponde a individual. Por conseguinte, Deus é o Universal, o Todo, o Absoluto, o Positivo — o Nada é o contrário de tudo isso.

Por onde se deveria concluir logicamente que a Forma Pura de Aristóteles, isto é, o seu Deus, fosse estritamente universal; entretanto, o nosso filósofo não tira essa conclusão, porque, se assim fosse, ele declararia Deus como irreal, uma vez que, segundo ele, o universal não possui realidade alguma na ordem objetiva, senão apenas na ordem subjetiva da nossa mente.

Deus existe antes *acima* do que *dentro* do mundo, ponto de vista esse que Tomás de Aquino e os escolásticos medievais em geral admitem. Donde se segue que Deus é algo, não só distinto, mas também separado do mundo. E, como esse mundo não podia ser feito de alguma substância prejacente, nem da própria substância de Deus, só restava declarar, como Agostinho faz, que o mundo foi creado do nada.

O mundo é creado por Deus, dizem os escolásticos, mas não *de* Deus.

O racionalismo místico dos neoplatônicos

A pós a morte de Aristóteles cindiu-se a sua escola em vários setores, advogando uns um individualismo extremo, procurando outros suavizar as arestas do prisma filosófico do mestre.

No subconsciente da Hélade, porém, continuava a minar a secreta saudade e o sagrado entusiasmo pela grandiosa concepção místico-racional de Sócrates e Platão, reflexos ocidentais das grandes filosofias do Oriente. O pluralismo aristotélico parecia não satisfazer em definitivo os anseios unistas dos espíritos pensantes do gênero humano. A alma humana parecia ser naturalmente platônica, e apenas artificialmente aristotélica.

Por volta do último século do Antigo Testamento convergiram essas tendências platônicas, mais do que nunca, para o tradicional foco e ponto de intersecção do Oriente e do Ocidente, Alexandria, a grande metrópole egípcia, situada ao sul do Mediterrâneo, entre Ásia, África e Europa, o mundo conhecido da época.

Alexandria era fadada a ser o berço da mais arrojada aventura de sintetização filosófico-religiosa de que há memória no drama multimilenar do pensamento humano. Ressurgiram, em nova roupagem, as grandes idéias criadoras de Platão, nas vestes áureas de um racionalismo místico ou de um misticismo racional que, por espaço de vários séculos, esteve a ponto de paralisar a marcha do Cristianismo eclesiástico através do império romano.

Neoplatonismo é o nome mais conhecido dado a esse movimento.

Os seus maiores protagonistas e cristalizadores, durante três séculos, são o judeu Philo, o gentio Plotino e o cristão Orígenes, todos eles filhos de Alexandria.

Philo (ou Filo) empreendeu a magna tarefa de harmonizar Moisés e os profetas de Israel com Platão e os filósofos da Grécia.

Plotino faz da filosofia acadêmica do grande ateniense a mais arrojada mística racional já elaborada por um cérebro humano, ou melhor, vivida por uma alma de homem.

Orígenes, por seu turno, procura demonstrar que Platão é o maior precursor do Cristianismo e atingiu a alma e a quintessência do Evangelho de Jesus, ao passo que os teólogos da igreja se limitavam, em geral, a frisar o invólucro externo e o corpo da religião do Nazareno.

Mas — digamo-lo desde já — era cedo demais. A humanidade como tal não estava madura para tão avançadas idéias, que requeriam longos séculos de incubação para serem finalmente assimiladas por uma elite mais evoluída.

* * *

Todos os neoplatônicos partem da premissa inicial e básica de que existe, e pode existir, uma só Realidade, e que essa Realidade é dinâmica, viva, consciente, espiritual, ao mesmo tempo transcendente e imanente em todos os seres do Universo.

Essa imanência universal da Realidade eterna não é senão conseqüência lógica e indeclinável do fato de ser essa Realidade a Causa intrínseca de todas as coisas. É importante frisar esse *intrínseco*. Também os filósofos e teólogos dualistas admitem que Deus é a causa do Universo, mas entendem com isto uma causa *extrínseca*. Santo Agostinho, educado na mentalidade neoplatônica, abandonou, após a sua conversão ao Cristianismo, a idéia da imanência essencial de Deus em todas as coisas, popularizando a concepção da *creatio ex nihilo*, isto é, que o mundo teria sido criado por Deus, do nada — ao passo que o neoplatônico entende que o mundo foi criado não somente *por* Deus, mas também *de* Deus, isto é, da substância divina que o mundo emanou, efluiu, irradiou da íntima natureza e essência da Divindade, mais ou menos como as águas emanam da nascente, como os raios luminosos irradiam do foco solar, ou como o pensamento eflui da mente do pensador. Esta última comparação ilustra melhor que outra qualquer a relação que vigora entre Deus e o mundo, no sentido neoplatônico, porquanto o pensamento, embora seja produzido pela mente, não se acha fora da mente, separado da mesma, mas imanente em sua causa produtora. A mente é, de fato, a causa intrínseca do pensamento. O pensamento emana, eflui ou irradia da mente, sem que dela se separe por um só instante; a separação equivaleria a aniquilamento.

Para o defensor da criação do mundo *ex nihilo* o mundo não é divino, e, como o *nada* é equivalente ao *mal* (ausência da realidade, vacuidade, irrealidade), segue-se logicamente que o mundo foi criado do mal, isto é, de algo (embora esse algo seja negativo) antidivino, porquanto o *nada* é necessariamente a antítese do *Tudo*. Sendo Deus o Tudo ou o Sumo Bem, o mundo é o nada ou o Sumo Mal. O mundo, portanto, é mau por natureza, porque nasceu do mal (nada). Por isto, o amigo de Deus não pode ser amigo do mundo, e tanto mais espiritual é o homem quanto menos contato tem com o mundo, e vice-versa.

Deus e mundo são dois pólos opostos, como o bem e o mal, como a luz e a treva, como o Tudo e o nada, como o sim e o não.

Todo o ascetismo dos eremitas, cenobitas, monges, penitentes, etc., é baseado na idéia metafísica da criação do mundo *ex nihilo*, embora a maior parte dos ascetas não tenha consciência nítida desse dualismo latente.

Visto que também o homem, segundo o corpo, a mente e a alma, é, consoante a teologia eclesiástica, uma *creatio ex nihilo* (porquanto a alma é criada do nada no momento da sua infusão ao corpo, também inexistente antes dessa infusão), segue-se que o homem é essencialmente mau, como todo o resto que emergiu do tenebroso abismo do nada. Deus pode fazer o homem bom, mas o homem não se pode fazer bom a si mesmo e por si mesmo, porque esta possibilidade suporia pelo menos um tênue substrato ou vestígio de bondade dentro do homem.

O *dualismo criacionista*, como se vê, é visceralmente negativo e pessimista — ao passo que o *unismo emanatista* é essencialmente positivo e otimista, ou melhor, realista.

Ammônius Saccas (Sakkas), de Alexandria, é, geralmente, admitido como o fundador do movimento neoplatônico, mais tarde continuado por seu grande amigo e discípulo Plotino; o genial "carregador de sacos" (Saccas), quiçá um humilde operário ou estivador do cais de Alexandria, acabou por ser eclipsado pelo brilho de Plotino, cujas grandes idéias foram transmitidas à posteridade por seu insigne discípulo e biógrafo Porfírio.

Mais tarde, depois de ter em vão tentado atingir o Extremo

Oriente com uma expedição do imperador romano Gordiano III, estabeleceu-se Plotino definitivamente em Roma, onde não tardou a ver entre seus discípulos e amigos a elite da capital do império, entre eles o próprio imperador Galieno e a imperatriz Salonina. Homens de vasto prestígio e poder sentavam-se aos pés do grande mestre da espiritualidade, o qual, todavia, continuou a ser até a morte o homem simples, humilde e despretensioso que sempre fora. Cumulado, não só de honras mas também de riquezas materiais, Plotino distribuía aos necessitados os pingues proventos que recebia, porque o seu ascetismo e sua filosofia mística eram incompatíveis com o apego a qualquer bem material. Refere o seu biógrafo, Porfírio, que Plotino gastava tudo com a educação de crianças e jovens, órfãos e pobres, e resgatou grande número de escravos.

O grande místico alexandrino era amigo dedicado do esporte, comprazendo-se em entreter-se com seus amigos e discípulos em exercícios físicos.

Diversamente de Sócrates, Platão e Aristóteles, Plotino não casou; tampouco, porém, advogou teoria celibatária; o seu estado de solteiro perpétuo parece ter resultado da excessiva absorção pelos problemas transcendentais e pela profunda aversão ao mundo material. A tal extremo chegou o remontado espiritualismo desse líder do movimento neoplatônico que nunca revelou aos interessados a sua idade nem a data do seu nascimento, isto é, segundo a sua concepção, a data vergonhosa em que sua alma divina fora encarcerada na prisão do corpo material, da qual não conseguira ainda libertar-se.

Plotino é o Buda do Ocidente. Não logrou jamais estabelecer verdadeira síntese entre o espiritual e o material, entre o eterno e o temporal, entre Deus e o mundo. Entretanto, elevou o fator espírito ao mais alto grau de Realidade Única. Essa ênfase sobre a suprema Realidade do mundo espiritual exerceu poderosa influência no seio da humanidade, predominantemente materialista e sempre inclinada a considerar os fenômenos *sensitivo-intelectivos* como as únicas, ou pelo menos decisivas realidades do Universo. Plotino e a escola neoplatônica apelam para a faculdade *intuitiva* do homem como fonte de certeza última e definitiva.

Essa faculdade intuitiva, porém, embora exista em todo ser humano, acha-se, na maior parte dos homens, em estado de latência, ou então em um grau de evolução extremamente primitivo, não exercendo, por isto, decisiva influência sobre a vida ética e social do homem, dominada geralmente por valores sensitivo-intelectivos. Desenvolver no homem a intuição espiritual é, segundo os neoplatônicos, a mais importante tarefa do ser humano, uma vez que pela intuição ele percebe a verdadeira natureza e essência do Universo, que é Deus.

Só um homem assim liberto da ilusão e possuidor da verdade é que ingressa no reino da bondade real e de uma paz e felicidade imperturbáveis.

* * *

Segundo a doutrina de Plotino, Deus não é propriamente um Ser, mas um Ultra ou Super-Ser, porque não possui uma existência comparável à dos fenômenos individuais, que podem ser e não ser. Deus só pode ser, não pode não ser. Mesmo que intensificássemos ao mais alto grau o ser dos fenômenos individuais, nunca atingiríamos o ser de Deus, uma vez que o modo como Deus é não é apenas *quantitativamente*, mas *qualitativamente* diferente do modo de ser das creaturas. Comparadas com o modo de ser de Deus, as creaturas não têm ser; elas não são, propriamente, apenas parecem ser, assim como uma sombra não possui um ser real, mas é apenas a negação de um ser real, a luz — assim as creaturas possuem um pseudo-ser, que é a negação do ser real, que é Deus; ou como a morte, que não é um ser positivo, mas apenas a ausência ou negação de um ser positivo e real, chamado vida.

Servindo-nos de um símile do reino da matemática, poderíamos comparar Deus com um número positivo, por exemplo, "1", e todos os fenômenos do Universo com outros tantos zeros, pequenos e grandes: 000 000. Ora, qualquer zero, pequeno ou grande, é por si mesmo um puro nada, uma vacuidade ou irrealidade absoluta. A adição ou multiplicação de zeros, por maior que seja, nunca dará um valor positivo e real, por exemplo "1", porque o algo não é o resultado dos nadas, por maiores e mais numerosos que esses nadas sejam. Para chegarmos ao plano do algo (mesmo que esse algo não fosse um algo infinito, como no caso de Deus, que é o Tudo), temos de abandonar o plano do nada — quer dizer que, para chegar a Deus, temos de abandonar o mundo das creaturas, uma vez que estas, comparadas com o Creador, representam o plano diametralmente oposto àquele, como o nada é oposto ao algo (e a tudo). O nada não é apenas diferente do algo, mas é a radical negação do mesmo. Deus não é apenas *quantitativamente diferente* das creaturas, mas é *qualitativamente oposto* às mesmas, não podendo, por isto, as creaturas servir de meios para atingirmos o Creador, assim como os zeros não são meios para chegarmos ao "1". O único modo de nos servirmos das creaturas para atingir o Creador é abandoná-las completa, radical e definitivamente, como fazem os grandes renunciadores, os ascetas, e o neoplatônico; é a medida que me aproxima de Deus, e vice-versa.

Se o zero, ou nada, possuísse ao menos uma fração, embora mínima e infinitesimal, do valor positivo "1", poderíamos, pela sombra de enormes quantidades dessas fraçõezinhas de zeros ou nadas, chegar ao valor "1"; poderíamos construir o edifício do algo com as pedras do nada. Mas isto é ilusório, como os neoplatônicos nos fazem ver. Uma vez que Deus não é a soma total das creaturas, é claro que por meio das creaturas ninguém pode chegar ao Creador, mas sim pela completa renúncia às creaturas.

A percepção de Deus ou do mundo divino não é, portanto, uma *continuação* daquilo que os sentidos e o intelecto nos oferecem; mas é um novo *início*, algo inteiramente diferente, novo, original e inédito.

Intuir não é o prosseguimento nem a culminância do *inteligir* ou do *sentir* — é um ato tão oposto àqueles como o *sim* é oposto ao *não*, como a luz é oposta às trevas, como a vida é oposta à morte.

Sentir e *inteligir* é, por assim dizer, algo que o *homem faz* — ao passo que *intuir* é algo que *Deus faz* por meio do homem, ou que *é feito* dentro do homem, mas não pelo homem. O homem não é causa e fonte do *intuir*, assim como é do *sentir* e *inteligir*. A intuição é antes o resultado de uma extrema *passividade* do homem que o fruto da sua *atividade*. O homem não *percebe* Deus pelos sentidos, nem o *concebe* pelo intelecto — Deus é que *se revela* ao homem através da intuição devidamente apurada.

1. Atividade sensitivo-intelectiva;
2. Passividade intuitiva.

Deus se revela a todo homem idôneo de receber essa revelação. Mas nem todos os homens são suficientemente idôneos para receber a revelação de Deus; por isto, nem todos sabem o que é Deus.

Para que Deus se revele ao homem, deve este preencher certas condições preliminares indispensáveis ao advento e à atuação dessa mensagem do Além. (Esse Além não deve ser entendido em sentido local, mas no sentido de não-percepção).

Essa preparação consiste, segundo os neoplatônicos, essencialmente na vitória definitiva sobre a ilusão milenar de que os fenômenos concretos e individuais do Universo sejam realidades. Pois, enquanto o homem atribui realidade objetiva a qualquer fenômeno individual, é lógico que atribua realidade também ao seu *corpo* e à sua *mente*, e ao produto dos mesmos. Mas o homem que atribui realidade a esses fenômenos concretos acaba necessariamente no *materialismo* ou no *dualismo*, porque para ele o mundo dos sentidos e do intelecto ou é o único mundo real (materialismo) — ou este mundo físico-mental coexiste com o mundo espiritual como realidade coordenada (dualismo). Ora, tanto o materialista como o dualista são, implícita ou explicitamente, ateus. Teísta, na verdade, é só aquele que afirma uma única Realidade (Deus) e nega realidade aos fenômenos do mundo.

O verdadeiro *monoteísmo* culmina logicamente em *monismo* absoluto.

A *Lógica*, ou *Racionalidade*, leva o homem em linha reta ao *Lógos*, ou *Razão*.

No vértice da pirâmide evolutiva abraçam-se em íntima harmonia a absoluta Racionalidade e a suprema Mística, essas irmãs gêmeas que, ao pé da pirâmide, pareciam antagonistas inconciliáveis.

Deus, o eterno *Lógos*, é a infinita *Lógica*.

Em terminologia oriental, diríamos que o neoplatônico considera o mundo como *maya*, isto é, ilusão. Ou melhor, *maya* não é de fato o mundo objetivamente considerado, mas antes a falsa concepção subjetiva que o homem tem do mundo. A ilusão não é da parte do mundo (que não pretende ser realidade autônoma), mas do homem ignorante que atribui *algo* ao *nada*, que interpreta como *autonomia* a *heteronomia* do Universo.

Convém saber que o neoplatônico não é idealista no sentido de outros filósofos do idealismo metafísico, que consideram o mundo externo como simples projeção da mente humana, como uma miragem subjetiva do homem sem nenhuma objetividade. Não, o neoplatônico entende que o mundo é o avesso do Real (Deus), mas esse irreal tido como real não é um processo da mente humana; o mundo é, por assim dizer, uma *irrealidade objetiva*, assim como Deus é a única *Realidade objetiva*.

* * *

A conseqüência imediata e lógica dessa concepção neoplatônica de Deus e do mundo, para a vida ética do homem, é, como já dissemos, ascetismo extremo e absoluto. Se as coisas do mundo e, portanto, o próprio indivíduo humano, não possuem realidade objetiva, sendo objetivamente irreais, um puro nada, não deve o homem sapiente e santo correr atrás dessas miragens, mas tomar em face do mundo uma atitude de absoluta indiferença e apatia, ou então de positiva aversão e hostilidade.

Esse *niilismo ético* não é senão o corolário imediato daquele *niilismo metafísico*. *Abyssus abyssum Invocat!*...

O escopo da vida humana é a consecução da verdade, que é o contato com a Realidade; mas, se não há realidade no mundo fenomenal, senão pura irrealidade, tida como realidade, é lógico e justo que o amante da Realidade ou Verdade se afaste persistentemente de toda a irrealidade e inverdade, interessando-se unicamente pela Realidade e Verdade única, que é Deus.

A busca de Deus implica necessariamente na fuga do mundo.

O culto do Deus do mundo é incompatível com o culto do mundo de Deus.

A racionalidade neoplatônica, como se vê, quando incompleta, culmina em mística (ou melhor, em misticismo, em uma mística ascética, ainda imatura e imperfeita). O neoplatonismo completo, porém, seria o consórcio do racionalismo e da mística na mais alta potência.

Em suma: Plotino e os neoplatônicos do seu tempo não valeram realizar uma síntese perfeita e definitiva entre Deus e o mundo, entre a Causa e seus efeitos, entre o eterno Númeno e os fenômenos temporais, entre o Ser absoluto e o existir relativo, entre o Infinito e os finitos.

O grande merecimento do movimento neoplatônico não consiste, pois, em ter realizado uma síntese cabal entre essas (aparentes) antíteses do Universo (síntese essa que era reservada ao Cristianismo genuíno e integral) — mas consiste em ter frisado poderosamente a realidade de Deus e do mundo ultra-sensível e ultra-inteligível. Essa veemente ênfase sobre a realidade única de Deus e do mundo divino era, e continua a ser, de suprema importância para uma humanidade em evolução que, em sua imensa maioria, considera o mundo físico-mental como o único mundo real. A conversão de um materialista à verdade integral só pode ser feita por etapas, passo a passo; e o primeiro passo consiste em convencer-se da *realidade do mundo espiritual* e da *irrealidade do mundo material*. Só mais tarde, muito mais tarde, quando o materialista, ou ex-materialista, estiver plenamente identificado com essa primeira etapa evolutiva, é que ele pode arriscar mais um passo; pode saber que o mundo material não é, a bem dizer, um puro nada e uma irrealidade absoluta, como lhe fez crer o asceta semi-espiritual, mas que este mundo material possui uma realidade relativa, derivada, emprestada, heterônoma.

* * *

Mas... não é isto um procedimento desleal e insincero? Não equivale isto a adotar o princípio de que o fim (bom) justifica os meios (maus)?...
De maneira nenhuma! Por que não?
Porque a Vontade Cósmica (Deus) se serve dos seres individuais para realizar os seus desígnios; esses indivíduos porém não passam de meros veículos e instrumentos da Vontade Universal, cujas ordens cumprem dentro do estreito molde linear que cabe à missão peculiar do indivíduo.

Ora, para que haja progresso real, evolução positiva, é necessário que o agente dessa evolução afirme com grande intensidade o (aparentemente) oposto daquilo que até essa época foi afirmado. Se nunca ninguém dissesse outra coisa senão o que os outros disseram, desdizendo, não raro, o que eles disseram — nenhuma evolução seria possível. Contra um extremo esquerdismo (*materialismo*) surge um extremo *direitismo* (espiritualismo), não para que este último suplante o primeiro e se afirme no cenário, com exclusividade e permanência unilateral, mas para que os excessos do primeiro sejam contrabalançados e equilibrados pelos excessos do segundo, e assim prevaleça, finalmente, uma espécie de *centralismo* dinâmico, um equilíbrio estável, síntese de duas antíteses, a identidade dos opostos. Para que essa identidade seja dinâmica, e não estática; ativa, e não passiva; para que haja harmonia, e não simples monotonia — é necessária essa polaridade das antíteses, cuja integração (e não eliminação!) resulta em síntese dinâmica.

O veículo, porém, abrangendo apenas uma parte do Todo, age necessariamente de um modo unilateral dentro desse vasto plano onilateral — e toda a ação unilateral é extremista, fanática, como um estreito túnel limitado por paredes maciças; toda ação unilateral é linear, ignorando a amplitude panorâmica das vastas planícies cósmicas em derredor.

Por isto pode um veículo individual agir com toda a sinceridade, afirmando uma verdade parcial e unilateral, sem atender ao conjunto orgânico da Verdade Universal; pode, com intenso entusiasmo, promover os interesses da causa que abraçou e que faz parte do grande Todo Cósmico.

A única coisa que esse veículo deve fazer é excluir dos seus motivos de agir toda e qualquer espécie de egoísmo consciente; deve sempre promover os interesses do Todo, embora seja incapaz de perceber esse Todo em sua universalidade e amplitude absoluta; o Todo é, para ele, aquele Todo relativo que ele concebe como o Todo absoluto, e dentro de cujos limites pode agir com toda a sinceridade e retidão, sem contrair a pecha de egoísta.

Mas, perguntará alguém, não é isto reduzir o ser consciente e livre a um autômato pseudoconsciente e pseudolivre? Se um homem pensa agir livremente e, de fato, age sob o impulso de uma potência superior que dele se serve, como de um meio para realizar certos fins, não é isto ludíbrio?

Convém não esquecer que, fora do Todo (Vontade Cósmica, Deus), não existe um único ser absolutamente livre, porque não existe um ser oniconsciente; todo e qualquer ser individual só pode ser parcialmente consciente e parcialmente livre; só Deus é total e integralmente consciente e livre, uma vez que nada existe no Universo que lhe possa coibir ou cercear a ação.

Ora, não é contra a semiliberdade do homem servir como veículo ou agente da Vontade Cósmica, ajudando-a a realizar o que a vontade individual não percebe nem pode conceber.

Nem Pelágio, defendendo a liberdade integral do homem, nem Agostinho, advogando a não-liberdade total do homem, representam a verdade completa; digamos que cada um desses famosos campeões do Cristianismo simboliza 50% da verdade total.

O homem não é integralmente livre, nem é totalmente escravo; ele é bastante livre para ser responsável por certos atos, e é bastante escravo para poder servir como agente de um Poder Superior de cuja ação e orientação ele nem sempre tem noção clara e nítida.

A Vontade Cósmica não falha, em hipótese alguma, nem parcial nem totalmente. Deus não pode ser derrotado por creatura alguma. Os planos do Eterno nunca foram nem serão jamais frustrados, por mais que isto pareça à miopia de quem os contempla cá de baixo. Deus é sempre plenamente vitorioso; se assim não fosse, não seria Deus.

Ora, Deus pode crear em torno do homem uma atmosfera tal e condições tão propícias que o homem, livre e espontaneamente, faça o que está em harmonia com os planos cósmicos embora ele ignore esses planos. O homem, ou outro ser consciente, pode até, subjetivamente, querer frustrar os planos de Deus a fim de realizar os planos do ego; mas, na ordem objetiva, nenhuma criatura pode, em definitivo, derrotar a Vontade Cósmica. Por cima, para além das acanhadas fronteiras da vontade individual alargam-se os vastos domínios da Vontade Universal, à qual estão subordinados todos os *quereres* e *não-quereres* particulares. Quer a vontade individual queira, quer não queira cumprir a Vontade Universal, ela cumprirá em qualquer hipótese. É o que exige a majestade e a soberania de Deus. Não temos a escolha de cumprir ou não cumprir a vontade de Deus — só temos a escolha *entre este e aquele modo* de cumpri-la, entre um cumprimento *gozoso* e um cumprimento *doloroso*. O pecador impenitente *sofre* a vontade de Deus, ao passo que o santo *goza* a vontade de Deus.

É erro pensar, com Agostinho, que a liberdade humana seja incompatível com a soberania da vontade (graça) de Deus — como também é erro pensar, com Pelágio, que a soberania da vontade divina aniquile a liberdade humana.

Há, pois, um *destino objetivo* independente do homem — e há um *destino subjetivo* dependente dele.

* * *

A missão peculiar do neoplatonismo foi, e continua a ser, a de afirmar a essência imaterial do Universo, contra os profanos, que afirmam a natureza material de todas as coisas. Muitos desses avançados pensadores, é verdade, não chegaram ao termo da jornada, não mostraram a eterna e imperturbável harmonia que existe entre o espírito e a matéria, entre o Deus do mundo e o mundo de Deus, entre o Absoluto e o relativo, entre o Todo e suas manifestações parciais.

Prevalece no neoplatonismo o conceito do divino *Lógos* (Verbo) — como entre seus adversários predomina, em geral, a idéia da *carne*, ou matéria; nem estes nem aqueles presenciaram ainda a *encarnação do Lógos*, o "Verbo que se fez carne e habitou entre nós, cheio de graça e de verdade".

De sua plenitude todos nós recebemos graça sobre graça...

◫

Por que o neoplatonismo não sobreviveu ao cristianismo eclesiástico

Nos últimos séculos do Antigo Testamento e nos primeiros da era cristã realizou-se, em diversos setores do império romano, um movimento intenso a favor das idéias criadoras de Platão e dos seus discípulos espirituais, chamados geralmente neoplatônicos. Sobretudo o judeu Philo, o gentio Plotino e o cristão Orígenes, consideram sua missão providencial legar à humanidade uma ideologia que harmonizasse em uma vasta e profunda síntese as experiências básicas de Platão, Moisés e Jesus, mostrando o elemento comum que une os elos dessa corrente evolutiva aparentemente heterogênea, porém essencialmente homogênea.

Tempo houve em que a elite da humanidade pensante e espiritual era fundamentalmente neoplatônica, e o Cristianismo primitivo navegava em águas consideravelmente mais platônicas que o dos séculos subseqüentes.

Entretanto, depois de um período de intensa luta de idéias, o movimento neoplatônico, irradiado sobretudo de Alexandria, sucumbiu praticamente à prepotência do Cristianismo triunfante, porque este foi tomando feição cada vez mais aristotélica, até atingir o seu clímax no século XIII na pessoa de Tomás de Aquino, que é o Aristóteles do Cristianismo medieval — embora se veja, de vez em quando, obrigado a levantar um empréstimo no "banco platônico".

Até o presente, a teologia cristã eclesiástica é predominantemente aristotélica no mundo ocidental, tanto católico-romano como protestante-evangélico.

Qual a razão por que o movimento neoplatônico, que contava

com homens não menos inteligentes que santos, não conseguiu prevalecer no Cristianismo primitivo?

As razões principais são duas.

Uma delas tem que ver com o *caráter intrínseco do próprio neoplatonismo*, ao passo que a outra nasceu das circunstâncias peculiares em que se processou a *história do Cristianismo primevo*.

O neoplatonismo não valeu nunca emancipar-se devidamente de uma tal ou qual ideologia mística *além-nista*, desprezando a realidade do mundo concreto do *aquém* e afirmando unilateralmente as realidades vislumbradas no mundo do *além*. Esse caráter nitidamente oriental da escola neoplatônica fez com que seus adeptos fossem considerados como sonhadores ineficientes, visionários de uma humanidade perfeita e sem mácula, quando na realidade a humanidade é imperfeita e muitíssimo inferior ao nível por eles sonhado. A humanidade é *massa* – ao passo que o neoplatonismo é *elite*. O neoplatônico, de fato, não fala à humanidade do *presente*, mas ao gênero humano do *futuro*. *Ele é visceralmente futurista e visionário*. Fala a uma humanidade como devia ser (e, esperamos, virá a ser um dia), e não a uma humanidade como *é de fato*, aqui e agora.

A igreja cristã, porém, dirige-se ao homem do presente, assim como é, em toda a sua nua e crua realidade.

O império romano era, nesse tempo, uma potência essencialmente *aquém-nista* e prática, e o Cristianismo, após os primeiros tempos de efervescência espiritual, foi aos poucos assumindo o colorido do gênio romano circunjacente, o seu espírito legal, jurídico, o seu amor pela organização e disciplina, a sua filosofia de autoridade e obediência, a sua tendência visceralmente burocrática, militar e financeira.

Não é difícil ao observador inteligente e imparcial verificar essa paulatina "osmose" entre o Cristianismo e o império dos Césares.

O Cristianismo se "romanizou" mais do que o romanismo se cristianizou.

Com isto já aludimos ao segundo fator que motivou a queda do neoplatonismo. Com efeito, as idéias neoplatônicas não são, a bem dizer, organizáveis ou burocratizáveis, como não são suscetíveis de organização a luz, a vida, o espírito, porque são realidades cósmicas, que o homem pode experimentar em si, mas que não podem ser capturadas em recipientes legais, fórmulas jurídicas ou parágrafos burocráticos.

A igreja cristã, porém, tinha candente necessidade de organização, a fim de salvaguardar a sua identidade e unidade contra o tremendo impacto dissolvente das "heresias" que pululavam, sobretudo nos primeiros séculos — arianismo, nestorianismo, monofisitismo, monoteletismo, gnosticismo, maniqueísmo, pelagianismo, donatismo, montanismo, etc., etc. — ideologias sem conta que ameaçavam esfacelar a jovem igreja cristã e reduzi-la a um mosaico de pedrinhas versicolores, cada uma das quais pretendia ser o Cristianismo genuíno, integral e único.

Fenômeno análogo, como é sabido, verifica-se na evolução dos seres orgânicos, que, na luta pela existência e para salvaguardar a sua identidade individual e específica contra a perigosa ofensiva do mundo circunjacente, criam *esqueletos internos* (ossos) ou *externos* (cascas, crostas, conchas), ou ambos ao mesmo tempo. Com essa ossificação ou crustificação do organismo, aumenta a sua firmeza e solidez, mas diminui a sua ulterior capacidade evolutiva. Um organismo assim, estabilizado, ou cristalizado, perde em elasticidade e adaptabilidade o que ganha em rigidez e consistência.

O universalismo platônico, devido a seu caráter essencialmente lábil e fluido, possui indefinida capacidade evolutiva — ao passo que o individualismo aristotélico, em atenção à sua índole predominantemente estável e rígida, não é suscetível de larga evolvibilidade.

Aquele é, de preferência, *orgânico* — ao passo que este é, antes de tudo, *mecânico*.

A adoração em *espírito* encontra mais afinidade com o platonismo — o culto da *letra* é aparentado ao aristotelismo.

Nessa tremenda luta pela unidade da igreja aparece um fator inesperado que lhe dá rumo decisivo, aparece no cenário o imperador Constantino Magno, que, em virtude de uma visão estranha no céu de Roma, se converte (pelo menos exteriormente) ao Cristianismo, passando a conceder à obscura igreja das catacumbas seculares ampla liberdade à luz do sol, cumulando os seus chefes de privilégios de caráter político, social e financeiro.

O que o fator *teológico* em vão tentara realizar no seio do Cristianismo realizou-o o fator *político-militar*. As "heresias" foram proibidas, não só pela hierarquia eclesiástica, mas também pelo governo do império romano, estreitamente aliado à igreja. Ser herege era, desde então, não apenas pecado moral, senão também *crime civil*.

O ano da conversão de Constantino e, sobretudo, o subseqüente "edito de Milão", de 313, representam data decisiva nos fastos do Cristianismo ocidental. Pode-se dizer que, nesse ano, foi lavrada a sentença de morte da filosofia espiritual neoplatônica, considerada desde então como "heresia" incompatível com a teologia eclesiástica oficial. Os livros do maior dos neoplatônicos cristãos, Orígenes de Alexandria, filho do mártir Leônidas e homem de acendrada piedade e austero ascetismo, foram proibidos como heterodoxos ou heréticos. Pois era evidente que a ideologia neoplatônica, facultando a cada homem acesso direto a Deus, era imprópria para a formação de uma hierarquia eclesiástica forte e poderosa, como as circunstâncias da época reclamavam imperiosamente. Era necessário que a autoridade eclesiástica, de mãos dadas com o Estado, se arvorasse em única e suprema instância espiritual, da qual todos os seus súditos dependessem incondicionalmente, na vida presente e futura. Dizer ao homem que ele era um ser essencialmente divino — uma "anima naturaliter christiana" (Tertuliano) — e que, como tal, era capaz de descobrir por si mesmo o caminho a Deus, era o mesmo que tornar a autoridade eclesiástica supérflua ou, pelo menos, diminuir-lhe grandemente o prestígio e a influência.

Prevaleceu desde então, no seio da igreja, a máxima: "Tudo que favorece a hierarquia eclesiástica é bom — tudo que a desfavorece é mau".

Se o movimento da Reforma protestante do século XVI, e posterior, tivesse sido fiel a seu próprio princípio básico, do acesso direto que o homem tem a Deus, teria revivido o espírito neoplatônico, espírito aliás já professado pelos grandes profetas de Israel, muitas vezes contra os sacerdotes da sinagoga. Entretanto, os discípulos de Lutero, Calvino e Zwinglio, depois dessa arrancada inicial profético-neoplatônica, tiveram medo da sua própria sombra e recaíram gradualmente no plano aristotélico do sacerdotismo da sinagoga e da hierarquia eclesiástica: a autoridade do Sumo Sacerdote ou do Pontifex Maximus foi substituída pela autoridade da Bíblia, mas o princípio profético-platônico-místico da evolução orgânica do germe divino dentro do homem foi abandonado em prol da compulsão mecânica.

No último meio século antes de Cristo, conquistam as aguerridas legiões de Júlio César quase todo o norte da Europa. Em 44 a.C. é o grande general assassinado por seu filho adotivo, Brutus, em plena sessão do senado romano. No ano 9 depois de Cristo, as legiões de

Roma, sob o comando de Quinctilius Varus, são completamente destroçadas na histórica floresta de Teutoburgo, Alemanha ocidental, pelo arrojado chefe das hostes germânicas, Hermann (Arminius, em latim).

A partir desse tempo, sofrem os exércitos romanos derrota sobre derrota pelas hordas guerreiras do norte e do leste; as invasões dos povos selvagens sucedem-se rapidamente e com crescente intensidade: alemanos, suevos, gauleses, godos, hunos, vândalos, etc.; Roma e outras cidades-chaves do império dos Césares são repetidas vezes saqueadas, incendiadas e quase totalmente destruídas até que, em 476, os vândalos, sob o comando de Genserico e outros caudilhos, derrotam definitivamente as legiões romanas e tomam posse do maior império mundial dos tempos, retalhando-o, aos poucos, em reinos maiores e menores.

Neste ambiente caótico de desordem e selvageria incide a formação da hierarquia eclesiástica do Cristianismo adolescente. *Disciplina* era a grande palavra da época, e não *liberdade*. Esta, é certo, é compatível com aquela, mas não nesse estágio evolutivo da humanidade.

Prevaleceu, pois, a senha "disciplina", isto é, autoridade de cima e obediência de baixo.

Também, que outra coisa podia a igreja fazer senão exigir de seus filhos obediência cega e incondicional à autoridade espiritual? Quem eram, afinal, os filhos da igreja? Quem eram esses cristãos? Pela imensa maioria eram homens espiritualmente incapazes de serem guiados pela Madre Igreja. Que sabiam eles de Deus e do reino de Deus dentro deles, esses escravos e libertos do Império Romano, esses bárbaros nórdicos, da Gállia, Germânica, Britânnia, Pannônia, Helvétia, etc., que, nesse tempo, formavam o grosso do Cristianismo? Que teria acontecido se a igreja dissesse a essas grandes crianças: "Tu és um filho de Deus; guia-te, pois, por tua alma essencialmente divina e encontrarás a Deus"? É certo que esses analfabetos espirituais teriam tido o mesmo destino de uma criança de dois ou três anos que os pais soltassem na entrada, com a ordem de se orientar por si mesma à luz da razão que nela habita.

A igreja cristã achou que era responsável, perante Deus, pela salvação dessas grandes crianças de todas as procedências, e que era seu dever tomá-las pela mão e guiá-las pelo caminho certo, castigando-as também quando necessário, sem apelar para a intrínseca autonomia espiritual do homem.

Autoridade de cima e obediência de baixo — era esta a única "filosofia" que a hierarquia eclesiástica admitia, e esta continua a ser hoje a mesma ideologia professada pela igreja católica romana, que considera seus filhos como eternos infantes no plano espiritual, incapazes de encontrar por si mesmos o caminho para Deus. Para o verdadeiro católico, a igreja (praticamente o papa) é tudo – o membro da igreja não é nada. A igreja romana não crê na adultez espiritual de seus filhos; são eternas crianças menores; só o chefe da igreja é que é maior, ele é o "pai" (papa) da família católica.

O protestantismo, por sua vez, admite uma humanidade menos infantil, mas não plenamente madura; antes uma humanidade adolescente do que adulta. Segundo ele, Deus só se revelou a um único povinho (que, nesse tempo, não representava sequer 1% do gênero humano) e durante um lapso de tempo (mais ou menos de 2000 antes até 100 depois de Cristo) que, provavelmente, não equivale a 1% do tempo total da humanidade atualmente existente sobre a terra. Enquanto Deus se revelava exclusivamente a Israel, existiam, paralelamente, povos numerosos, como sumérios, assírios, babilônios, persas, egípcios, indianos, chineses, romanos, helenos, germanos e muitos outros, mais de 99% da humanidade de então, aos quais Deus não se teria revelado, embora a Bíblia afirme a revelação constante e universal de Deus ao homem.

O protestantismo substituiu o *Papa* infalível pela *Bíblia* infalível.

Entretanto, era necessário que a evolução espiritual da humanidade passasse pelos estágios da *infância* e da *adolescência* até, um dia, culminar na completa *adultez*, preludiada pelos grandes movimentos filosófico-espirituais do Egito, da Índia, e, em parte, da Grécia, mas até hoje não realizada definitivamente.

Um Cristianismo integralmente neoplatônico ou adulto seria o dos místicos, que se guiam pela "luz interna", pela "voz de Deus dentro do homem". O místico admite a hierarquia eclesiástica e a Bíblia como auxiliares, amigos e aliados, nessa longa jornada rumo a Deus; mas a suprema instância é o próprio Deus dentro do homem, o "Emanuel" (Deus conosco).

Se a humanidade fosse espiritualmente adulta, nenhuma autoridade externa seria necessária; bastaria o ditame interno da consciência; faria espontaneamente, por compreensão e amor internos, o que a humanidade não adulta faz apenas (se é que o faz!) compulsoriamente, obrigada pela lei.

A humanidade plenamente adulta não existe, por ora, ainda que existam uns poucos espécimes avançados dessa futura humanidade. A igreja, porém, não é a igreja de pequenas elites, mas sim das grandes massas. Por isto, a igreja cristã não pôde, nem pode ainda, ser neoplatônica, embora cristãos individuais o possam ser e o têm sido em todos os tempos. Em um futuro longínquo, quando o homem fizer por amor interno o que agora faz apenas por uma lei externa, será possível unir o Cristianismo ao neoplatonismo; porque, em última análise, o neoplatonismo, devidamente aperfeiçoado, é a filosofia e a religião de uma humanidade adulta e perfeita.

O grande mérito do neoplatonismo está em ter descortinado ao gênero humano de ontem e de hoje o que pode vir a ser a humanidade de amanhã, rasgando promissoras perspectivas de adultez espiritual a uma humanidade ainda excessivamente criança e incapaz de compreender que o bem deve ser praticado por causa do próprio bem, e não para conseguir algum prêmio, nem para evitar algum castigo.

Por ora, e ainda por muitos séculos, predominará no seio da igreja cristã o dualismo aristotélico, que permite a criação e o funcionamento de uma poderosa hierarquia eclesiástica — ou a adoção de um livro infalível.

Entretanto, as leis cósmicas não falham. Dia virá em que a humanidade chegará a concretizar as grandiosas visões dos avançados discípulos de Sócrates, Platão, Plotino, Orígenes e outros videntes e profetas da humanidade.

M

Santo Agostinho e a agonia do neoplatonismo

Aurélio Agostinho, nascido em Tagaste, cidade da antiga província romana da Numídia (354), e falecido na cidade de Hipona, norte da África (430) é um dos homens mais estranhos e polimorfos da história da humanidade. Depois do apóstolo Paulo, foi ele que exerceu mais decisiva influência sobre a evolução filosófico-teológica do Cristianismo no mundo ocidental. Filho de pai gentio (Patrício) e mãe cristã (Mônica), educado no ginásio de Madaura e na universidade de Cartago, segundo o espírito livre da época, vivendo como pagão e homem dissoluto cerca de trinta anos; simpatizante de idéias neoplatônicas, adepto da heresia dos maniqueus — abraça, finalmente, o Cristianismo, quando professor de retórica (filosofia) em Milão. Sem jamais renunciar internamente a certas ideologias filosóficas da Antiguidade, procura a sua inesperada nomeação para bispo de Hipona e começa a promover por todos os meios a seu alcance a causa da hierarquia eclesiástica, constantemente ameaçada pelo impetuoso avanço de numerosas heresias do tempo. O robustecimento da hierarquia eclesiástica afigurava-se a esse cristão militante o único meio de conservar a unidade da Igreja.

Os 103 livros, entre maiores e menores, que possuímos desse fecundíssimo escritor filosófico-religioso, estão quase todos eivados de um perpétuo dualismo em busca da unidade final, ou seja, de uma tendência monística neoplatônica em luta com uma teologia eclesiástica cada vez mais dualista.

Agostinho é um eterno peregrino e viajor, e suas obras lembram uma gigantesca selva tropical em que o leitor pode encontrar de tudo, desde o mais racional até o mais arbitrário. Na sua conhecida autobiografia "Confessiones" (Confissões) vibram intensamente as cordas do seu Eu emocional e místico, ao passo que sua obra monumental "De civitate Dei" (A cidade de Deus), cuja elaboração lhe levou uns treze anos, é a expressão de um raciocínio calmo e consciente, onde o grande filósofo africano lança as bases para a futura teologia escolástica da igreja que, no século XIII, aplaudiu em Tomás de Aquino o expoente máximo da ideologia eclesiástica.

Agostinho pode ser considerado um elo entre o grande cristão neoplatônico Orígenes de Alexandria e o católico aristotélico Tomás de Aquino. Não podia ele deixar de chegar à conclusão definitiva de que sobre a base da filosofia neoplatônica não era possível edificar uma hierarquia eclesiástica poderosa, como os tempos estavam reclamando imperiosamente. Pois, se cada homem trazia dentro de si o reino de Deus em germe, se a alma humana, segundo a expressão de Tertuliano, era cristã por sua própria natureza, qual era então a função da igreja? Apenas a de desenvolver esse germe e levá-lo à perfeição de uma planta?

Essa função da igreja, de simples guia e conselheira do homem em busca de Deus, não pareceu a Agostinho papel assaz nobre e importante. Para ele, a igreja era verdadeira medianeira ou intermediária entre o homem e Deus.

De mais a mais, como podia o filho de Mônica admitir a bondade natural do homem, o cristianismo natural da alma, a divindade do nosso Eu espiritual, se três longos decênios de tremendas lutas e infelicidades lá estavam a atestar-lhe a profunda fraqueza e perversidade natural do homem? Como podia ele aderir a semelhante "otimismo", se tudo em sua vida lhe falava de "pessimismo"?

O sistema da nossa filosofia, disse alguém, não é senão a história da nossa vida — e isto é eminentemente verdadeiro no caso desse grande gênio africano; outras teriam sido a sua filosofia e teologia cristãs se outras fossem as experiências da sua vida humana, em Tagaste, Madaura, Cartago e Milão. Nada se crê mais firmemente do que aquilo que se viveu dolorosamente. A igreja cristã de todos os séculos herdou de Agostinho duas coisas: as doçuras do seu misticismo e as amarguras do seu pessimismo.

* * *

A fim de realizar essa transição do imanentismo espiritual para o transcendentalismo teológico, recorreu Agostinho a um expediente metafísico que deu à escolástica medieval, e em grande parte à igreja cristã de hoje, o seu colorido teológico específico.

Agostinho é, por assim dizer, um traço de união entre a filosofia grega e o Cristianismo, entre o platonismo universal e o aristotelismo individualista. Mas, em vez de adotar Platão ou Aristóteles, fez dos dois uma terceira ideologia que participa das duas, sem ser esta nem aquela. Sobretudo, na sua obra monumental *De civitate Dei*, procura o bispo de Hipona subestruturar filosoficamente a sua concepção peculiar do Cristianismo. Tudo isto, como já dissemos, não podia deixar de ter a cor das dolorosas experiências pessoais do autor — e essa experiência era, acima de tudo, *dualista* e *pessimista*. Embora, em momentos menos bem vigiados, o profundo imanentismo platônico surja freqüentemente à superfície do transcendentalismo aristotélico de Agostinho, e o brado de Tertuliano sobre a "anima naturaliter christiana" ecoe como uma voz longínqua no subconsciente espiritual do grande converso – o teólogo cristão e o funcionário de uma igreja necessitada de organização hierárquica acabam, quase sempre, por derrotar o filósofo metafísico e o vidente místico. O filho de Mônica não ousa ser ele mesmo, com medo de adulterar o seu Cristianismo tão arduamente conquistado.

Como conceber a origem do mundo?

Para Agostinho, o mundo não é eterno, como para Aristóteles.

O mundo também não existia essencialmente em Deus e dele emanou, como para Platão e os neoplatônicos.

Só restava ao teólogo de Hipona criar uma terceira teoria: o mundo veio do nada, foi criado do puro nada, *ex nihilo*.

Esse *nihil*, é claro, não se deve conceber como uma espécie de matéria-prima da qual Deus tenha feito o mundo, porque, neste caso, essa matéria-prima teria coexistido com Deus, e seria um outro Deus existindo paralelamente com o Deus Creador; ou melhor, neste caso, Deus não seria o creador no sentido próprio, senão apenas o modelador ou transformador dessa matéria-prima amorfa em uma matéria formada. Para Aristóteles, Deus não é o *creador*, mas apenas o *formador*, ou o *primum movens*, o primeiro movente ou motor do Universo eterno. Agostinho, porém, defende a idéia de que Deus é tanto o primeiro autor como o primeiro motor do mundo. Deus creou tudo do puríssimo nada, com um ato libérrimo da sua vontade.

Com referência aos dois diagramas com que ilustramos a

concepção de Platão e Aristóteles, teríamos de representar a idéia de Agostinho mais ou menos do seguinte modo:

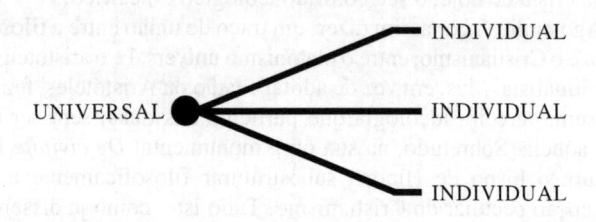

```
                    ╱━━━ INDIVIDUAL
UNIVERSAL ●━━━━━━━━━━ INDIVIDUAL
                    ╲━━━ INDIVIDUAL
```

Quer dizer que há uma espécie de descontinuidade entre Deus e o mundo, indicada na figura pela falta de contato entre o centro e as linhas divergentes; pois o mundo, embora creado *por* Deus, não veio propriamente *de* Deus, como na concepção platônica.

É claro que, segundo Agostinho, depois desse ato creador, existe mais realidade do que antes desse ato, porque, antes do ato creador divino, só existia Deus, o Infinito; mas depois da creação existem, além desse Infinito, os finitos, os mundos, as creaturas.

Em face de uma lógica imparcial e retilínea, não pode haver mais que Infinito, porquanto todos os finitos já estão contidos no Infinito, e, saindo dessa sua potencialidade para a atualidade, nada de novo acrescentam à antiga e eterna Realidade do Infinito. Entretanto, o grande africano aceita esse ilogismo a fim de evitar a conclusão lógica e essencialmente platônica de que os mundos, sobretudo os mundos materiais, sejam emanações da Divindade, e por isto, intimamente divinos em sua essência[18]. Deus é sim, para Agostinho, o *autor* do mundo, mas não propriamente a sua *fonte*, ou seja, a *substância* da qual esses mundos sejam feitos. Deus produziu do nada uma nova substância, antes não existente de maneira nenhuma, acres-

---

[18] Albert Schweitzer, esse exímio filósofo-missionário-cirurgião das selvas africanas, concede explicitamente que há, no pensamento agostiniano, um ilogismo; mas acha preferível aceitarmos tacitamente essa irracionalidade do que adotar a inexorável racionalidade neoplatônica, que lhe parece incompatível com as experiências da vida humana.

Perguntamos: Não correrá essa "irracionalidade" por conta da nossa deficiente filosofia e teologia? Será possível que a infinita Razão seja irracional, que o eterno *Lógos* seja ilógico?...

centando essa substância finita à substância infinita da Divindade. Destarte, sacrificando a lógica, conseguiu o teólogo africano preservar o mundo do perigoso halo da divindade; conseguiu provar que o mundo é filho do *nada*, e não prole do *Todo*; efeito da imensa vacuidade, e não da infinita Plenitude.

* * *

Filosoficamente falando, não era possível vingar-se mais eficazmente do mundo, que tanto atormentara a Agostinho, e infligir-lhe castigo mais terrível do que declará-lo "filho do nada", oriundo do tenebroso abismo da infinita vacuidade ontológica. Pode-se dizer que todo o sistema filosófico-teológico do bispo cristão de Hipona é um permanente eco das experiências ético-espirituais do estudante pagão de Cartago. E, como uma vasta porcentagem do mundo cristão de todos os séculos continua empenhada na dolorosa luta da inquietude metafísica deste, é natural que continue a vigorar no seio da cristandade a concepção daquele.

É enorme a distância entre o *De civitate Dei* e o Evangelho...

* * *

Há quem identifique o *Nihil* (nada) da Bíblia com o Todo da filosofia, dizendo que, de fato, Deus é o grande Nada, uma vez que ele não é isto nem aquilo, não é mineral, nem vegetal, nem animal, nem indivíduo intelectual, nem espiritual; Deus não é nenhum desses numerosos e variados *algos* que conhecemos, nem mesmo a soma total desses *algos*. Logo, sendo ele a negação radical de qualquer *algo*, tanto singular como coletivo, só nos resta dizer que ele é o *não-algo*, isto é, o *Nada* absoluto. Deus é o *Nada* no plano fenomenal. Neste caso, dizem eles, não há conflito entre o *Nihil* da Bíblia e o *Todo* da filosofia; são apenas duas palavras diferentes para veicular a mesma idéia e designar a mesma realidade.

Deus, o *Nada* fenomenal, é também o *Todo* numenal.

Que dizer a isto?

Antes de tudo, frisamos que não negamos que o *Nihil* da Bíblia possa significar o *Todo* da filosofia, uma vez que a Bíblia não é um compêndio de escolasticismo, nem um livro didático-analítico; não entra jamais no terreno das especulações e discriminações ideológicas. Não afirmamos nem negamos que o *Nada* da Bíblia seja ou não seja idêntico ao *Todo* da filosofia. Deixamos essa questão em branco e sem solução.

O que, todavia, sabemos com certeza é que o *Nada* da escolástica, sobretudo da teologia agostiniano-tomística da igreja romana (como também da teologia protestante ortodoxa) não é o *Todo* da filosofia, mas precisamente o seu oposto. A teologia católica é explícita e insofismável nas suas expressões; diz que Deus criou o mundo *ex nihilo sui et subjecti*, isto é, do *nada dele e do sujeito*; dele (*sui*) refere-se ao mundo fenomenal, que não existia como indivíduo antes de ser criado — e nisto estamos perfeitamente de acordo; o do *sujeito* (*subjecti*) refere-se a qualquer realidade preexistente a essa criação, qualquer espécie de matéria-prima, substância amorfa ou base anterior ao mundo; não havia nenhum sujeito ou material do qual o mundo pudesse ser feito; o mundo surgiu do abismo do nada fenomenal — e é aqui que a filosofia diverge, não da Bíblia, mas da teologia escolástica. Verdade é que também nós rejeitamos qualquer *sujeito* ou material prejacente individual ou fenomenal, porque isto envolveria manifesto dualismo; mas admitimos um *sujeito* universal, absoluto, eterno, o Todo, Deus, como sujeito, substância ou substrato do mundo individual dos fenômenos.

Deus é, sim, o *nada fenomenal* (não é nenhum dos fenômenos do mundo), mas esse nada fenomenal é idêntico ao *Todo Numenal*. No plano dos fenômenos Deus é um puro nada — se assim não fosse, estaríamos em pleno politeísmo ou panteísmo; mas no plano do Número, Deus é o Todo, o Absoluto, a Causa-Prima.

O *zênite* do Número é o *nadir* dos fenômenos.

O *sim* de Deus é o não do mundo.

A *afirmação* do Creador é a *negação* da creatura.

O *positivo* da causa é o *negativo* dos efeitos.

Se Deus é a infinita *atividade*, é claro que ele não se encontra como sócio integrante na vasta legião das *passividades*, isto é, dos fenômenos causados.

O *Causador* não é *causado*; o *nada* dos causados é o *Todo* do causador.

A profunda sapiência dos livros védicos do Oriente há milênios afirma que Brahman é a negação absoluta de *maya*, isto é, que Deus é a não-existência, a irrealidade, o nada do mundo fenomenal. Deus é o não-mundo, o não-indivíduo, o não-fenômeno.

Entretanto, como o plano horizontal do *existir* nasceu da linha vertical do Ser, negar que Deus tenha *existência* não é o mesmo que negar que Deus tenha *essência* ou Ser. De fato, a essência é o oposto da *existência*, o *Ser* é o contrário do *existir*. O que *é* não *existe*, o que *existe* não *é*. Deus é Yahveh, a essência, o Ser; Deus não é *maya*, o existir, o mundo fenomenal.

Deus criou o mundo do *nada fenomenal* — e do *Todo numenal*. Desde toda a eternidade, o mundo era Brahman, mas no tempo se tornou *maya*.

* * *

Com essa *creatio ex nihilo* estava aberta a porta para o ódio ao mundo; pois, desde a sua conversão ao Cristianismo, votou o filho de Mônica um ódio implacável ao mundo e a todas as coisas do mundo, sobretudo àquela província do mundo que está em mais íntimo contato com a personalidade humana, o corpo e seus apetites, que lutam contra o espírito. O *ascetismo ético* do teólogo reclamava o *niilismo metafísico* do filósofo. Se o mundo tivesse emanado de Deus, seria de algum modo amável, como efeito bom brotado de uma causa boa, e não seria possível declarar uma guerra total ao mundo; mas essa guerra total era necessária para salvaguardar os valores espirituais, diametralmente opostos às coisas materiais.

Em verdade, o sistema da nossa filosofia não é senão a história da nossa vida.

Se a igreja cristã aceitou, quase integralmente, essa teoria da *creatio ex nihilo*, não o fez por razões metafísicas ou lógicas, mas por motivos psicológicos e pedagógicos; pois, lidando com uma humanidade predominantemente materialista, era mais prudente incutir nos homens um profundo ódio à matéria do que apresentar o mundo material como emanação da divindade. A humanidade, no ínfimo estágio da sua evolução espiritual, deve convencer-se profundamente da essencial maldade de tudo que é material, a fim de não sucumbir à prepotência e às blandiciosas seduções das coisas materiais. Para um homem plenamente maduro em espírito poderia ser revelada a verdade integral sobre a origem do mundo — mas onde estão esses homens espiritualmente maduros? Quantos são eles? Possivelmente, existiu na face do nosso planeta um único homem nessas condições, um pleni-homem, o "filho do homem". E, fato notável, esse pleni-homem não é nada agostiniano, *não odeia* o mundo, mas... "a tal ponto *amou* Deus o mundo que lhe enviou o seu filho unigênito"; esse pleni-homem não é um asceta que *recuse* servir-se das coisas do mundo (muito menos um pecador que delas *abuse*), mas um homem espiritualmente maduro que, tranqüila e serenamente, *usa* de todas as coisas do mundo de Deus, porque conhece e ama o Deus do mundo; nem mesmo desdenha sentar-se à mesa de banquetes, transformar água em vinho, dar aos homens pão em abundância, e aceitar a ardente homenagem de uma alma feminina que lhe lava os pés com suas lágrimas, os acaricia com seus lábios e os enxuga com a sedosa maciez dos seus cabelos.

É que o Cristianismo é uma afirmação do mundo, que passou pela negação do mundo, como diz sabiamente Albert Schweitzer. Ninguém pode afirmar corretamente o mundo material sem que o tenha negado corajosamente.

A filosofia platônica e neoplatônica, repetimos, não é para uma humanidade em baixo estágio de evolução; supõe extraordinária maturidade espiritual. É antes uma filosofia para a humanidade de amanhã do que para a humanidade de hoje. Enquanto o homem deva ser compelido a ser bom com o azorrague do castigo, ou com o engodo do prêmio, Aristóteles, Agostinho e Tomás de Aquino serão mais necessários que Platão, Plotino ou Orígenes. A humanidade dos *exotéricos* deve contentar-se com semiverdades — mas a humanidade *esotérica* será idônea para assimilar a pleniverdade. Para aqueles, a noção da sua origem e natureza divina abriria as portas a enormes abusos, ao passo que, para estes, a mesma verdade é a mais eficaz salvaguarda contra o pecado.

De resto, como já foi dito, teria sido impossível erguer uma *poderosa hierarquia eclesiástica* de que a igreja necessitava, sobre a base da filosofia neoplatônica, porque o homem imaturo, em vez de descobrir o reino de *Deus* dentro de si, acabaria por estabelecer o reino do eu dentro e fora de si, tanto mais que o eu se apresenta sempre como Deus, um Deus mutilado pelos dois lados: (D)eu(s).

Tempo virá em que a humanidade, plenamente madura, poderá suportar, indene, a luz meridiana da verdade integral sobre si mesma, e nesse tempo longínquo será incomparavelmente melhor dizer ao homem que o mundo e o homem são emanações da divina Plenitude do que fazê-lo crer que sejam creações do nada.

Platão e os neoplatônicos de todos os tempos e países tiveram e continuam a ter esta grande missão no seio da humanidade: acender e conservar acesos, em praias distantes e ainda mal vislumbradas, os faróis da verdade total sobre Deus, o homem e o mundo, para que os nautas humanos, com os olhos fitos nessas excelsas atalaias, conheçam o roteiro a seguir, e, por entre as trevas ou as penumbras do presente, creiam firmemente nas luzes do futuro.

Hermes Trismegistus — rumo ao monismo absoluto

Cerca de 2000 antes de Cristo, quando o nosso sistema solar entrava no signo zodiacal de Áries, símbolo da força, brotaram neste planeta duas vastas torrentes de revelação divina, uma às margens do Eufrates, na Ásia Meridional, a outra às margens do Nilo, na África Setentrional.

Abraão, de Ur da Caldéia, e *Hermes*, do Egito, foram dois veículos escolhidos por Deus para transmitir à humanidade essas grandes revelações, cuja quintessência é o *monismo* absoluto, ou seja, a absoluta unidade de Deus manifestada na imensa variedade dos mundos.

Meio milênio mais tarde, essas duas torrentes divinas procuram unir-se no Egito, na pessoa de Moisés, descendente de Abraão, mas educado na corte real do faraó do Egito, e "instruído em toda a sabedoria dos egípcios".

Culminava essa "sabedoria egípcia" na filosofia metafísico-mística de um personagem misterioso que em seu país natal se chamava Thot, mas ao qual os gregos deram o nome de Hermes, o deus da sabedoria, e passou para a história com o cognome "Trismegisto", quer dizer, "três vezes mago" ou magno, ou seja, "Hermes, o Máximo".

Não possuímos livro algum da autoria de Hermes. Chegou até nós apenas uma série de ditos ou aforismos herméticos apanhados por alguns dos discípulos do grande iniciado; mas, por essas pequenas amostras se adivinha a grandeza do espírito de seu autor. Vêm esses ditos enfeixados, geralmente, no livro intitulado *Kybalion*, palavra derivada do mesmo radical que Kybele, ou Cibele, divindade fenícia simbolizando a luz; *Kybalion* seria, pois, um luzeiro, ou seja, um farol para guiar a humanidade na sua longa jornada rumo ao Infinito.

O monoteísmo que, diversos séculos mais tarde, Moisés encontrou entre os iniciados herméticos da corte do faraó — enquanto as massas populares professavam o politeísmo — é um eco do monismo absoluto e universal de Hermes Trismegistus. O monoteísmo, como a palavra diz, admite um só Deus, mas não considera Deus como a única realidade, como o monismo. Para o monoteísta relativo, o mundo foi criado do nada — ao passo que para o monista absoluto, o mundo veio do Todo, isto é, de Deus, o Espírito Universal, a Única Realidade. O monoteísta relativo é, necessariamente, dualista, admitindo não só a *distinção* entre Deus e o mundo — no que concorda com o monista absoluto — mas também proclama a *separação* entre Deus e o mundo — no que discorda do monista.

Santo Agostinho e Tomás de Aquino são, na era cristã, os exímios sucessores de Moisés monoteísta, e a teologia cristã do Ocidente, na sua forma oficial, é visceralmente mosaico-agostinianotomista. A religiosidade oriental, como também a maior parte dos pensadores independentes, não-dogmáticos do Ocidente, bem como um vasto setor da igreja grega ortodoxa, são, total ou parcialmente, monistas.

Os que ignoram a profunda diferença entre monismo e panteísmo consideram os monistas como panteístas. Na verdade, porém, vigora muito maior afinidade entre monoteísmo e monismo do que entre monismo e panteísmo. O dualismo monoteísta é, a bem dizer, um politeísmo disfarçado. O Evangelho de Jesus é essencialmente monista — ao passo que a teologia cristã do Ocidente professa um monoteísmo dualista.

* * *

Passaremos a expor, sumariamente, as sete verdades básicas de Hermes e da filosofia hermética, como se acham contidas no *Kybalion*.

1. O princípio da espiritualidade universal.
2. O princípio do ritmo.
3. O princípio da correspondência.

4. O princípio da vibração.
5. O princípio da polaridade.
6. O princípio da causa e do efeito.
7. O princípio do gênero.

Estas sete verdades são como que as sete cores da luz incolor quando dispersa por um prisma. Na realidade, estas sete verdades são uma só, mas, vistas em sua dispersão, pelo lado do mundo fenomenal, parecem ser sete, assim como as cores do prisma, ou do arco-íris, que se nos revelam como sete, embora em sua causa sejam uma única luz branca.

1. O todo é espírito — o Universo é espiritual

"No princípio era o *Lógos*, e o *Lógos* estava com Deus, e o *Lógos* era Deus. Tudo foi feito pelo *Lógos*, e sem ele nada foi feito de quanto começou a ser. E o *Lógos* se fez carne e habitou entre nós."

Nestas palavras lapidares do 4º Evangelho vem sintetizada esplendidamente a quintessência deste primeiro axioma, e, a bem dizer, de toda a filosofia hermética. *Lógos* quer dizer Razão, ou Espírito Universal. Desde toda a eternidade, existe o Espírito absoluto e universal, que também se chama Realidade, Causa Prima, Energia Cósmica, Vida, Inteligência, Consciência Universal. Para além de tempo, espaço e causalidade, não está o Espírito eterno sujeito a nenhuma das categorias cognoscitivas pelas quais os seres individuais entram em contato com o TODO. Quer dizer que nenhum ser finito pode jamais conhecer total e exaustivamente o Infinito, embora possa penetrar cada vez mais profundamente nesse oceano sem praias nem fundo da Divindade. Conhecer cabalmente é compreender; quer dizer "prender totalmente", ou seja, abranger em toda a sua plenitude e realidade total. Se o finito pudesse abranger ou abraçar o Infinito, ou o finito se tornaria Infinito, ou o Infinito se tornaria finito — duas hipóteses intrinsecamente absurdas e impossíveis.

O TODO é espírito, quer dizer, ilimitado no tempo e no espaço e não sujeito à lei da causalidade. Espírito é sinônimo, ou melhor, homônimo de Infinito, Eterno, Absoluto, Universal, Incausado — como, por outro lado, matéria quer dizer finito, relativo, individual, causado. Os que falam em "espírito finito", temporal, relativo, individual, causado — ou os que admitem matéria infinita, eterna, absoluta, universal, incausada — entram em conflito com a lógica, como se falassem em um "finito infinito", em um "universal individual", em um "eterno temporal", ou um "círculo quadrado".

A Realidade Universal chama-se "Espírito", ou "Espírito Absoluto".

O princípio da individualização chama-se "matéria", ou "corpo".

É claro que todos os seres individuais — minerais, vegetais, animais, homens, anjos, etc. têm corpo, embora esse corpo possa ter diversos graus de sutilidade ou, como diz São Paulo, espiritualidade. Há corpos pouco espiritualizados, e há corpos muito espiritualizados. Só não têm corpo o TODO e o Nada, a Realidade absoluta e a irrealidade absoluta. Tudo que fica entre o TODO e o Nada tem corpo. O Todo não tem corpo. O Nada não tem corpo. O Algo tem corpo.

Deus é o TODO, o Espírito único.

O mundo é Algo, portanto espiritual, quer dizer, derivado do Espírito, causado pelo Espírito. Todos os efeitos do Espírito são espirituais, uma vez que vigora afinidade intrínseca e indestrutível entre a causa e o efeito.

Espírito é causa — espiritual é efeito.

O Algo é o Todo em forma individualizada — e esse princípio de individualização chama-se matéria, ou corpo.

Se o Algo fosse essencialmente material não seria um derivado do Todo — seria um puríssimo Nada. Quer dizer que não existe nem pode existir um ser integralmente material, uma vez que a absoluta materialidade é o Nada absoluto.

A lógica mais pura e retilínea obriga-nos a rejeitar o materialismo absoluto e proclamar a espiritualidade universal do mundo.

Do TODO do Espírito só pode vir o Algo do Espiritual — mas não o Nada do Material.

Existe, pois, uma só Realidade — e esta realidade é espírito — e tudo que esta Realidade realiza ou produz é espiritual.

A ciência atômica dos nossos dias acaba de demonstrar, experimentalmente, a exatidão da equação matemática de Einstein, $E = mc^2$; quer dizer que tudo é energia e que a chamada "matéria" não passa de uma forma de energia em estado de congelamento parcial. Acrescenta a filosofia que essa energia não pode ser meramente mecânica, cega, inconsciente, pois, se ela produziu seres vivos e conscientes, é inevitável concluir que essa causa de efeitos vivos e conscientes seja também viva e consciente, porquanto não há efeito superior à sua causa.

Se a física atômica desmaterializou a matéria, proclamando o energismo universal, a filosofia desmecaniza a energia mecânica, proclamando o vitalismo universal; mas a lógica exige que sigamos avante, atribuindo inteligência, consciência e liberdade à vida, ao menos nas zonas superiores dessa vida. Ora, a forma mais alta da consciência vital, ou da vida consciente, se chama espírito. E, como os inferiores vêm do superior, é rigorosamente lógico que todas as formas inferiores de consciência, inteligência, vida, energia e "matéria" tenham por primeira origem a fonte suprema, o Espírito como tal.

O TODO está em tudo, e tudo está no TODO — é esta a profunda imanência de Deus no mundo e do mundo em Deus. Entretanto, essa imanência do Infinito no finito não identifica este com aquele; tampouco nega o fato da transcendência do Infinito com relação ao finito. (Veja o capítulo: Transcendência e imanência de Brahman – suas conseqüências para a vida espiritual e ética do homem, pág. 196.)

2 e 3. Polaridade e correspondência

Estes dois princípios, aparentemente opostos, completam-se um ao outro. A polaridade é o princípio da *contrariedade*, a correspondência é o princípio da *identidade*. Aquele é como que centrífugo, dispersivo; este é centrípeto, convergente; aquele produz diferenciação; este gera integração.

No TODO (Deus), a polaridade e a correspondência se acham em estado de quietação ou *equilíbrio dinâmico*, porque o TODO é o grande e único UM, anterior aos *muitos*; ele não é nenhum dos ímpares: 1, 3, 5, 7, 9, nem dos pares: 2, 4, 6, 8, como diria Pitágoras. O TODO é a grande TESE, anterior a todas as *antíteses* e *sínteses* de que é composto o mundo fenomenal. A Tese é préantitética e pré-sintética.

A polaridade manifesta-se no mundo, sobretudo no mundo autoconsciente, como *individualidade* no plano objetivo do ser, e como *egoísmo* no plano subjetivo do *agir*. Cada indivíduo, sendo um dos pólos da antítese, procura necessariamente os seus interesses particulares, unilaterais; é individualista e exclusivista. Visto que a individualização e o seu natural complemento, o egocentrismo, é da própria natureza dos indivíduos personais, é de todo impossível extirpar em si mesmo, procurando matá-lo diretamente. O único meio de remediar os males que o egoísmo descontrolado pode produzir é integrá-lo em um Todo maior, ou, se possível, no TODO último e absoluto. A integração do *Ego individual* no *Nós social* da humanidade se chama altruísmo ou ética; a integração do Eu individual no TODO CÓSMICO — o que, naturalmente, inclui o Nós humano — chama-se mística ou religião, no mais alto sentido da palavra religar (*religio*) o indivíduo finito com o Universal Infinito — isto é "religião".

Essa integração, parcial ou total, do indivíduo polarizado é que se chama correspondência. A correspondência é, pois, o complemento da polaridade, assim como a integração é o complemento natural da diferenciação.

A polaridade *dissocia* — a correspondência *associa*.

Para haver uma associação perfeita e fecunda deve precedê-la uma dissociação. Uma sociedade constante apenas de indivíduos amorfos, não suficientemente individualizados e caracteristicamente diferenciados, seria uma sociedade monótona, incolor, moluscóide. Por outro lado, uma sociedade constante de indivíduos altamente diferenciados, mas não devidamente integrados, seria uma sociedade caótica, desarmonizada, sempre em vésperas de esfacelamento.

Diferenciação mais integração, ou, na linguagem hermética, polaridade mais correspondência, gera exuberância de harmonia, vida, beleza, felicidade.

Todos os departamentos do mundo fenomenal obedecem ao princípio da polaridade e da correspondência.

a) O mundo *mineral*, desde os átomos até os astros, revela esses princípios nos fenômenos de repulsão e atração, donde resulta a harmonia do microcosmo atômico e do macrocosmo astronômico.

b) No mundo da *eletrofísica*, os dois princípios aparecem como pólos positivo e negativo, dando em resultado luz, calor e força.

c) No mundo *orgânico*, essa lei de polaridade e correspondência é conhecida como sexos, masculino e feminino, produzindo, além da integração humana dele e dela, um terceiro indivíduo representante dos dois.

d) Na vida *social*, os indivíduos diferenciados representam a polaridade ou antítese, e a sua espontânea integração no Todo social concretiza a correspondência. Nas relações sociais entre o Eu e o Nós, três atitudes são possíveis:

Eu — Nós (Eu sem Nós) = egoísmo suave
Eu x Nós (Eu contra Nós) = egoísmo violento
Eu + Nós (Eu com Nós) = altruísmo, amor

e) No mundo da *metafísica*, os princípios da polaridade e da correspondência se manifestam como Causa e efeitos, Absoluto e relativos, Universal e individuais, Eterno e temporais. É da íntima natureza do TODO (Deus) que seja UM em sua essência e *muitos* em suas aparências ou aparecimentos. O UM é, por assim dizer, o princípio masculino de Deus, o muito é o seu princípio feminino. Através da Mãe-Natura se revela, sem cessar, o Pai-Celeste. E a fecundidade do divino Pai é inesgotável. A unidade é do SER, a pluralidade é do AGIR. Aquele é o Númeno, este, são os fenômenos.

f) Na vida *ética* do homem, o princípio da correspondência exige que "ame os outros", e o da polaridade diz "como a si mesmo".

g) Nos domínios da *estética* e das *artes* revelam-se esses dois princípios como as leis da assimetria e da simetria, da dissonância e da consonância, das sombras e das luzes, do *forte* e do *piano*, da unidade e da variedade.

* * *

A filosofia distingue diversos planos de correspondência no mundo fenomenal, que podem ser reduzidos a cinco níveis principais, a saber:

1. o plano mineral (matéria);
2. o plano astral (energia);
3. o plano vital (vegetal e sensitivo);
4. o plano mental (inteligência);
5. o plano racional (espiritual).

Todos esses planos se acham entrelaçados uns com os outros e todos eles estão permeados de vida em diversos graus de perfeição ou intensidade. Não há nada absolutamente morto, passivo, inerte.

Todos esses planos são *doadores* e *recebedores*. As vibrações de cima repercutem nas zonas de baixo, e as de baixo ecoam nas zonas de cima. O cosmo é um e uno, não só em seu *ser*, senão também em seu *agir*, uma vez que "o agir segue ao ser" (*agere sequitur esse*).

Para além de todos os planos — não extensiva mas intensamente — está o TODO, a CAUSA prima ou última de tudo. Esse Todo não é a soma total dos planos, mas fonte e base de todos eles. Esse Todo transcende todos os planos, mas não deixa de ser imanente a cada um deles, assim como a vida cósmica, intimamente presente em cada ser vivo, ultrapassa infinitamente todos os seres vivos. Cada ser vivo *tem* vida, mas nenhum deles *é* a Vida. A transcendência exige a imanência do Todo em cada parte.

Visto de um plano superior, alguns dos planos inferiores parecem privados de vida e de consciência, o que não passa, todavia, de uma ilusão subjetiva do observador não assaz clarividente. Como foi dito, não existe nem pode existir nenhum ser totalmente morto, inerte, inconsciente. Realidade, atividade, vida, consciência — são, de fato, sinônimos e até homônimos. Do grau de consciência que um ser possui depende a sua perfeição. Ser que fosse absolutamente inconsciente, morto, inerte, seria um ser irreal, isto é, um não-ser, um puro nada.

Deus, a infinita Realidade, é também a infinita atividade, vida, consciência, a oniconsciência, ultrapassando tempo, espaço e causalidade (passiva).

Há, no Universo, seres dotados de diversos graus de potencialidade. Essa potencialidade é que é a verdadeira natureza de um ser. A natureza de um ser é aquilo que ele pode vir a ser atualmente, embora o seja apenas potencialmente, agora. Há seres que estão e ficarão sempre no plano mineral; outros, no plano astral; outros, no plano vital vegetativo e sensitivo; outros, no plano mental; outros ascenderão ao plano racional ou espiritual. Entretanto, onde a consciência e a liberdade atingem certo grau de evolução, há maior possibilidade do que para os seres inferiores de subirem ao plano superior.

Esses planos não representam, pois, lugares geográficos ou astronômicos, mas estágios evolutivos da consciência de um ser. Cada plano é caracterizado pelo grau de consciência que os seres nele existentes têm do grande Todo (Deus).

Entre parênteses: a esses planos se refere o grande iniciado de Nazaré quando diz que "em casa de seu pai há muitas moradas". Morada quer dizer um lugar, ou estágio onde se pode "morar" ou "demorar" por algum tempo, para depois prosseguir a sua jornada rumo à "morada" imediatamente superior, em demanda do Todo.

"Como acima, assim embaixo — como abaixo, assim acima" –

este conhecido axioma hermético exprime a grande lei da correspondência, indicando que nada acontece nos planos superiores do Universo que, de um ou de outro modo, não afete os planos inferiores, e vice-versa. O mundo é, de fato, um genuíno "universo", quer dizer, "um" em "diversos", um organismo constante de inúmeras unidades individuais integradas no grande Todo e inter-relacionadas entre si.

Poderíamos dizer que o princípio da correspondência, completando o da polaridade, afirma a *organicidade* do cosmo, ou seja, a lei da cooperação recíproca; não existe no Universo um único indivíduo, uma única célula, um único átomo, próton ou elétron, ou outra unidade mínima, em estado realmente isolado, separado das outras unidades, embora cada indivíduo seja distinto dos outros.

A polaridade afirma a distinção.

A correspondência nega a separação.

O Universo é, pois, uma profunda unidade com distinção — e uma vasta diversidade sem separação.

Unidade sem variedade seria *monotonia*.

Variedade sem unidade seria *caos*.

Unidade com variedade é *harmonia*.

Esta imensa harmonia é chamada em diversas línguas: Universo, Cosmo, Tao, Brahman.

4. O princípio da Vibração

"Nada está em repouso — tudo se move, tudo vibra."

É esta a antecipação filosófica do fato cientificamente demonstrado em nossos dias pela ciência atômica. Einstein condensou este pensamento na equação brevíssima e imensa: $E = mc^2$, alma da famosa "teoria da relatividade". Durante meio século após a publicação dessa equação esteve o mundo científico dividido pró e contra a verdade ou inverdade dessa fórmula. Somente em 1945, cerca de 40 anos após a primeira publicação da equação einsteiniana, é que foi provada, pela primeira vez, experimentalmente, a verdade objetiva de que "energia equivale à massa multiplicada pelo quadrado da velocidade da luz". Infelizmente, essa prova experimental custou cerca de 100.000 vidas humanas, quando a primeira bomba atômica estourou sobre a cidade de Hiroshima.

Pode-se dizer que essa equação matemática, tecnicamente

demonstrada, representa a certidão de óbito da matéria e o documento científico do nascimento da energia universal. Morreu o materialismo por falta de matéria!...

Os antigos "átomos" (indivisíveis) de Demócrito foram desatomizados por Einstein, Oppenheimer, Bohr, Fermi, e outros pioneiros da idade atômica, ou, propriamente, ultra-atômica. O átomo deixou de ser átomo, embora continue falsamente com o seu nome tradicional. A matéria deixou de ser substância estática, imóvel, inerte, passando a consistir em dois campos dinâmicos, de tão estupenda vibração, que aos nossos sentidos grosseiros produz a impressão de estática solidez. Um ser dotado de órgãos de percepção mais sutis, apalpando, por exemplo, uma barra de ferro, não teria a impressão de solidez, inércia, consistência compacta e contínua, mas diria: "Estou percebendo duas vibrações opostas que se completam mutuamente num todo harmonicamente equilibrado". Do padrão específico desses dois pólos vibratórios — digamos, do pólo positivo (prótons) e do pólo negativo (elétrons) do chamado átomo — é que depende a natureza química dos 92 elementos naturais que a ciência conhece.

A teoria atômica deu razão a Pitágoras de Samos e a Heráclito de Éfeso, e a muitos outros, que fazem consistir a essência do mundo em "harmonia" ou em um perpétuo "fluxo". A harmonia dos "pares" (positivos) e dos "ímpares" (negativos) do grande Pitágoras, e o "panta-rhei" (tudo flui) do obscuro Heráclito acabam de ser brilhantemente confirmados pela física nuclear do século XX. Heráclito escolheu para o eterno fluxo de todas as coisas o fogo, esse misterioso algo que parece oscilar entre a matéria e a força, e que faz lembrar o "c" (velocidade da luz) da fórmula einsteiniana. A mais conhecida "reação em cadeia", no terreno molecular, é o processo de combustão pelo fogo que observamos todos os dias. Com um pequenino fósforo pode-se incendiar uma cidade inteira, não porque o mar de fogo que devora a cidade estivesse contido na minúscula cabecinha de fósforo, mas porque o pequeno fogo atual deu início à atualização progressiva do fogo potencial armazenado nas moléculas do combustível existente nos materiais da cidade; a pequena chama do fósforo é apenas o primeiro elo da vasta cadeia que comunica a sua vibração ígnea ao vizinho, este a um terceiro, ao quarto, ao décimo, ao milésimo, ou milionésimo, ao bilionésimo vizinho molecular, até que não haja mais molécula vizinha alguma a que possa ser transmitida essa imensa reação em cadeia. A diferença está apenas em que, na explosão atômica, a vibração não é transmitida de molécula a molécula, como num incêndio, mas de núcleo a núcleo atômico; a desintegração do primeiro núcleo, obtida geralmente com o auxílio de um projétil em forma de nêutron, produz novos projéteis que, invadindo os núcleos dos átomos vizinhos, os fazem explodir, na fração de um milionésimo de segundo.

Com um início de energia atualizada pode-se atualizar, sucessivamente, a restante energia ainda em estado de potencialidade, latência, ou congelamento, geralmente chamado matéria. A matéria é o estado relativamente estático (não absolutamente) de energia, como a energia é um estado dinâmico da matéria. É mais fácil, para a ciência e a técnica modernas, energizar a matéria do que materializar a energia. O descongelamento da matéria (energia congelada) requer apenas um processo de expansão, ao passo que o congelamento da energia pede um processo de compressão, para o qual nossa técnica não dispõe de mecanismos assaz poderosos.

A ciência dos nossos dias conhece três vastos departamentos de forças: 1) elétrica; 2) química; 3) atômica.

1. A *eletricidade* é a ciência dos elétrons, ou seja, pequeninos focos de energia isolados no espaço e por toda a parte do mundo; esses focos, quando dotados de carga idêntica — seja positiva, seja negativa — se repelem mutuamente (polaridade sem correspondência); quando munidos de carga não idêntica — positiva e negativa — se atraem mutuamente, segundo o princípio: igual repele igual, igual atrai desigual (polaridade com correspondência).

2. A *química* trata de elétrons presos aos seus respectivos átomos, ou mais adequadamente, prótons atômicos; dado que os prótons são sempre de carga positiva, atraem eles um número de elétrons negativamente carregados correspondente ao coeficiente da carga positiva dos prótons. Os elétrons, todavia, devido à força centrífuga originada pela estupenda velocidade com que giram ao redor dos seus prótons, não se unem diretamente a esses centros de atração, assim como os planetas dos sistemas solares, não obstante a veemente atração do corpo central, não se precipitam para dentro desses sóis, porque a revolução das suas órbitas crea a competente força centrífuga contrária à força centrípeta, originando um sistema de trajetória harmonicamente equilibrado entre a atração de dentro e a repulsão de fora.

O caráter dos 92 elementos naturais (além de 4 artificiais) depende essencialmente da presença de certo número de prótons no núcleo atômico; com o aumento ou a diminuição desses prótons, modifica-se a natureza do elemento, subindo ou descendo na escala do sistema periódico. Assim, por exemplo, o primeiro e mais simples de todos os elementos, o hidrogênio, tem apenas um próton e um elétron (um sol, um planeta); o hélio tem 2 prótons e 2 elétrons; o lítio, 3 prótons e 3 elétrons; o berílio, 4 prótons e 4 elétrons. Se fendermos ao meio um átomo de berílio teremos, não duas metades de berílio, mas dois átomos inteiros de hélio; se subdividirmos esses dois átomos de hélio, teremos quatro átomos de hidrogênio, cada um com 1 próton e 1 elétron. Se dividirmos um átomo de lítio, teremos um átomo de hidrogênio (1 próton e 1 elétron) e um átomo de hélio (2 prótons e 2 elétrons). Se arrebatarmos ao ouro, dotado de 79 prótons e 79 elétrons, 1 próton, teremos um elemento com 78 prótons e número igual de elétrons, que é platina; mas, se em vez de arrebatarmos um próton ao ouro lhe adicionarmos mais um, teremos um elemento com 80 prótons, e número igual de elétrons, isto é, mercúrio. O velho sonho dos alquimistas, como se vê, se está realizando, finalmente; a humanidade começa a despertar para a vigília da ciência, do seu longo sono encantado; a *magia negra* de Mefistófeles e do Dr. Fausto amanheceu na ciência branca de Einstein & Cia.

3. A ciência *atômica* não trata de elétrons soltos, como a eletrofísica, nem de elétrons relacionados com seus respectivos prótons, como a química; trata-se tão-somente do íntimo santuário dos elementos e dos átomos, que é o núcleo atômico, coração e centro desse misterioso quê, definido por Demócrito em termos de estática, e por Pitágoras e Heráclito em termos de dinâmica.

O núcleo atômico consta de um número variável de prótons (positivos) e de nêutrons, sendo que estes últimos, de carga elétrica neutra, têm uma função bivalente, positivo-negativa, intercambiando essas duas cargas com tão estupenda velocidade que parecem, praticamente, centros neutros, pelo que são chamados nêutrons. Sem a presença desses misteriosos intermediários ou reconciliadores bivalentes não seria possível a coesão firmíssima que une a família dos vários prótons do mesmo núcleo atômico, uma vez que todos esses prótons são positivos, e, como sabemos, positivo repele positivo. Os pequeninos feiticeiros dos nêutrons, intercalados entre os prótons, fazem com que estes irmãos positivos, em vez de se "odiarem" com ódio de explosão imediata, se "amem" com amor de permanente cooperação. Esses termos "ódio e amor dos átomos" são do grande Demócrito, que, sem nenhum dos expedientes da técnica moderna, já sabia intuitivamente dessa hostilidade e dessa amizade das partículas últimas do mundo fenomenal.

Uma vez que no *sancta sanctorum* do núcleo atômico se encerra imensa quantidade de energia potencial (um quilo de urânio contém a mesma energia que 3 milhões de quilos de carvão ou 2 milhões de litros de gasolina), tenta a humanidade, sempre faminta de energia, utilizar-se dessas fontes inesgotáveis de força, luz e calor. Para esse fim é necessário desintegrar o núcleo atômico a fim de libertar as energias intranucleares. Mas desintegrá-lo com que? Até há pouco não possuíamos nenhum projétil apropriado para romper as muralhas eletrônicas que, em diversas órbitas concêntricas, protegem o tesouro oculto do núcleo atômico — espécie de Vestais incumbidas de defender o "fogo sagrado" da divindade. Mas os Prometeus do século vinte acharam meios e modos para, a exemplo do Prometeu da mitologia antiga, arrancar o mistério ígneo das entranhas do Olimpo de Júpiter e lançá-lo à terra dos mortais; o Olimpo da ciência atômica chama-se *núcleo*, e os feros dragões de Júpiter que defendem esse tesouro oculto chamam-se *elétrons*. Se as energias intranucleares fossem cercadas apenas de muralhas de granito, aço ou diamante, a técnica humana desde muito teria demolido essas muralhas como uma criança derruba com um piparote as paredes do seu castelinho de blocos de madeira. Mas é que as rijas fortificações que circundam o núcleo atômico são feitas de... velocidade. Velocidade é algo infinitamente mais duro que matéria porque velocidade é dinâmica ou vibração altamente potencializada. Se um elétron executa em torno dos prótons do núcleo uma constante trajetória circular na freqüência de 100.000 quilômetros por segundo, possui uma camada eletrônica feita de puríssima energia ou vibração, uma impenetrabilidade incomparavelmente superior à dureza de qualquer substância terrestre ou solar que o homem conheça. Aço ou diamante são como manteiga em face da dureza de uma órbita eletrônica de 100.000 quilômetros por segundo. Além disto, o projétil que penetrasse por uma muralha eletrônica e rompesse o núcleo devia ser menor, infinitamente menor que esse núcleo, cuja pequenez é praticamente inconcebível. Mas que projétil seria esse?

A técnica do nosso século realizou o impossível. Descobriu um projétil ideal para bombardear as rijas muralhas formadas ao redor do núcleo pelas órbitas eletrônicas de alta freqüência. De resto, não convém esquecer que existem núcleos com nada menos de sete órbitas concêntricas de muralhas eletrônicas, como acontece com todos os elementos do sistema periódico contidos entre os números 87 e 92, quer dizer: actínio K, radium, actínio, tório, proto-actínio e urânio. Os dois elementos mais simples, hidrogênio e hélio, possuem apenas uma linha simples de fortificações eletrônicas.

Entretanto, o projétil nuclear que a técnica descobriu, ou criou, rompe qualquer número de camadas eletrônicas em altíssima freqüência, contanto que a velocidade do projétil seja superior à resistência oposta pela velocidade dos elétrons em vertiginosa trajetória protetora.

Esse projétil é o nêutron, mas não o nêutron com sua velocidade normal, que seria imediatamente desfeita pela velocidade superior dos elétrons. A ciência e a técnica do nosso século conseguiram excogitar e construir uma máquina — o chamado cíclotron — capaz de acelerar o movimento normal do nêutron a ponto de romper as mais rijas fortificações circunucleares do átomo, desintegrado esse gigantesco reservatório ultramicroscópico de energias intranucleares. Se essa desintegração nuclear se realizar subitamente, teremos uma violenta explosão atômica, como Hiroshima e Nagasaki presenciaram em 1945; mas se, a exemplo das pequeninas explosões sucessivas e parceladas de um litro de gasolina no motor do automóvel, a energia intranuclear for libertada aos poucos, gota a gota, por assim dizer, é claro que o efluxo lento e paulatino dessa energia poderá ser utilizado para fins de indústria construtiva.

* * *

Julgamos conveniente alongar-nos um tanto nessa exposição, antes científica que filosófica, para fazer ver ao leitor que a ciência e técnica conseguem, por vezes, demonstrar experimentalmente uma parcela maior ou menor de verdades intuitivas afirmadas pelos grandes gênios filosóficos da Antiguidade. É que a intuição filosófico-racional, independente de processos de análise intelectual e demonstração física, antecipa realidades objetivas que ultrapassam as raias de qualquer outra faculdade humana.

Há cerca de 4.000 anos, o gênio intuitivo de Thot, ou Hermes Trismegistus, às margens do Nilo, afirmou que a Realidade Absoluta é espírito, que o Universo é espiritual, e que a espiritualidade é essencialmente vibração, energia, em diversos graus de intensidade. A vibração absoluta e infinita, causa e fonte de todas as vibrações relativas e finitas, é chamada Vida, *Lógos* (Razão), Espírito, Consciência Cósmica ou Universal.

A redução da matéria à energia, do dimensional ao indimensional, do extenso ao inextenso, poderia considerar-se como a *desobjetivação* do objeto e sua paulatina *subjetivização* até atingir as alturas do sujeito absoluto. "Atingir" é, porém, termo ilusório, porque faz crer que o sujeito absoluto consista na sucessiva desobjetivação do objeto, quando é precisamente o contrário que acontece. O Sujeito Absoluto não é o resultado final de uma longa série de desobjetivizações, mas é a Realidade anterior a qualquer objeto ou objetivização. Ou, por outra, o espírito não é a culminância de todas as desmaterializações, mas é a grande Realidade pré-material. Ou ainda: o Universal não é o resultado final de uma vasta série ou de um intenso processo de desindividualizações, mas é anterior a todo e qualquer indivíduo e individualização. Com efeito, não é pela sucessiva *vacuização* que chegamos à Realidade suprema, mas pela *plenificação* ou plenitude anterior a qualquer início de esvaziamento ou evacuação. Deus não é infinitamente simples por vacuidade ou ausência, mas sim por plenitude ou presença; não pela simplificação de complexidades, mas pela simplicidade anterior a qualquer vestígio de complexidade. Deus não é a síntese final resultante de muitas antíteses — ele é antes a grande TESE inicial, ou pré-inicial.

No princípio era o sujeito[19] universal, absoluto, não objetivado; e desse sujeito eterno é que vieram os objetos temporais.

Na realidade, existe um só grande Sujeito, que se revela ou objetiviza incessantemente em mundos e seres sem conta.

Todos esses objetos feitos da substância do sujeito são objetos *numenalmente* idênticos, porém *fenomenalmente* distintos do sujeito.

Retraçando o caminho de qualquer objeto rumo à sua origem, encontraremos infalivelmente o sujeito, porque todos os objetos são como os raios de um círculo (ou de uma esfera) que do centro

---

[19] *Sujeito*, do latim *subjectum*, derivado de *sub-jacere* (jazer debaixo), que quer dizer, aquilo que está por debaixo, como base, substrato e sustentáculo de todas as coisas; aquilo que causa efeitos, mas não é causado. *Objeto*, do latim *objectum*, derivado de *ob-jacere* (jazer contra), é aquilo que está contra ou defronte, algo que é oposto ao sujeito, algo que foi emitido ou individualizado pelo sujeito subjacente.

vieram e para o centro voltam. Vistos da periferia, esses raios são muitos e dimensionais — vistos do centro, esses mesmos raios são um em sua base e indimensionais.

A Filosofia Hermética, ultrapassando as fronteiras da ciência atômica e de outra ciência qualquer que trate apenas do mundo fenomenal, abrange no princípio da vibração ou energia da Realidade Total, o Númeno e os fenômenos, o Deus do mundo e os mundos de Deus.

Uma vez compreendido esse princípio da vibração universal, complemento dos princípios da polaridade e da correspondência, já não há nada de estranho ou enigmático nos fatos como telepatia, ação a distância, influência mental ou espiritual, curas pela fé ou pela oração, etc. Via de regra o efeito desses fenômenos é erroneamente atribuído ao agente ou veículo imediato, quando, na realidade, é filho da causa única e universal, que se manifesta e age através de causas segundas.

5. O princípio do ritmo

"Tudo flui, influi e eflui; tudo tem a sua maré e vazante; tudo sobe e desce; tudo oscila entre dois extremos, como um pêndulo; a lei do ritmo é a lei da compensação e transmutação."

Este princípio revela estreita afinidade com os da polaridade e correspondência, podendo ser considerado como um complemento dos mesmos.

A ação e a reação que se observam em todos os departamentos da natureza, desde o átomo até o astro, desde o plano mineral até o plano espiritual, mantêm o mundo em um estado de permanente atividade, vida, evolução e beleza.

Uma das formas mais conspícuas deste princípio é revelada no processo de *alquimia mental e espiritual*, ciência e arte em que os iniciados do antigo país dos faraós eram mestres insignes. Épocas posteriores a Hermes, incapazes de compreender o verdadeiro sentido da alquimia, transferiram todo o processo do plano espiritual para um nível puramente material, procurando transformar elementos vulgares em elementos preciosos, sobretudo em ouro. Incapazes de conseguir essa "transelementação" pelas forças conscientes dos sentidos e do intelecto, tentaram os alquimistas medievais lograr o seu intento invocando seres extramundanos, espíritos luciféricos,

"Mefistófeles" & Cia. A magia negra tentou realizar o que a ciência branca não valera fazer. Não estava errado, a bem dizer, o conceito fundamental sobre a incompetência da ciência analítica da época, de transformar o *menos* no *mais*, o *inferior* no *superior*, o *vulgar* no *precioso*. A vaga suspeição de que para além dos domínios da inteligência humana existissem potências sobre-humanas capazes de realizar essa alquimia, essa suspeição não era de todo sem fundamento.

Hoje em dia, a ciência nuclear está começando a realizar o velho sonho dos alquimistas de antanho. Com a magia negra de Mefistófeles ou do Dr. Fausto? Não, com a magia branca de Lúcifer, do porta-luz, da inteligência mais intensamente desenvolvida do que no tempo dos mágicos da Idade Média.

Entretanto, não era esta — nem a dos alquimistas medievais, nem a dos físicos modernos — a alquimia de Hermes Trismegistus e seus discípulos. Não se tratava, naquele tempo, da *transelementação* da matéria, mas da *transmentalização* da mente. Tratava-se da transformação de certo padrão de pensamentos e sentimentos em outra categoria de pensar e sentir. Sabiam os filósofos egípcios que o estado e valor do nosso Eu depende essencialmente de uma determinada categoria de pensamentos e sentimentos habituais; depende de uma atitude que predomine habitualmente em nosso Eu. A constante repetição de pensamentos e atos cria, nas profundezas do nosso Eu, uma como que estratificação permanente a que chamamos hábito; e dessas camadas noturnas envoltas nas trevas da inconsciência ou nas penumbras da semiconsciência, irradiam sem cessar vibrações para dentro da zona diurna do nosso Eu consciente e vígil, determinando o curso da nossa vida. Se essas estratificações tenebrosas ou crepusculares se revestirem de caráter positivo, não tardará a nossa vida a assumir orientação positiva, boa, ao passo que, se forem negativas as ditas vibrações vindas das zonas subjacentes, negativa se tornará aos poucos toda a nossa vida.

Toda sabedoria do homem consiste, pois, em uma espécie de alquimia mental e espiritual, que transforme em ouro de lei o barro vil da vida.

"Metanóia" é a palavra clássica que o Evangelho de Jesus Cristo usa para o termo latino "conversio". Metanóia é uma palavra grega composta de *metá* (trans) e *nous* (mente), de maneira que metanóia quer dizer literalmente "transmentalidade" ou "transmentalização". O homem que de fato se converte, ultrapassa as fronteiras antigas da sua mente, invadindo novos mundos até então ignotos à sua experiência. Visto que o nosso mundo habitual, atávico, é visceralmente egoístico, o homem que se *transmentaliza* ou converte deixa para trás esse velho mundo egocêntrico e toma posse de um novo mundo teocêntrico, ou, no dizer do apóstolo Paulo, "despoja-se do homem velho" e torna-se uma "nova creatura em Cristo". E das profundezas desse vasto subsolo espiritual vive, então, esse homem — esse *alquimista* espiritual.

Como poderá o homem realizar essa alquimia mental-espiritual?

Recorrendo ao princípio fecundo do ritmo, associado às leis da polaridade e correspondência. Fixar a atenção em elementos negativos reforça o negativo; fixar a atenção em coisa positiva consolida o positivo e neutraliza, com isto mesmo, o negativo. Não se pode combater o pecado de um modo direto, mas só de um modo indireto, pela vitória da santidade — assim como não se pode expelir as trevas de uma sala senão acendendo uma luz, nem se pode curar uma moléstia senão pela introdução da saúde. Satanás só pode ser expulso por anti-Satanás, isto é, pelo Cristo, uma vez que o oposto do egoísmo é o amor.

Entretanto, como a lei do ritmo é uma lei cósmica e não um capricho individual, é necessário que o alquimista mental-espiritual aproveite sabiamente as "marés e vazantes" do seu ritmo interior, e mesmo exterior. Saber aproveitar-se do fluxo e refluxo, do influxo e efluxo, das correntes cósmicas, é próprio do homem iniciado na constituição da vasta cosmocracia do Universo. Opor-se cegamente ao ritmo natural das coisas é desperdiçar tempo e forças, e expor-se ao risco de esterilização.

A alquimia mental-espiritual é uma espécie de cooperação da vontade humana com a vontade cósmica, uma sincronização e simbiose de ondas humanas e ondas divinas, das forças do aquém e das forças do além.

Não pode a fêmea conceber uma prole em tempo desfavorável à concepção — como não pode a mente humana conceber uma prole em período não sintonizado com o fluxo e refluxo das ondas cósmicas.

Daí a necessidade do silêncio, da introspecção, da meditação.

Só pode receber quem é receptivo.

Nada pode o indivíduo sem o Todo — tudo pode o indivíduo com o Todo.

O que produz grandes efeitos, nos planos físico, mental ou

espiritual, não é a pequena vontade consciente do indivíduo, mas a grande vontade oniconsciente do Universo, quando ela se revela poderosamente através do ser humano devidamente receptivo.

O consórcio do pequeno ritmo humano com o grande ritmo divino não conhece impossíveis.

"Tudo é possível àquele que tem fé"...

6. O princípio da causa e do efeito

"Cada causa produz o seu efeito. Cada efeito tem sua causa. Tudo acontece segundo uma lei. Acaso é o nome de uma lei desconhecida. Há muitos planos de causalidade, mas nada escapa à lei."

De acordo com todos os grandes pensadores da humanidade, Hermes e sua escola proclamam o império universal da causalidade no âmbito do mundo fenomenal. Nada acontece ou começa a existir sem causa.

Um derivado lógico desse princípio estabelece: o efeito não pode ser maior que sua causa, ou causas. A razão deste segundo princípio é evidente, pois, se um efeito fosse maior que sua causa, uma parte desse efeito — a parte excedente à causalidade — existiria sem causa, o que é intrinsecamente impossível.

Embora a diferença entre *causal* e *casual*, externamente, consista apenas na transposição de uma letra, é, na realidade, infinita, porquanto uma idéia é a negação radical da outra: a causalidade nega essa presença universal. Ora, se o mundo é, de fato, um cosmo em todas as suas partes, isto é, um sistema de ordem regido por uma lei invariável, é claro que nada acontece sem lei ou por acaso. O acaso denota uma causa oculta e ignorada. O sujeito cognoscente dotado de conhecimento imperfeito admite o acaso; o conhecedor perfeito não admite acaso, mas proclama a causa universal.

O princípio da causalidade universal está baseado, em última análise, no grande princípio fundamental da identidade, porquanto, o que chamamos efeito não é, na realidade outra coisa senão a própria causa parcialmente revelada nesse evento; ora, algo parcialmente revelado é parcialmente idêntico ao revelador. A própria palavra "efeito" — derivada de *effectus*, que, por sua vez, vem de *ex* e *factum* — nos diz que um efeito é algo *feito* de um *fato*, algo menor que saiu de algo maior. O *fato*, concebido como uma espécie de contenedor ou receptáculo é, naturalmente, maior que o conteúdo contido nesse recipiente. Seria intrinsecamente contraditório admitir um conteúdo maior que seu contenedor, ou seja, um efeito maior que sua causa.

A maior dificuldade, no terreno da concepção da causalidade, consiste na circunstância de que, à primeira vista, o efeito parece estar fora da causa, assim como um projétil expelido por uma arma está fora dessa arma. Se assim fosse, se o efeito fosse separado de sua causa, e não imanente na mesma, o efeito estaria unido à sua causa apenas antes da efetuação, mas dela separado depois de efetuado. O efeito, depois da causação, deixaria de inerir à causa, sendo dela separado, assim como uma bala de espingarda está separada da arma depois de expelida por ela. Nesse caso, teríamos a união de causa e efeito apenas durante certo tempo, anterior à efetuação atual, e a separação deles no tempo posterior a essa efetuação. Teria havido união de causa e efeito no passado, mas não no presente e futuro.

De fato, é esta a concepção geral; a causa é anterior ao efeito, e o efeito é posterior à causa; o *anterior* implicaria em *união*, e o *posterior* denotaria *separação*. Neste caso, o efeito, depois de separado da causa, poderia existir sem causa, e, mesmo que a causa desaparecesse de todo e para sempre, o feito continuaria a existir indefinidamente, uma vez que nada mais o ligaria à causa. Neste caso, teríamos uma *efetuação inicial* ligada à causa, mas um *efeito continuado* separado da causa. Se assim fosse, a causalidade seria necessária apenas para a iniciação do efeito, mas desnecessária para a continuação do mesmo.

Entretanto, o princípio da causalidade, tomado em sua genuinidade e inteireza, nega que a causação seja apenas inicial, afirmando que ela é tanto inicial como continuada e que o efeito não existe um só instante separado de sua causa.

O princípio da causalidade assim formulado parece contradizer a experiência cotidiana de qualquer pessoa. Tomemos alguns exemplos corriqueiros: a semente, segundo a opinião comum, é considerada como a causa da planta, o ovo como causa da ave, os pais como causa conjunta do filho, etc. Ora, a planta, a ave, ou o filho podem perfeitamente continuar a existir depois que as suas respectivas causas — a semente, o ovo, os pais — deixarem de existir. Logo, não existe uma causalidade continuada, senão apenas inicial.

Nos exemplos acima aduzidos, e inúmeros outros similares, a

palavra "causa" é tomada em um sentido aparentemente exato, porém realmente errôneo. De fato, não existem *causas*, no plural, só pode existir uma *causa*, no singular. As supostas causas nos casos acima mencionados não passam de pseudocausas; a causa real é um agente intrínseco e permanente, ao passo que, a causa aparente, a contradição, é apenas um agente extrínseco e transitório.

Dizer a um homem não habituado a um modo de pensar integralmente lógico e objetivo — e são pouquíssimos esses homens lógicos — que a semente não é a causa real da árvore, nem o ovo a causa da ave, nem os pais a causa do filho, é cair na suspeita de ser "anormal", porquanto o grosso da humanidade está convencido de que esses fatores são as verdadeiras causas dos ditos fenômenos chamados efeitos.

No entanto, é rigorosamente verdade que esses fatores não são as causas reais dos ditos fenômenos, senão apenas suas condições, veículos ou canais.

Sirvam de exemplos ilustrativos as seguintes comparações. A água vem do encanamento, a luz solar vem da janela aberta — são locuções correntes, mas em si falsas. A água não vem *do* encanamento, mas apenas *através* desse conduto; como a luz solar não vem *da* janela, e sim *através* da mesma. Exatamente falando, *de*, *do*, *da*, indicam a causa, ao passo que *através*, *por*, *por intermédio*, ou outra partícula equivalente, denotam o veículo, o canal, a condição por meio dos quais a causa se manifesta. Assim, a saúde não vem *do* remédio, mas vem da natureza através do remédio. (A própria palavra "remédio" ou "medicina" indica esta função, entre a infinita saúde do cosmo e o homem não devidamente harmonizado com o grande Todo). Se a condição funciona corretamente, ela remove o obstáculo que obstruía a passagem entre a causa e o desejado efeito, e destarte a causa, antes impedida de agir, age e produz o efeito. O encanamento não causa água, como a janela aberta não causa luz, nem os pais causam o filho, nem a medicina causa a saúde — todos esses agentes não fazem senão veicular ou canalizar algo contido na causa.

Entre parênteses, todas essas comparações são imperfeitas, uma vez que nem a fonte, nem o sol, nem a natureza física são causa última e absoluta.

Qual é, pois, a verdadeira causa de todos esses efeitos?

Antes de tudo é necessário abolir o plural de causa: não há causas, há só uma causa, ou antes CAUSA.

O que é essa CAUSA única?

É o Todo, o Universo, o cosmo, o absoluto, o infinito, a realidade eterna e autônoma. Convém que o homem se habitue a considerar o Universo como um imenso reservatório de energia vital e espiritual, um oceano sem praias nem fundo de vida e espírito, eterno, infinito, absoluto, auto-existente. Nesse pélago imenso estão contidas todas as forças em estado universal, e essa energia universal se individualiza parcialmente, sem cessar, criando os mundos individuais de fenômenos vários. Essa individualização da energia universal principia, aqui na terra, com formas simples, ligeiramente individualizadas, isto é, de baixo grau de vida e consciência. Através dessas formas primitivas e grosseiras fluem as forças cósmicas — como água através de canais, como luz através de janelas e portas abertas, como sanidade através da medicina — rumo a formas cada vez mais individualizadas, sutis e conscientes. As formas inferiores do mundo fenomenal funcionam, pois, como canais ou veículos para as formas superiores, mas não como causas ou fontes originais. São causas segundas, e não Causa Prima. As águas de um rio não vêm do rio, nem da nascente desse rio no sopé de algum monte, mas vêm do oceano, donde essas águas subiram em forma de tênues vapores tangidos pelas aragens de todas as latitudes e longitudes do espaço, até se condensarem em nuvens, que caíram em forma de chuvas, se infiltraram no solo, onde concluíram em determinados pontos idôneos e daí brotaram em forma de nascentes, que demandaram a vastidão do mar — e recomeçam o ciclo da sua peregrinação. É claro que o mar, embora seja uma espécie de "causa" dos rios deste planeta Terra, não é a verdadeira Causa Prima em sentido absoluto, porque essas águas oceânicas também são derivadas de outra fonte, anterior, a qual, em última análise, exige uma fonte que não seja derivada; exige uma fonte ou causa autônoma, independente, absoluta, eterna, infinita — uma causa não causada, um produtor não produzido, uma Realidade auto-existente que contenha a razão da sua existência em sua própria essência.

Essa distinção entre o *de* causal e os *através* condicionais faz jus tanto à lógica como aos fatos históricos, porque a lógica exige uma causa universal e única de todos os efeitos individuais — e os fatos históricos provam que as formas superiores vieram através de formas inferiores.

A ciência empírica não provou nem jamais provará que as formas superiores do mundo orgânico, ou mesmo inorgânico, vieram *de* formas inferiores, porque o que é intrinsecamente impossível não aconteceu nem pode acontecer jamais; a ciência provou que as formas superiores vieram *através* de formas inferiores, e isto não envolve contradição alguma.

Tempo houve em que a humanidade admitia a lógica sem os fatos, proclamando Deus como causa de todas as coisas.

Veio depois o período revolucionário que afirmava os fatos à custa da lógica, doutrinando que o *menor* tinha produzido o *maior*, que o *inferior* era pai do *superior*.

Hoje em dia, no ocaso do segundo milênio da era cristã, está a elite da humanidade começando a enxergar mais claramente a verdade total, associando a lógica aos fatos e explicando os fatos à luz da lógica. A humanidade pensante e livre de preconceitos atávicos admite, hoje em dia, a causa única e universal de todas as coisas, juntamente com as causas segundas e individuais, no vasto mundo dos fenômenos. Hoje, o verdadeiro "crente" pode ser o maior dos "evolucionistas" e o mais inteligente dos "evolucionistas" pode ser o "crente" mais devoto. Para o crente pensante, ou o pensador-crente, o Deus da fé deixou de estar em pé de guerra com o Deus da ciência (ou, talvez, o Satanás da ciência, como alguns prefeririam dizer). A humanidade avançada despede-se de todos os velhos dualismos, filhos da ignorância, e começa a ser integralmente unitária, proclamando a eterna unidade e unicidade da Causa Prima revelada na pluralidade temporal dos efeitos individuais. Todas as periferias multicores do universo fenomenal convergem no grande centro incolor do eterno Númeno. O homem avançado enxerga, para além das cores múltiplas do prisma da criação, a luz branca do Creador, causa e fonte única daquelas. Para ele, Creador e creaturas formam um maravilhoso TODO, imenso oceano de absoluta unidade, em cujas profundezas se afogaram, finalmente, todas as dualidades e todos os pluralismos da superfície.

Assim como o verdadeiro crente não pode admitir o evolucionismo em sua forma mecânico-materialista e antilógica — da mesma forma não pode o verdadeiro evolucionista voltar a professar um Deus-indivíduo, um Deus-super-homem, um Deus-Papai Noel, um Deus feito à nossa imagem e semelhança, como sendo a origem de todas as coisas. Quem admite um Deus-indivíduo, por maior que conceba esse indivíduo, professa ateísmo, embora se diga teísta. Nenhum indivíduo é universal, eterno, infinito, absoluto, onisciente — atributos esses inseparáveis da Divindade. Os que se aferram a um Deus-indivíduo com medo de adorarem um "Deus inconsciente", não sabem o que fazem. A Oniconsciência, ou Pleniconsciência, é incompatível com o indivíduo, mas inseparável do Universal, do Absoluto, do Eterno, do Infinito, do Todo.

Há quem rejeite a idéia de um Deus-Universal, com medo de sacrificar o que ele chama a "personalidade" de Deus, transformando-o em uma "coisa impessoal", com a qual, naturalmente, não poderia o homem entrar numa íntima correspondência de compreensão e amor, assim como não poderia entrar em comunhão pessoal com algum acumulador elétrico impessoal. Ignoram esses tais que Deus, não sendo pessoa ou personalidade, nem por isso se torna impessoal ou perca a sua personalidade. Há um plano de seres sem personalidade por *deficiência* de perfeição, como todo o mundo infra-humano – e há um plano onde não impera a personalidade devido à *plenitude* da perfeição, o mundo da Divindade. Deus não é *pessoal* nem *impessoal*, mas *onipessoal* ou *plenipessoal*. Pensar que um ser *semipessoal*, como o homem, não possa entrar em comunhão de compreensão e amor com o Ser *plenipessoal*, que é Deus, é confundir lamentavelmente o *plenipessoal* com o *impessoal*, a plenitude da luz meridiana com a ausência da luz à meia-noite. Verdade é que, se um homem imprudente fitar em cheio o sol do meio-dia, esse excesso de luz lhe parecerá treva noturna, não por deficiência de luz da parte do *objeto*, mas por incapacidade visual da parte do *sujeito*; o remédio não está em diminuir a luminosidade do sol, mas em aumentar a capacidade do homem.

Por que é que muitos homens recusam aceitar um Deus Universal, preferindo-lhe o seu pseudodeus individual, tipo Papai Noel? Unicamente por deficiência de evolução e incapacidade espiritual.

* * *

A filosofia hermética não desenvolve claramente todos os pontos acima expostos, nem o poderia fazer por falta de suficiente material empírico; entretanto, julgamos necessário alargar-nos neste particular para indigitar nitidamente a direção geral dessa vasta e profunda torrente de idéias elaboradas no antigo Egito.

7. O princípio do Gênero

"Tudo é gênero, masculino e feminino, em todos os planos do Universo."

Gênero — Do latim *genus* ou do grego *genos* — indica um sistema de dualidade entre duas forças coordenadas de modo que uma delas seja *doadora* e outra *recebedora*, não podendo a segunda produzir sem que seja impelida pela primeira.

Note-se, de início, que *gênero* não quer dizer *sexo*. Sexo, como a própria palavra indica — sexo é seção, corte, parcela, segmento — é apenas uma aplicação peculiar, no mundo dos organismos superiores, do princípio universal do gênero, que abrange o Universo inteiro, material, mental e espiritual, orgânico e inorgânico. A confusão de gênero com sexo tem levado certas religiões e países inteiros a deploráveis excessos, atribuindo bissexualidade (hermafroditismo) à Divindade e procurando "divinizar-se" pela mais abjeta luxúria ritual. No tempo em que o apóstolo Paulo visitou a opulenta cidade de Corinto, meados do primeiro século cristão, existia, na parte mais elevada da cidade, um famoso templo dedicado a Afrodite (Vênus), com nada menos de um milheiro de *hierodules* ou sacerdotisas que, em virtude de um voto religioso, se prostituíam periodicamente em público, durante as cerimônias cultuais, em honra da deusa do amor. Procuravam, destarte, simbolizar a natureza e função dualista, masculino-feminina, da divindade. Uma das causas da decadência da antiga Índia está, sem dúvida, no repugnante culto do *phallus*, ou *linga*, emblema do órgão sexual masculino, representado em praça pública e venerado como divindade procreadora.

Devido à facilidade com que o homem imaturo descompreende, para detrimento seu, verdades profundas, bem andaram os grandes iniciados de todos os tempos e países em cercar essas verdades de impenetráveis muralhas de profundo silêncio ou misterioso simbolismo, permitindo tão-somente a um pugilo seleto de homens superiores penetrar nesse "círculo esotérico" (interior), ao passo que outros, menos compreendedores só conheciam os "átrios exotéricos" (externos) do santuário. A palavra "hermético" equivalia, às margens do Nilo, ao termo "esotérico" ou "iniciado". Os "exotéricos", ou "profanos", naturalmente interpretavam às avessas certas verdades profundas que porventura lhes chegassem aos ouvidos, transtornando, não raro, completamente, o verdadeiro sentido da grande verdade ou abafando-a sob um acervo de superstições. Foi o que aconteceu com o princípio hermético do gênero. O Cristianismo primitivo das catacumbas era profundamente "esotérico"; mais tarde, infelizmente, prevaleceu na igreja cristã, sobretudo entre os líderes político-hierárquicos, o elemento "exotérico", degenerando, aos poucos, em mera teologia eclesiástica, dogmatismo e casuística. Haja vista o que a teologia exotérica fez das grandes verdades dos "sacramentos" (*mysterion*, em grego), da divina trindade, da concepção virginal de Jesus, da sua morte, ressurreição e ascensão e, sobretudo, dos mistérios máximos do batismo e da eucaristia. Conservou-se a casca externa dessas verdades, depois de se lhes ter sacrificado a medula interna. Com efeito, o cristão iniciado na verdade profunda do "tomai e comei, isto é o meu corpo — tomai e bebei, isto é o meu sangue", só pode presenciar com dor e horror a deslumbrante vacuidade de algum "congresso eucarístico" ou ouvir as frases ocas que algum moderno pregador teça em torno do efeito automático do batismo.

Bem preveniu Jesus os seus discípulos de que não dessem as coisas sacras aos cães nem lançassem as pérolas aos porcos...

Voltando ao nosso assunto: o princípio hermético do gênero não equivale à idéia do sexo no terreno orgânico, mas sim, se assim quisermos, ao do masculino-feminino no panorama metafísico, absoluto, universal.

O mundo inteiro, desde o Númeno até os fenômenos, está permeado de uma dualidade de forças que se completam e integram, como já foi dito, em parte, no capítulo sobre polaridade e correspondência.

Deus é UM em sua essência, mas é MUITOS em sua atividade. O que sabemos de Deus — o seu corpo, por assim dizer — é pluralístico, mas essa pluralidade assenta alicerces na unidade. Esta é, digamos, o princípio ativo, positivo, masculino, fecundante — aquele, o princípio passivo, negativo, feminino, fecundado. A "natura naturans" de Spinoza é o princípio recebedor ou causado. Quando o grande filósofo luso-holandês afirmou que o mundo era o corpo de Deus e que Deus era a alma do mundo, a sinagoga de Amsterdã, incapaz de tão altas cogitações, excomungou o maior e mais espiritual de seus filhos, como herege, panteísta, ateu — quando, na realidade, Spinoza não fizera senão repetir a quintessência da sabedoria de todos os séculos e milênios da humanidade, enunciando a dualidade fenomenal de Deus baseada na sua unidade numenal.

Santo Agostinho, depois de viver três decênios de doloroso dualismo dentro de si mesmo, procurou abolir essa dualidade do Deus uno, não no sentido do unismo neoplatônico e hermético, mas no sentido de um *niilismo* teológico profundamente ilógico e irracional. Rejeitou a idéia do gênero, isto é, que fosse da íntima natureza de Deus revelar a unidade da sua essência na pluralidade das suas aparências ou dos mundos; quis fazer crer que o ato criador de Deus, longe de ser da essência divina, era apenas resultado de uma livre decisão da sua vontade; Deus creou os mundos, não porque isto fizesse parte da sua natureza divina, mas porque assim resolvera fazer, livre e arbitrariamente. E os mundos surgiram da imensa vacuidade do nada — e não da imensa plenitude do Todo.

Hermes Trismegistus, porém, de acordo com todos os grandes gênios da humanidade, sabe que Deus é creador em virtude da sua divindade. Na divindade revela-se, por assim dizer, a paternidade — na creação, a sua maternidade. O invisível UM da paternidade aparece visível nos MUITOS da maternidade; esta dá à luz o que aquele gerou. Deus é um "Deus desconhecido" em sua eterna essência divina — Deus-Pai revelado como Deus-Mãe. *Brahman* se revela em *Maya*.

* * *

Em capítulo anterior já nos referimos ao maravilhoso princípio da polaridade e correspondência, ou seja, diferenciação e integração do mundo físico, sobretudo nos domínios da eletrofísica e da técnica atômica e nuclear.

Sabemos hoje em dia que os prótons, ou núcleos atômicos, representam o pólo positivo elétrico, ao passo que as diversas órbitas, 1 a 7, que os elétrons descrevem ao redor desse centro, equivalem ao pólo elétrico negativo.

Sabemos, outrossim, que o mundo está repleto de *elétrons* livres, isto é, de focos dinâmicos negativos não associados a focos positivos (prótons). Todos os fenômenos da eletricidade, dos raios-X, da luz, do calor, etc., estão baseados na existência e na atividade desses elétrons soltos.

O nome "negativo" dado a esses centros dinâmicos é profundamente inexato, injusto e ilusório, porquanto não há nada mais positivo e ativo que esses elétrons emancipados. Por isto, a ciência moderna faz bem em lhes chamar "cátodos" (derivado de *katá* e *hodós* — caminho descendente, descida). Há quem considere os cátodos como elementos femininos de cuja presença, aparentemente negativa, dependem as atividades multiformes, os mais grandiosos e mais deslumbrantes fenômenos da natureza. A própria vida, vegetal, animal e racional, não funcionaria sem a atividade desses misteriosos elétrons, que representam a mais etérea condensação da energia "materializada", princípio básico da chamada "matéria". Os elétrons se acham como que na zona fronteiriça entre o mundo da energia e da matéria, participando das propriedades de ambos; energia materializada ou matéria energizada. Quando o elétron se torna bivalente chama-se nêutron, espécie de ser hermafrodita.

O elétron é "solteiro", o nêutron é um elétron "casado".

Os elétrons, ou centros catódicos da energia universal, revelam caráter nitidamente "feminino", atraindo com o chamariz da sua dinâmica "negatividade" as tendências positivas dos prótons (masculinos), obrigando-os a sair da sua aparente inatividade e a vibrar em direção aos elétrons. Os elétrons atualizam a latente potencialidade dos prótons. Não obrigam o próton a vibrar, mas este, percebendo a presença do elétron, sente despertar dentro de si um como que irresistível instinto de união; é atraído, encantado, arrebatado pelo silencioso desafio do elétron e começa a corresponder à suave violência da fascinante companheira eletrônica. O resultado desse "casamento" de elétron e próton é o átomo, que é como que a família fundada por *ela* e *ele* (dizemos *ela* e *ele*, e não vice-versa, porque quem começa todo esse romance eletroprotônico é ela, o elétron, por sinal que sua *passividade* é meramente aparente – na realidade, uma veemente atividade e positividade).

Possivelmente, o próton "julga" que foi ele que iniciou a fundação dessa família atômica, ignorando que o elétron, negativamente positivo, passivamente ativo, é que deu o primeiro impulso para a formação desse consórcio.

É tempo para se escrever um romance sensacional sobre os "amores" que se desenrolam no mundo atômico...

* * *

A psicologia, a psicanálise e a psiquiatria dos nossos tempos sabem que o mesmo princípio dualista-unista permeia a vida humana. Que é o objetivo e o subjetivo, o consciente e o subconsciente, o voluntário e o involuntário, o ativo e o passivo, senão outras tantas manifestações da dualidade do nosso Eu mental e espiritual em vias de unificação? Os "pares" e "ímpares" de Pitágoras são apenas um outro modo de exprimir esta mesma verdade antiqüíssima.

Nada de grande acontece no mundo humano sem que haja cooperação de subconsciente e consciente, das potências noturnas das profundezas e das potências diurnas das alturas[20]. Do subconsciente vem, por assim dizer, o material; do consciente vem a direção; aquilo é "Dionísio", isto é "Apoio", diria Nietzsche; aquilo é "ampère", isto é "volt".

Força sem luz é destruidora; luz sem força é impotente. Que pode fazer um atleta cego? Que pode fazer um vidente paralítico? Mas a força do vidente ou a vidência do forte realiza estupendas maravilhas.

Que seria um amor criado unicamente pelas potências abismais do instinto subconsciente — e que seria um amor engendrado exclusivamente por atos da vontade consciente? Entretanto, o consórcio dos demônios do subconsciente e dos anjos do consciente celebram prodígios de força, verdade, beleza e felicidade.

O *Eu* individual não integrado no *Nós* universal gera insuportável egoísmo. Por outro lado, uma sociedade que constasse apenas de *Eus* amorfos e sem individualidade característica seria intoleravelmente enfadonha e monótona.

---

[20] Ver o livro do autor *Problemas do espírito*, primeiro capítulo intitulado "Zona diurna e zona noturna da alma".

Gautama, o Iluminado
(Buda)

A filosofia da negação e da afirmação da vida

Entre o sexto e o quinto século antes de Cristo nasceu em Lumbini, uma província do Nepal, o filho de um poderoso príncipe do trono de Kapilavastu. Veio à luz debaixo de uma árvore à beira da estrada, quando sua mãe, a rainha, se achava em viagem à casa de seu pai.

Puseram ao recém-nascido o nome de Siddhartha. O seu sobrenome é Gautama (ou Gotama).

Gautama foi educado por entre o conforto e o luxo do palácio real de seus pais, desconhecendo os sofrimentos do resto da humanidade. Certo dia, porém, aos 19 anos de idade, quando empreendia um passeio a cavalo pelos domínios régios, o jovem topou com um mendigo estendido à beira do caminho, semimorto de fome e fadiga. Abalou-se profundamente a alma do príncipe, que nada vira senão bem-estar e grandezas.

No dia seguinte, prosseguindo na sua excursão, Gautama encontrou-se com um velho trôpego que se arrastava penosamente pela estrada, arrimado a muletas, sofrendo grandes dores a cada movimento.

No terceiro dia o príncipe defrontou-se com um cortejo fúnebre, que levava ao lugar da cremação o corpo de um jovem falecido na flor da idade.

Pobreza, doença e morte[*] — é esta a quintessência da vida

---

[*] Na atualidade, depois que o Ocidente teve acesso a novos trabalhos

humana, aqui na terra? — ponderava Gautama, enquanto regressava ao palácio real.

Não, não é possível! — bradava sua alma ávida de vida e felicidade. — Não é possível que esta seja a condição normal da existência humana. Se a natureza toda em derredor é um permanente hino de vida, alegria, beleza e felicidade, por que seria o homem um repositório de miséria, fealdade e sofrimentos? Donde vêm todas essas tribulações? São elas a expressão da vontade cósmica, das leis do Universo — ou é o próprio homem o autor dessas misérias? E, se ele é o autor das mesmas, por que não as poderia abolir?

Desde esse dia, foi a vida de Gautama uma permanente meditação sobre os males que afligem a humanidade, sua causa e seu remédio.

Numa dessas noites, à meia-noite em ponto, ergueu-se do leito o jovem príncipe, abandonou sua esposa e filhinho dormentes, deixou o palácio real, e, sem nada senão a roupa do corpo, desapareceu. Durante 6 longos anos peregrinou, incógnito, pela Índia, mendigando o seu sustento de porta em porta ou alimentando-se de raízes e ervas silvestres, sofrendo voluntariamente todos os horrores a que está exposta a vida de um mendigo anônimo. É que não podia tolerar o pensamento de que milhares e milhões de seres humanos vivessem em dores e miséria quando ele vivia na abundância. Quis ser igual ao mais pobre dos pobres, porque era intenso em sua alma o senso da solidariedade da família humana. À força de jejuns e macerações chegou a tal extremo de magreza que, segundo a sua própria expressão intuitiva, quando com a ponta do dedo apertava o estômago, sentia através dele a espinha dorsal.

É que Gautama Siddhartha havia descoberto a grande verdade, como ele entendia nesse tempo, que todos os sofrimentos humanos vêm de uma única fonte: *do desejo impuro do ser indivíduo*. O homem, na sua essência, era eterno e universal; mas concebera o desejo impuro de se individualizar, de ser um ego pessoal. Em conseqüência desse desejo, a eterna essência do homem (alma) se individualizou por meio da encarnação (concepção) e começou a

---

de pesquisa sobre a vida do Buda, chegou-se a um consenso de que Buda, nesse passeio, deparou-se com um velho, um doente, um morto e um sábio. (N. do E.)

viver neste planeta material, dominado pelo egoísmo, que não é senão a voz da natureza individualizada. O estado natural do homem era o da universalidade (nirvana), donde decaiu.

Ora, como o grande pecado do homem é a sua individualização, base do seu egoísmo e de todos os sofrimentos dele derivados, é lógico que o remédio desses males deva consistir no contrário, isto é, na desindividualização, ou seja, re-universalização. O homem, descido do nirvana da beatitude impessoal para o plano desta existência ilusória (*maya*), deve, por esforço próprio, voltar ao nível de que decaiu. Este regresso é possível unicamente pela destruição da ignorância (*avidya*) e pela aquisição da sapiência ou visão da verdade (*vidya*). O homem ignora a sua verdadeira natureza, identificando-se com o seu Ego pessoal, físico-mental, tornando-se, assim, egoísta, pecador, sofredor. Deve, pois, o homem chegar ao conhecimento da sua verdadeira natureza, que é impessoal, superindividual, universal, eterna. Deve convencer-se de que ele não é aquilo que parece ser, pelo testemunho dos sentidos e do intelecto; ele é a Realidade Universal, Absoluta, Eterna, apenas transitoriamente concretizada neste indivíduo.

O conhecido lema socrático "Conhece-te a ti mesmo!" gravado na fachada do templo de Delfos não é, como se vê, monopólio dos pensadores da Hélade; sintetiza, antes, a convicção de todos os grandes gênios da humanidade: o conhecimento do verdadeiro Eu humano é a chave da redenção, porque, enquanto o homem vive na ignorância de si mesmo, não pode ser libertado das conseqüências negativas dessa ignorância, que acarreta sofrimentos de todo o gênero. A ignorância escraviza, a sapiência liberta. "Conhecereis a verdade — e a verdade vos libertará."

* * *

Certo dia, após longos anos de dolorosas odisséias, estava Gautama sentado à sombra de uma frondosa figueira (*ficus religiosa*), imerso em profunda meditação sobre estas verdades — quando lhe veio a iluminação definitiva sobre o homem, esse desconhecido. Desde então, os seus discípulos lhe chamavam o "Iluminado", ou, "Buddha", em sânscrito.

A verdade definitiva, porém, era esta: que o grande mal do homem não está no *fato objetivo de ele ser indivíduo*, mas na sua *atitude subjetiva de individualidade*, ou, egoísta. Nenhum homem é responsável pelo fato histórico de se ter tornado um indivíduo; ele não se individualizou, mas foi individualizado por obra e mercê de terceiros. Ora, a felicidade do homem não pode depender de algo que não dependa dele. O homem não pode ser um autômato irresponsável, mas sim um agente consciente e verdadeiro autor do seu destino.

A filosofia de Gautama, o Buda, culmina no ponto onde começa o Evangelho de Jesus, o Cristo. O homem-indivíduo pode e deve ser um não-individualista, um altruísta, um ser totalmente permeado de amor. A universalização consiste no fato da expansão da consciência individual para a consciência universal. Deve o homem sentir-se um com Deus, a humanidade e o mundo. O homem cósmico é o homem perfeito e feliz. O homem perfeito é *cosmocêntrico*, *teocêntrico*, *onicêntrico*.

Desde então, quase aos quarenta anos de vida, começou Gautama a percorrer o mundo oriental, proclamando a grande verdade por ele vivida: que *a felicidade do homem consiste na vitória sobre o seu individualismo — assim como a sua infelicidade consiste em ser vítima desse individualismo*. Querer para si um bem que não queira do mesmo modo para todos os seus semelhantes é pecado, erro, ignorância e infelicidade. A experiência da unidade cósmica redime o homem de todos os seus males, porque é a expressão da verdade, da verdade libertadora.

Após essa iluminação, regressou o incógnito peregrino de corpo e alma para o palácio real, onde encontrou sua esposa e seu filho, já agora adulto; ambos associaram-se à vida de sapiência e santidade do esposo e pai, abandonando o luxo supérfluo, contentando-se com o necessário e iniciando vasta cruzada de beneficência social.

Quando o Buda sentiu aproximar-se o termo da jornada terrestre, pediu a seus amigos que o colocassem debaixo de uma árvore, onde a sua grande alma deixou o invólucro material. Nasceu, foi iluminado e desencarnou à sombra de uma árvore...

As quatro verdades nobres

Gautama, o Buda, sintetiza toda a sua filosofia de vida em quatro pontos lapidares, geralmente conhecidos como as "quatro verdades nobres". São as seguintes:

1) O *fato* — A vida humana é feita essencialmente de *sofrimento*, físico e moral.

2) A *causa* desse sofrimento universal é o *desejo de individualização*, que projetou a alma universal do homem ao plano concreto da materialidade terrestre.

3) O *remédio* a ser aplicado aos males da humanidade está no *conhecimento da sua verdadeira natureza* e, portanto, na libertação de toda a ilusão sobre si mesmo.

4) O *modo* de conseguir esse conhecimento é garantido pela meditação intensa e freqüente, ou seja, pela profunda introspecção, que faculta ao homem descobrir o elemento eterno e universal deste invólucro efêmero e temporal que os sentidos e a mente percebem.

O caminho óctuplo da redenção

A fim de condensar as suas próprias experiências e ensinar a seus discípulos o caminho da verdadeira felicidade, Gautama, o Buda, cristaliza a sua sabedoria em oito sentenças, o chamado "caminho óctuplo da redenção". É, em resumo, uma jornada sistemática e profundamente psicológica, de *maya* (ilusão) à verdade do *nirvana* (extinção do egoísmo).

1. *Retitude de conhecimento* — Antes de tudo, deve o homem atingir a realidade objetiva, sobre si mesmo e sobre o mundo[21]. Toda liberdade é filha da verdade, assim como toda escravidão é efeito da ignorância. Não adianta arquitetar uma filosofia ou religião, sobre meras fantasias e miragens inanes, por mais belas que sejam.

---

[21] Buda é, geralmente, considerado como o "grande ateu" entre os célebres "fundadores de religiões", porque nunca fala em Deus, no sentido da teologia ocidental. Para ele, Deus não existe como uma determinada entidade pessoal e consciente. Entretanto, quem lê com atenção os escritos do grande iniciado não pode deixar de perceber que ele admite um Ser Universal, superpersonal e superconsciente, que está para os indivíduos pessoais e conscientes assim como a Vida Cósmica está para os seres vivos da natureza, ou como a Consciência Universal está para os seres individualmente conscientes. Nunca nenhum oriental considerou o Buda como "ateu", mas antes como uma "alma ébria de Deus".

A verdade é o realismo absoluto. Melhor a mais crua das verdades do que a mais blandiciosa das ilusões. De fato, a verdade, conhecida como tal, é infinitamente bela. Por isto deve o homem possuir o reto conhecimento sobre o microcosmo do Eu e sobre o macrocosmo do Universo. A verdade, porém, é esta: que a Realidade é uma só, eterna, absoluta, infinita; e todas as coisas individuais não são senão sombras, reflexos ou irradiações dessa única Realidade. Quem toma por realidades autônomas essas manifestações derivadas e heterônomas é vítima de *maya*, palavra geralmente traduzida por "ilusão", embora o seu verdadeiro sentido seja "grande poder", quer dizer, a natureza visível considerada como o aspecto concreto de um grande poder invisível. O reto conhecimento da realidade objetiva é, pois, o requisito número um da redenção subjetiva.

2. *Retitude de motivos* — O que determina a vida do homem, sua felicidade e sua infelicidade, não é este ou aquele ato isolado e transitório, mas é a atitude permanente do seu Eu interior, de sua alma; o que decide não são, por assim dizer, as pequenas e grandes ondas na superfície do mar (atos), mas é o próprio mar (atitude). O *agir* do homem é externo, mas os *motivos* que o impelem a agir são internos, são as molas ocultas, a força motriz da sua existência. (Cf. as palavras de Jesus, no Sermão da Montanha sobre os atos externos do adultério, homicídio, etc., e seus secretos motivos).

Essa atitude interna, permanente, subconsciente, é a resultante de inúmeros atos conscientes e individuais; é uma como que vasta estratificação, um extenso subsolo inconsciente do nosso Eu consciente. Dessa zona noturna do Eu humano é que brotam as forças que impelem os nossos atos e que apenas na parte diurna, mais ou menos superficial, é que funcionam como motivos conscientes. Cada um dos nossos atos é um composto de subconsciente e consciente; da subconsciência vem a *força*, da consciência vem a *luz*, ou a direção. São os dois fatores que Nietzsche apresenta como "Dionísio" e "Apolo". É, pois, de decisiva importância para a vida humana praticar atos tais, na zona consciente, que, quando descerem às profundezas do subconsciente, contribuam para construir um substrato positivo e bom, que exerça influência benéfica sobre os atos que dele brotarem, caracterizando o total da vida humana.

3. *Retitude no falar* — A fala ou as palavras são a expressão externa da atitude interna, e ao mesmo tempo o veículo que comunica

ao ambiente social essa atitude; portanto, é de suma importância que a nossa fala seja sempre verdadeira, pura e benigna, levando a nossos semelhantes algo da nossa própria verdade, pureza e benignidade interior. Uma atitude negativa (má) produz palavras negativas (más) — assim como uma atitude positiva (boa) produz palavras positivas (boas).

4. *Retitude de atos* — Gautama, o Buda, como se vê, estabelece uma concatenação rigorosamente lógica entre suas idéias: do conhecimento verdadeiro resulta uma atitude correta; dessa atitude derivam palavras positivamente boas; e, cedo ou tarde, essa mesma atitude boa produzirá atos bons, em harmonia com essa disposição permanente do Ego; porquanto toda a árvore, boa ou má, produz frutos correspondentes à sua natureza, bons ou maus. Esses atos positivos são, naturalmente, incompatíveis com os atos negativos contrários. Por isto, o grande Iluminado indiano enumera uma série de atos negativos que o homem espiritual evita espontaneamente por serem inconciliáveis com a sua atmosfera interna positiva.

a) O homem espiritual *não mata* e *não fere* ser vivo algum. Neste particular, os discípulos de Buda se dividem em vários ramos. Alguns entendem ser contra a Vontade Cósmica destruir qualquer forma de vida; ao passo que outros, mais moderados, limitam esse conceito à vida animal, tanto mais que a vida humana seria praticamente impossível sem a utilização de seres vivos vegetais.

A utilização de seres vivos como alimento tem sido, e continua a ser, assunto de intensas controvérsias. É claro que não se trata do abuso de seres vivos, condenado por todo homem sensato, mas do uso moderado e razoável dos mesmos para fins de alimentação.

Para poder dirimir essa questão, deveríamos, antes de tudo, definir nitidamente onde começa a vida, quais sejam os seres vivos e quais não. Entretanto, qualquer linha divisória que se tenha traçado entre esses dois campos é simplesmente arbitrária, uma vez que nada existe realmente morto. Um ser absolutamente morto seria um não-ser, uma pura irrealidade, um nada radical; vida e realidade são termos idênticos. Onde há realidade ali há vida, embora, talvez, em grau ínfimo e praticamente inverificável pelos meios de que o homem dispõe. Disto sabiam os antigos "hilozoístas" (*hyle* — matéria; *zoé* — vida, matéria viva). Tratar-se-ia, portanto, não de uma distinção entre seres vivos e seres não vivos, mas tão-somente entre seres mais vivos e seres menos vivos, isto é, de uma vida em graus diversos, ou de intensidade vária. Ora, também os mais ferrenhos adversários da matança de animais matam plantas, seja em estado de vida atual, seja em estado de vida potencial (sementes). Uma vez que, como a ciência tem demonstrado, o homem, em virtude da sua constituição orgânica (dentadura, vias digestivas) é predominantemente *frugívoro* e moderadamente *herbívoro* (e não *carnívoro),* é indispensável que ele, para poder viver, mate a vida potencial, porém real, das sementes ou frutas de que se nutre. A ciência não consegue traçar linha divisória exata entre o mundo vegetal e o mundo animal, cujas zonas limítrofes se perdem em indefiníveis obscuridades, como também acontece entre estas duas províncias e a do mundo mineral.

De resto, nenhum homem disposto a observar as regras elementares da higiene pode deixar de matar diariamente milhares de seres vivos, usando sabão, sabonete, ou qualquer espécie de desinfetante ou anti-séptico, ou mesmo esterilizando uma seringa em água fervendo. Pelo simples fato de passar por uma estrada qualquer, sobretudo pelos campos, mata muito seres vivos sem o perceber. Ao homem que queira ser integralmente lógico na sua teoria de não matar, só lhe resta um expediente — morrer.

Talvez seja esta uma das grandezas de Jesus, não ter sido extremista, neste particular, nem para a direita nem para a esquerda. Não observou, nem estabeleceu para seus discípulos, regra alguma sobre o uso ou a abstenção de alimentos provindos de seres vivos. Sabemos que ele mesmo comeu do cordeiro pascal com seus amigos, que deu ordem a seus discípulos para lançarem a rede de pescar, capturando, de uma vez, 153 peixes graúdos; sabemos que, no domingo da ressurreição, comeu de um favo de mel e de uma posta de peixe que lhe foram oferecidos, e que, mais tarde, à praia do Genesaré, convidou seus discípulos para refazerem as forças com um almoço de peixe assado sobre um braseiro. Evidentemente, o homem mais espiritual que conhecemos não via incompatibilidade nestas coisas. Aliás, a verdadeira grandeza não está em *recusar*, muito menos em *abusar*, mas sim no *usar*.

b) O homem espiritual *não rouba nem furta,* porque esses atos nascem, não da necessidade da vida, mas do egoísmo e da cobiça. A natureza produz o suficiente para todos os homens que a queiram amanhar devidamente. A virtude não consiste na indigência, muito menos na opulência, mas na simplicidade da vida; o homem espiritual está satisfeito com aquilo que a natureza lhe oferece em troca de seu trabalho, como meio para manter a sua vida física e, por meio dela, ascender a maiores alturas espirituais.

c) O homem espiritual abstém-se de excessos sexuais. A alma não tem sexo. Mas, como o homem é essencialmente a sua alma, e não o seu corpo, é lógico que use as faculdades sexuais de um modo tal que não revertam em detrimento de sua alma. A abstenção sexual total é desaconselhável, mas o domínio sobre o instinto sexual é necessário. O homem realmente espiritual pode até utilizar-se das relações sexuais como meio de progresso espiritual, o que, todavia, supõe avançado estágio de evolução humana.

d) O homem espiritual abstém-se de *falsidade e mexericos*. A falsidade pretende desviar o homem, deliberadamente, da verdade, bem supremo da vida humana. Por isto toda a falsidade é intrinsecamente má. O autor de mexericos sofre do vício de afirmar as imperfeições, reais ou imaginárias, de seus semelhantes, ao mesmo tempo em que, geralmente, nega ou ignora as suas próprias.

e) *Abstenção da intemperança no comer e beber*. Toda intemperança é egoísmo, porque procura favorecer o gosto individual do corpo, sem tomar em consideração o bem-estar da alma e do homem integral.

Na intenção do Buda, a observância desses cinco preceitos forma como uma que muralha protetora contra influências negativas, facilitando assim, indiretamente, a conquista da realidade positiva e do homem integral.

5. *Retitude de profissão* — Todo homem deve exercer uma profissão que lhe garanta os meios necessários para a subsistência material. Essa profissão não deve, em si mesma, ser incompatível com o destino último do homem, nem deve ser de molde a não permitir ao homem dedicar-se a atividades espirituais. A profissão deve ser um meio, e nunca um fim em si mesma. É conveniente também que essa profissão corresponda à inclinação natural do homem, para que possa ser exercida não só com proficiência externa, mas também com satisfação e alegria interna.

6. *Retitude de esforço* — O reto esforço consiste em que cada um procure agir, dentro da sua profissão, o melhor possível. Ninguém deve contentar-se com resultados medíocres, mas deve aspirar à perfeição do seu estado e da sua profissão, porque o bem geral da humanidade depende da perfeição de cada trabalho individual.

Entretanto — e isto é de suma importância — ninguém deve depender, no seu esforço, dos resultados externos do seu trabalho, que nem sempre correspondem aos esforços envidados. O principal não é o resultado externo, mas o próprio esforço; pois a retidão desse esforço depende do homem, ao passo que os resultados nem sempre dependem dele. Nenhum homem sensato deve depender de algo que não dependa dele; do contrário, cairá de decepção em decepção, de infelicidade em infelicidade.

7. *Retitude de recordação* — A espiritualidade não é uma *aquisição*, mas uma *evolução*. A essência de todo homem é a divindade infinita, da qual o homem é uma individualização, suscetível de infinitos graus de desenvolvimento. Esquecer-se desta verdade equivale a ser vítima permanente de ignorância e erro; lembrar-se desta verdade é ser senhor do seu destino. É da íntima essência do Absoluto e Eterno querer manifestar-se sem cessar no plano do relativo e temporal. É próprio da divindade querer humanizar-se, para que o homem possa divinizar-se. Todos os atos do homem devem ser pautados por esta recordação do que ele é na realidade.

8. *Retitude de realização* — Através dessas etapas atinge o homem a sua auto-realização, tornando-se no plano da *ética* o que ele é no plano da *metafísica*; pois, uma vez que o homem é essencialmente divino, deve também agir como um ser divino, isto é, com suprema sapiência e amor.

* * *

A conhecida palavra sacra "AUM" (pronunciada OM) é a síntese de tudo quanto Gautama, o Buda, expõe no seu Caminho Óctuplo. O "A" significa a substância eterna e universal, Brahman, a Realidade única, na qual tudo está e que, na verdade, é Tudo; o "U" simboliza a individualização desse Universal no plano do mundo fenomenal, ou seja, a irradiação ou emanação das creaturas do seio Creador; o "M" representa o retorno do fenômeno individual para o Númeno universal, fechando o grande ciclo cósmico[22].

---

[22] Repare o leitor na forma e posição dos lábios ao pronunciarem o sacro trigrama AUM: abertos (A), semifechados (U), totalmente fechados

No plano das creaturas conscientes e livres existe a possibilidade de algumas delas quererem permanecer no estágio do "U", ou da individualização, recusando-se a fechar o círculo do "M" — e isto significa pecado e sofrimento. A redenção do homem está em completar espontaneamente o grande ciclo AUM [23], submergindo a pequena gota do Eu individual no vasto oceano do Tu universal, afogando o *maya* da ilusão no *Nirvana* da verdade.

E isto se faz pelo conhecimento da Verdade — a "Verdade libertadora".

M

(M), simbolizando intuitivamente a verdade espiritual da origem, continuação e consumação divina: Pai, Filho, Espírito Santo.

[23] Também as vibrações internas que acompanham a prolação dessas três letras favorecem, inconscientemente, a percepção das profundezas ontológicas do eterno Númeno (Brahman, Pai, Tese), a encarnação do Númeno no mundo fenomenal (*Atman*, Filho, Antítese), e a consumação final da ordem cósmica no espírito (Nirvana, Espírito Santo, Síntese).

Brahman, Atman e Maya na filosofia oriental

Deus, Alma e Mundo

Brahman é o Absoluto, o Infinito, o Eterno, o Todo, o Único, a Realidade, a Consciência Cósmica, a Alma do Universo.

Brahman não é algum *objeto*, mas um *sujeito*, aliás, o único Sujeito.

Brahman é a realidade universal e autônoma que se acha por debaixo de tudo como raiz, alicerce último, causa prima, produzindo e sustentando no seu existir e no seu agir todos os objetos do mundo fenomenal individualizado, sem que ele seja nenhum desses objetos nem a soma total deles.

Brahman não é, pois, algum ser individual, mas sim a realidade universal que precede, acompanha e segue todo e qualquer indivíduo do mundo fenomenal. Ele é o grande *Noúmenon*, o *Eidos*, o Yahveh, o Absoluto, o Um e o Todo, o ilimitado Oceano sobre cuja superfície aparecem, desaparecem e reaparecem sem cessar as pequenas e grandes ondas das entidades individualizadas.

Brahman, embora manifestável em incontáveis indivíduos, não é indivíduo, nem individualizável em si mesmo. Ele é essencialmente universal, imutável, alheio a qualquer mudança, aumento ou diminuição.

Brahman não tem forma, embora dele provenham todas as formas.

Brahman não tem cor, ainda que todas as cores do mundo periférico tenham nele a sua origem, assim como as cores várias de um prisma nascem da única luz incolor.

Brahman não tem atributo algum, porque qualquer atributo

supõe objeto que o veicule, mas Brahman não faz parte do mundo objetivo.

E, uma vez que Brahman não é objeto, também não é cognoscível pelos sentidos e pelo intelecto, porquanto a cognoscibilidade sensitivo-intelectiva tem invariavelmente como alvo e ponto terminal um objeto individual.

Brahman não *existe*, mas *é*; ele é a única realidade que de fato é. Existir, como a própria palavra diz (*ex-sistere* = estar por fora) é próprio dos fenômenos concretos e individuais, que foram "postos para fora" e "estão por fora" (existem) do grande sujeito universal, isto é, nasceram dele como outras manifestações, que, mesmo depois de manifestadas, continuam a inerir nesse mesmo sujeito produtor e sustentador.

Brahman não existe, portanto, mas é. Ele É com infinita intensidade, de modo que em caso algum pode deixar de ser. Brahman não *tem algum ser*, mas ele *é o SER*, o único SER. Fora dele nada é, embora muitas coisas existam.

Brahman é o único EU SOU (Yahveh), o único SER que é em virtude da sua própria essência, e por isto nunca pode deixar de ser, no futuro, assim como nunca deixou de ser no passado. Ele é, necessariamente, no presente, que é idêntico à eternidade.

Brahman não é *ele* nem *ela*, não é masculino nem feminino. Ele é neutro, não no sentido de *ausência* e *vacuidade*, mas no sentido de *presença* e *plenitude*.

Brahman não é neutro por *esterilidade*, mas sim por extrema *fecundidade*, reunindo em si o que há de positivo no *ele* e no *ela*, mas não na forma disjuntiva de bifurcação sexual, e sim no estado conjuntivo de perfeita unidade e fusão integral, como no tronco único e indiviso, anterior à dualidade dos galhos.

Brahman é tão intensamente fecundo que não pode ser masculino nem feminino, porque, no mundo fenomenal, cada sexo representa apenas parte da fecundidade, ao passo que Brahman é a plenitude da fecundidade total. O neutro humano, ou infra-humano, é assexual por deficiência — Brahman, porém, é assexual por abundância.

Brahman é tanto pai como mãe, embora não seja nem isto nem aquilo no sentido disjuntivo.

Não há vestígio de dualidade ou pluralidade em Brahman; nele só impera unidade absoluta, raiz de todas as pluralidades do mundo fenomenal. Só a mais perfeita não-dualidade é que pode ser causa das dualidades.

Não há em Brahman *positivo* nem *negativo*, mas há aquilo que é anterior a ambos e do qual provêm esses dois opostos.

Brahman é a "identidade dos opostos", não no sentido de sintetização realizada após as antíteses, mas no sentido de uma identidade neutra pré-antitética e pré-sintética. Não seria possível nem antítese nem síntese se, anterior às duas, não existisse a tese, a identidade dos opostos e do composto.

Todo e qualquer fenômeno do mundo objetivo é composto de positivo e negativo, em estados vários de tensão, equilíbrio ou polaridade — Brahman, porém, é anterior e superior a qualquer estado de tensão, equilíbrio ou polaridade, porquanto ele é ilimitado substrato, sujeito ou substância de todas as antíteses e sínteses.

Brahman é a grande TESE.

* * *

Ora, se Brahman não é cognoscível pelos sentidos e pelo intelecto, como é que o homem pode saber dele?

O homem só pode conhecer Brahman como *sujeito*, e não como *objeto*, quer dizer, na sua *unidade* real, e não na sua *dualidade aparente*. Qualquer conhecimento dualista ou pluralista é um pseudoconhecimento, uma ilusão; só o conhecimento unista ou monista é que é conhecimento real e verdadeiro.

Brahman só é cognoscível pelo homem no seu estado de Atman (alma), quando o homem, afastando-se de toda a dualidade e pluralidade do mundo periférico, inclusive da periferia dos sentidos e do intelecto, se abisma na imensa unidade essencial do centro, isto é, quando o homem mergulha nas profundezas do seu próprio ser e descobre a sua alma, que é o próprio Brahman como consciente ao homem.

Atman, de fato, não é outra coisa senão Brahman que se manifesta e é experimentado pela consciência do homem. A essência do homem é *Atman*, ou Brahman. Por isto, pode todo o homem dizer em verdade: "Eu sou Brahman", contanto que com esse "Eu" ele não entenda algum pseudo-eu, como seu corpo ou sua mente, mas o seu verdadeiro Eu, que é sua alma. O corpo e a mente são apenas duas formas individualizadas de Brahman, duas aparências ou manifestações efêmeras, mas não são Brahman em sua verdade e plenitude; ao passo que a alma, ou *Atman*, sendo Brahman em toda a verdade e plenitude, é realmente idêntica a Brahman.

A seguinte oração védica, conhecida de todo cultor de Brahman, exprime nitidamente a completa identidade entre *Atman* e Brahman. Diz o orante:

"Eu sou Deus, nenhuma outra coisa senão Deus.
Realmente, eu sou Brahman, a Realidade Cósmica.
Imperfeição não faz parte da minha consciência.
Eu sou Consciência-Ser-Gozo Absolutos.
Eu sou eterno.
Eu sou livre.
Eu sou o que sou.
Não há mudança em mim."

O homem profano identifica o seu Eu (alma) com algum dos seus pseudos-eus (corpo, mente), e vive nessa ilusão sobre a sua verdadeira natureza, portanto, sobre o próprio Deus.

Conhecer-se a si mesmo é, pois, idêntico a conhecer a Deus. Quem conhece a verdade sobre o Eu conhece a verdade sobre Deus (e, como veremos, a verdade sobre o mundo).

A conhecida oração de Santo Agostinho: *Deus, noverim te ut noverim me* (Deus, conheça eu a ti, para que conheça a mim), bem como a célebre inscrição do templo de Delfos: *Gnôthi seautón* (conhece-te a ti mesmo), resumem, na sua brevidade lapidar, esta mesma verdade. E que outra coisa significariam as palavras de Jesus: "Eu e o Pai somos um", "O Pai está em mim e eu estou no Pai"?

Daí a necessidade que o homem tem de introspecção, meditação, oração. Tem de entrar dentro de si para descobrir sua alma, a fim de saber o que é Deus. Enquanto o filho pródigo andava "fora de si", andava longe da casa paterna — mas no momento em que, como diz o Evangelho, "entrou para dentro de si", começou a regressar à casa de seu pai, e houve grande alegria e felicidade. A comunhão com Deus dentro da alma, pela oração meditativa, é o descobrimento de Deus, e, por isto, o início da vida realmente espiritual.

Deve o homem abandonar todas as periferias alheias a fim de encontrar o próprio centro; e, depois de descoberto o seu centro, pode e deve voltar às periferias, não para novamente perder o contato com o centro, mas para estabelecer um permanente contato e vivo intercâmbio entre os dois, *o Deus no Eu e o Eu em Deus*.

Há quem viva exclusivamente nas periferias, ignorando o centro (materialista agnóstico).

Há quem decida viver só no centro, abandonando para sempre todas as periferias (místico estático).

E há quem, depois de descobrir o centro, viva nas periferias e no centro ao mesmo tempo, porque quem de fato descobriu o Deus do mundo também descobre a Deus no mundo e o mundo em Deus (místico dinâmico).

A luminosa frase de Albert Schweitzer: "O Cristianismo é uma afirmação do mundo que passou pela negação do mundo", focaliza esta grande verdade. O homem profano afirma o mundo e nega a Deus. O homem semi-espiritual, o asceta, nega o mundo e afirma a Deus. Mas o homem pleni-espiritual, crístico, depois de negar o mundo a fim de afirmar a Deus, termina por afirmar o Deus do mundo e o mundo de Deus. Superou as duas antíteses do homem imperfeito, a antítese do materialismo agnóstico, e a antítese do espiritualismo ascético, e realizou a grande síntese do homem perfeito, a mística dinâmica, o Cristianismo integral. O homem plenamente humano, isto é, integralmente crístico, é um homem que vive no mundo sem ser do mundo; um homem que está em permanente contato com todas as periferias da vida cotidiana — material, social, comercial, industrial, política, nacional, internacional, etc., — mas não se desliga por um instante do centro divino, fonte do seu dinamismo realizador e da sua imperturbável paz e felicidade. Esse homem não vê necessidade alguma de sacrificar o seu santuário pelo mundo, nem o mundo por seu santuário, porque leva consigo o seu santuário íntimo aonde quer que vá.

Quando certo adepto do misticismo estático da Índia observou a Mahatma Gandhi que ele, para ser santo, devia refugiar-se em uma caverna, longe do bulício da sociedade, o grande místico dinâmico respondeu: "Eu tenho a minha caverna dentro de mim".

* * *

O conjunto das manifestações periféricas de Brahman, ou seja, o mundo, a natureza, o universo fenomenal, chama-se na filosofia bramânica "Maya", palavra composta de dois radicais sânscritos, "maha", que quer dizer "grande", e "ya", que significa "afirmação" ou "poder", ou seja, a "grande manifestação" ou a "grande afirmação" de Brahman.

"Maya", em si mesmo, não é idêntico a "ilusão", como é geralmente traduzido. O Universo não é uma ilusão, no sentido próprio da palavra; mas o homem ignorante facilmente cai vítima de ilusão em face do Universo, quando o toma por uma entidade autônoma, uma realidade independente, e não pelo que de fato é, uma simples manifestação efêmera de Brahman.

Os sentidos e a mente, incapazes de atingir a realidade universal, só acessível à alma, facilmente sucumbem ao erro de que os fenômenos individuais e transitórios do mundo sejam o Númeno, a Realidade permanente e absoluta. Aliás, todo homem simplesmente periférico vive na ilusão fatal, e, enquanto não se libertar dessa escravidão sensitivo-mental não pode atingir a verdade suprema e única.

A libertação dessa ilusão se faz pela assídua e intensa introspecção e contemplação espiritual do verdadeiro Eu humano, a alma; ou seja, pela freqüente imersão nas profundezas do oceano cósmico chamado Brahman, ou Deus.

* * *

A conseqüência imediata e inevitável da ilusão sobre si mesmo e sobre o mundo leva o homem a ser egoísta, ou pecador. Pois, quem identifica o seu verdadeiro Eu com o pseudo-eu sensitivo ou o pseudo-eu mental, acabará por agir necessariamente conforme essa falsa concepção, isto é, torna-se egoísta — seja egoísta corpóreo (sensual), seja egoísta mental (orgulhoso). Ora, tanto este como aquele tipo de egoísmo é pecado, pois todo pecado é egoísmo, e todo egoísmo é filho da ignorância e do erro.

Segue-se que o homem, para se libertar do pecado (egoísmo, ignorância, erro) deve conhecer a verdade sobre si mesmo, que é ao mesmo tempo a verdade sobre Deus e a verdade sobre o mundo.

O homem que conhece o seu verdadeiro Eu conhece a Deus e conhece a verdadeira natureza do mundo.

Conhecer a Deus no Eu é conhecer a Deus em Deus e conhecer a Deus no mundo.

De maneira que todo homem que encontrou a Deus em si vive em harmonia consigo, em harmonia com Deus e em harmonia com o Universo.

Representando graficamente esta verdade, teríamos o seguinte diagrama:

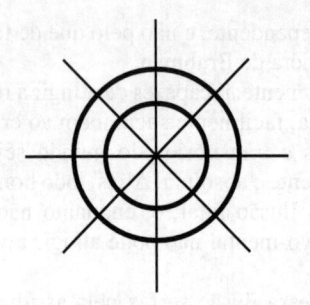

Nesta figura, o centro radiante representa a Deus; o primeiro círculo simboliza o homem, e o segundo representa o mundo. Como os dois círculos (homem, mundo) são concêntricos e unidos ao centro por meio de numerosos raios, que partem do centro e se lançam à periferia — assim o homem, radicando no centro divino, é concêntrico com Deus e com o mundo, isto é, *Atman* está em perene harmonia com Brahman e com *Maya*, o que significa não somente suprema *Verdade*, mas também suprema *Santidade* e suprema *Felicidade*.

O homem integral, perfeito, o pleni-homem, é, portanto, um ser que vive na clara, tranqüila e permanente consciência de Deus, e em permanente contato com o mundo. Não foge de Deus, porque sabe que Deus é a alma do mundo e a íntima essência de todas as coisas; nem foge do mundo, porque sabe que o mundo é obra de Deus e revelador do seu poder, da sua sabedoria, amor e beatitude.

O homem que descobriu o Deus do mundo no mundo de Deus, depois de descobri-lo no próprio Eu, é um homem definitiva e imperturbavelmente feliz.

Ele vive na luz meridiana da grande liberdade nascida da verdade — a "gloriosa liberdade dos filhos de Deus".

A imanência do Deus transcendente

A filosofia oriental, no intuito de descrever o modo como Brahman é *imanente* no Universo, recorre a uma série de símbolos, mais ou menos adequados, para concretizar essa inabitação do Infinito no finito, do Universal no individual, do Criador nas criaturas, do Todo em cada uma das suas partes ou manifestações.

Dizem os filósofos do Oriente que Brahman é presente no Universo assim como um torrão de sal dissolvido na água, que desaparece completamente como sal, continuando, porém, a existir como água salgada, igualmente difuso por toda a massa de água que o recebeu e o absorveu totalmente. Com efeito, não existe nessa água salgada uma só partícula onde a natureza do sal não esteja integralmente presente com toda a sua realidade.

Entretanto — *omnis comparatio claudicat*, toda comparação claudica, é imperfeita — também esta, do sal dissolvido na água, destinada a ilustrar a maneira como Deus é imanente no Universo. Não deve, pois, ser "urgida", tomada em sentido estrito. Embora todo aquele sal esteja em toda a água, todo o sal não está totalmente em cada partícula da água, senão apenas parcialmente. Aliás, isto acontece invariável e necessariamente toda vez que tomarmos duas realidades individuais como termos de comparação; uma nunca está integralmente na outra, devido ao fato da *tridimensionalidade* existente em ambos os indivíduos comparados. (Coisa análoga se poderia dizer da *triduracionalidade*, ou tempo.) Não há nem pode haver ser individual que não esteja no espaço, isto é, que não tenha três dimensões. Um ser tridimensional não pode estar em um outro ser *trimensional*, com a sua presença total em cada uma das partes desse ser; só pode estar totalmente no todo (suposto que os dois tenham a mesma dimensão) e parcialmente em cada parte. Tratando-se, porém, de um ser *indimensional* (Deus) como imanente em um ser *dimensional* (mundo), é claro que esse ser indimensional pode estar totalmente no todo e totalmente em qualquer parte do todo, uma vez que, para o ser indimensional, não existe essa suposta distribuição e justaposição de partes fora de partes. Essa extraposição de partes não é algo objetivamente real; espaço e tempo não são *objetos* reais e autônomos, mas são modos de *percepção sensória*; um ser não dotado de sentidos materiais nada sabe de tempo e espaço, que são categorias subjetivas de percepção sensitiva, e não realidades objetivas. Ora, se Deus não é um indivíduo dotado de órgãos de percepção sensitiva, não há razão alguma para lhe atribuirmos um modo de ser, e um modo de agir peculiares aos seres individuais sensitivos. Um ser indimensional ou está totalmente presente no todo e totalmente em qualquer parte — ou então não está presente de modo algum, está totalmente ausente; não pode estar semipresente e semi-ausente, como os seres individuais. Ora, como Deus não pode estar ausente de maneira nenhuma, segue-se que está integralmente presente, isto é, todo no todo e todo em qualquer parte do todo.

A *essência* total de Deus está igualmente presente num átomo ou num astro, como numa planta, num inseto, num animal, no homem ou no anjo — embora a *manifestação* dessa essência total não seja igual em todos os seres; e é do grau dessa manifestação da presença divina que depende a perfeição de cada indivíduo. Digamos: a presença de Deus em cada ser é igual a infinito, mas a manifestação dessa presença vai através de toda a escala das finitudes, desde o grau mais baixo até o grau mais alto. A unidade do Universo está baseada na essência divina, a variedade resulta das manifestações múltiplas e multiformes dessa essência única.

O modo como um ser dimensional está presente chama-se presença *circunscritiva* — o modo da presença de um ser indimensional chama-se presença *definitiva*.

Cada um de nós está circunscritivamente presente no mundo — Deus está definitivamente presente no Universo.

Tanto o *dualismo* como o *panteísmo* derivam de uma confusão ou noção obscura dessa onipresença de Deus. A presença definitiva de Deus não nos permite considerá-lo *apenas como transcendente* ao mundo, nem como *apenas imanente no mundo* – mas exige que o consideremos transcendente e imanente ao mesmo tempo.

* * *

Dizem ainda os filósofos da Índia que Deus está presente no Universo assim como a *energia* solar está presente na madeira, ou outro combustível, armazenada nessa substância em forma de fogo potencial, fogo esse que pode ser atualizado, voltando a ser o que foi antes: luz e calor solar. Assim está Brahman latente em todos os seres do universo fenomenal; porquanto todos esses seres são, de fato, Deus mesmo em forma parcial, ou seja, uma revelação parcial de Deus. O efeito não é, na realidade, outra coisa senão a causa parcialmente manifestada. Há quem apelide isto de "panteísmo", porque ignora o verdadeiro sentido desta palavra. Panteísmo seria identificar o fenômeno com o Númeno, o finito com o Infinito, a parte com o Todo, o efeito com a Causa, estabelecendo igualdade entre os dois termos. Entretanto, nunca existiu homem inteligente que afirmasse semelhante absurdo; nunca existiu um verdadeiro panteísta.

* * *

Dizem ainda os filósofos da imanência que Deus está presente no mundo assim como a *Vida* está presente no Universo, embora nada percebamos dessa vida cósmica ou universal; só quando ela se individualiza em alguma forma concreta, em algum organismo vivo, é que percebemos a presença da vida universal. Antes que houvesse no mundo um único organismo ou uma única célula viva, já existia a vida, porque ela é essencialmente eterna e universal; e, se fossem aniquiladas todas as formas individuais de vida, continuaria a existir, sem diminuição alguma, a vida universal, que não é a soma total dos seres vivos, mas a fonte e causa de todos eles.

* * *

Entretanto, ainda que Brahman seja imanente em todos os seres do universo fenomenal, ele não deixa de ser *transcendente*, infinitamente transcendente a todos eles. Quer dizer que não está exaustivamente revelado em nenhum desses seres, assim como a luz solar, refletida por milhares e milhões de gotas de orvalho (imanência) ultrapassa todas essas gotas, podendo refletir-se em incontáveis milhões e bilhões de outras gotas (transcendência). (Note-se, todavia, que esta comparação é imperfeita, uma vez que a luz solar, embora *relativamente* transcendente às gotas de orvalho, não é *absolutamente* transcendente às mesmas porque a comparação é feita entre dois finitos — quando, no caso de Deus e do mundo, a comparação é feita entre um Infinito e muitos finitos.) Se algum fenômeno individual pudesse abranger cabalmente a Deus, encerrá-lo em seu âmbito, exaurindo-lhe toda a realidade, ou esse *recipiente* seria infinito, ou o *recebido* seria finito — duas hipóteses intrinsecamente impossíveis e absurdas. E se cada fenômeno do Universo, como também a soma deles, é essencialmente finito, é claro que o Infinito os transcende infinitamente. E é precisamente aqui, como dizíamos, que está o fraco dos que acusam os imanentistas de panteístas. Com efeito, se Deus fosse apenas imanente, e não também transcendente, todo imanentista seria panteísta, quer dizer que estabeleceria perfeita identidade entre Deus e o mundo, e ainda entre Deus e cada um dos indivíduos do Universo, professando assim o mais evidente politeísmo.

* * *

Acontece, porém, que ninguém é mais antipoliteísta do que o imanentista; ele é o monoteísta por excelência, o único monoteísta genuíno e integral, isto é, ele é monista, ao passo que o monoteísta comum é apenas um pseudomonoteísta, porque, na realidade, é dualista, admitindo realidades finitas fora da Realidade Infinita. O monoteísta dualista não só peca contra o postulado básico de toda a religião e filosofia, mas também entra em conflito com a lógica e a matemática, embora não seja capaz de perceber esse antagonismo.

Imanência mais transcendência dá *monoteísmo* perfeito, ou *monismo* absoluto.

Imanência menos transcendência dá *panteísmo* ou *politeísmo*.

Transcendência menos imanência dá *dualismo* ou *pseudomonoteísmo*.

As teologias cristãs do Ocidente, na sua forma oficial, são dualistas ou pseudomonoteístas, ao passo que o Cristianismo do Evangelho é essencialmente monoteísta ou monista.

Para o inexperiente, imanência e transcendência são antíteses reciprocamente exclusivas e inconciliáveis — quando, na realidade, representam uma perfeita síntese, completando-se mutuamente, como o lado côncavo e o lado convexo de uma e a mesma linha curva.

Religião completa, profunda e deliciosamente vivida, só pode ser filha da imanência transcendente, ou da transcendência imanente.

Perante a transcendência de Deus, o homem se extasia em um como sagrado terror e assombro, que a tremenda majestade do Eterno e Infinito inspira.

Perante a imanência de Deus, o homem sente-se como que envolto em uma suave aura de amor e delícia, inspirada pela inefável intimidade que a fusão de dois seres provoca.

Não há religião genuína sem esses dois sentimentos, o do *assombro* e o do *amor*. Há quem tema a Deus como algo longínquo, assombroso e terrífico — mas não o ama como alguém que seja propínquo, terno e delicioso.

Há também quem trate com Deus como de igual a igual, com insípida camaradagem e democrática familiaridade — mas falta-lhe o senso de reverência e sacralidade, e por isto a sua religião é banal como um mundo sem mistérios e tenebrosos abismos.

Para que se possa amar alguém com deliciosa tortura e acerba delícia é necessário que haja distância e proximidade, transcendência e imanência, mistério e conhecimento, o ilimitado *além* de ignotos horizontes e o terno *aquém* de afetiva intimidade.

A transcendência sem a imanência congela a alma em uma frialdade polar.

A imanência sem a transcendência enoja a alma no tédio de uma trivialidade insípida.

A transcendência do Senhor do Universo e a imanência do Pai celeste, quando unidas na mesma alma, enchem o homem de tamanho fascínio e entusiasmo que ele vive a cada instante eternidades, de inefável beatitude.

Deus é como o sol — esse sol que, na estupenda potência da sua força arremessa pelos espaços sidéreos gigantescas esferas de inconcebível velocidade — ao mesmo tempo em que, na suavidade da sua bem-querença, beija silenciosamente as acetinadas pétalas das flores e acaricia as faces de uma criança dormente sem a acordar...

* * *

A nítida distinção e claríssima compreensão da *essência* e da *existência* (ou manifestação) de um ser é de suma importância.

Deus é a única essência, e sua essência é absolutamente idêntica à sua existência — se é que nele se possa falar em existência. Deus, propriamente não *existe*, mas *é*; os fenômenos, existem apenas, mas não são.

A essência de cada indivíduo é Deus, mas a sua existência, ou manifestação, não é igual a Deus. Como essência, Deus está integralmente *contido* em cada indivíduo, ou melhor, não está contido, mas Deus é cada indivíduo sob o ponto de vista da essência desse indivíduo; porque vigora perfeita identidade entre a essência de Deus e a essência de qualquer indivíduo.

Negar a identidade de essência entre o Creador e a creatura é grosseiro *dualismo*; afirmar a identidade da essência do Creador e da existência da creatura, é absurdo *panteísmo*.

O verdadeiro e sadio monismo afirma a identidade entre a essência do Númeno (Deus) e a essência de qualquer fenômeno (mundo, homem, etc.) — mas nega a identidade (afirmando a diversidade) entre a essência daquele e a existência deste.

Essência de Deus = essência do mundo — verdadeiro (monismo).
Essência de Deus = existência do mundo — falso (panteísmo).
Essência de Deus não = essência do mundo — falso (dualismo).

A humanidade, depois de ultrapassar, em boa parte, a fase inicial do *pluralismo sensitivo*, entrou na zona do *dualismo intelectivo*, onde está agora; mas estamos marchando rumo ao *monismo espiritual*.

A grande luta da humanidade pensante de amanhã, no Ocidente, não será entre materialismo e espiritualismo, nem entre catolicismo e protestantismo — mas entre dualismo e monismo. Trata-se de decidir se o mundo é *essencialmente idêntico* a Deus, embora *existencialmente diferente* dele — ou se vigora uma *essencial não-identidade* entre Deus e o mundo. E, como o homem faz parte do mundo fenomenal, a grande decisão tem que ver com a íntima natureza, a vida e o eterno destino do próprio homem. A concepção do Cristianismo dependerá essencialmente da resposta que a humanidade der a esse problema central de toda a filosofia e teologia humana.

Felizmente, a Bíblia e outros livros sacros da humanidade, quando compreendidos segundo o espírito vivificante, e não apenas segundo a letra mortífera, são outros tantos faróis em plena noite que iluminam a rota a seguir — e todos eles são decididamente favoráveis ao monismo espiritual, que é monoteísmo absoluto.

A trindade de Brahman — seu reflexo no homem

Brahman é *um* em sua essência, porém *muitos* em sua atividade, isto é, em suas relações com o universo fenomenal. Ele é um e todos.

Essa manifestação permanente de Brahman tem três aspectos básicos: tudo está *em* Deus, tudo vem *de* Deus, tudo tende *a* Deus. *Em*, *de*, *a* — ou, na consagrada fórmula bramânica, AUM — é a quintessência da filosofia e religião hindu e oriental.

Brahman revela-se como Brahma (pai, origem, criador), como Vishnu (filho, evolução, conservador) e Shiva (espírito santo, perfeição, consumador).

Deus, em sua essência, é *Sat-Chit-Ananda*, quer dizer: Ser-Saber-Gozo.

Essa concepção trinitária de Brahman vai através de toda a literatura oriental.

Entretanto, esses três nomes não devem ser considerados como expressão de três atributos de Deus.

Deus, de fato, não *tem* ser, saber, gozo — Deus *é* o Ser, o Saber, o Gozo. Pois, como Deus não faz parte integrante do mundo objetivo, e como ele é o sujeito universal e único, é claro que nele não tem cabimento algum o que seja derivado do mundo fenomenal.

Deus é o Ser (luz).
Deus é o Saber (vida).
Deus é o Gozar (amor).
Deus é o Ser-Saber-Gozar.

Os seres individuais possuem determinada parcela de um "ser" derivado, de um "saber" emprestado, de um "gozar" de segunda mão.

Deus é tudo isso como Causa — os indivíduos têm algo disto como efeitos.

* * *

Ora, como o *agir* segue o ser (*agere sequitur esse*), o homem, uma vez conhecendo o que ele é na realidade, não pode deixar de agir em conformidade com esse seu ser. Se, como ser, o homem é idêntico a Deus (porque fora de Deus nada é), e, por conseguinte, também idêntico à essência divina do mundo, claro está que, logicamente, o homem não pode agir senão em harmonia com esse seu ser.

Em outras palavras, a *ética* do homem tem de coincidir com a sua *metafísica*, o homem deve agir assim como *é*, deve revelar-se no plano *horizontal da vida ética de cada dia o que ele é na linha vertical* da sua natureza eterna e divina.

Quer dizer que o homem genuíno e integral só age como Deus age, uma vez que é o que Deus é.

Mas, como é que Deus age?

Deus, sendo universal, age de um modo absolutamente universal.

Deus é amor.

Deus não conhece as diferenças, tensões ou polaridades existentes no mundo objetivo dos fenômenos individuais. Nele não vigora a distinção entre amigos e inimigos, entre classes, raças, credos, etc., porque todas essas diferenças são oriundas do mundo dos fenômenos, e são desconhecidas no mundo eterno do Númeno.

Deus é a harmonia universal, a grande paz, o oceano imenso de amor, o ilimitado cosmo de felicidade — e o homem, desde que conheça intuitivamente a sua identidade com Deus, entra também na posse dessa paz, desse amor, dessa inefável beatitude divina.

Entretanto, essa grande paz de Deus e em Deus não deve ser concebida como algo passivo, estático, inerte — mas, sim, como uma paz dinâmica, ativa, operante. Paz passiva seria monotonia universal, morte eterna — ao passo que paz ativa é harmonia universal, vida eterna.

Tão intensa é a vida eterna de Deus que, aos olhos humanos, pode parecer estática e passiva — assim como a intensa vibração de uma chama parece quietude, como a plenitude da luz solar contemplada em cheio parece escuridão, como a estupenda velocidade das energias intra-atômicas nos dá a impressão de imobilidade e fixidez.

Tanto mais divino é o homem quanto mais ativo. Atividade não é idêntica a movimento mecânico, pelo contrário, o zênite da atividade coincide com o nadir do movimento — assim como uma roda em movimento rotativo acusa tanto maior movimento quanto maior a distância entre a circunferência e o centro, ao mesmo tempo que sua força aumenta na razão direta da aproximação do centro e na razão inversa da periferia.

O homem divinizado é silenciosamente ativo, calmamente dinâmico, imperceptivelmente poderoso.

O homem é um perfeito reflexo da trindade divina; a sua natureza é essencialmente trinitária, como a de Brahman: um na sua natureza, tríplice na sua atividade.

Transcendência e imanência de Brahman — suas conseqüências para a vida espiritual e ética do homem

Brahman, Deus, é transcendente ou imanente ao mundo fenomenal?

Da resposta que dermos a esse quesito dependem duas concepções de Deus e do mundo diametralmente opostas, e dessas duas concepções derivam dois sistemas éticos profundamente diferentes.

A idéia da transcendência de Deus provém do conceito agostiniano, dualista, da *creatio ex nihilo* (criação do nada). Desde os tempos do grande africano (séc. 4° e 5°) é teologia corrente nas igrejas cristãs do Ocidente, como também, em parte, na igreja ortodoxa, que Deus creou o mundo do nada. Quer dizer que o mundo fenomenal não existia de modo algum antes desse ato creador de Deus; que foi por meio do *fiat* (faça-se), ou mais adequadamente, por meio de um ato livre e espontâneo da Divindade que o mundo das creaturas entrou na existência. Conseqüentemente, pode Deus aniquilar, por um ato da sua vontade, este e outros mundos que creou. Pode reduzir ao nada absoluto o que do nada absoluto tirou. Entre os dois abismos do *nada*, o do passado e o do futuro, emerge esta pequena ilha do *algo*, o nosso mundo presente — um *algo* temporário a oscilar entre dois *nadas* eternos: Nada — Algo — Nada.

É esta a ideologia geralmente aceita pelo mundo pensante ou crente do oeste, judeu, cristão, muçulmano, quer dizer, do mundo relativamente *monoteísta* (embora não monoteísta absoluto).

O Oriente, porém, com uma cultura muito mais antiga, concebe Deus e suas relações com o mundo de um modo completamente diverso como já foi dito; para os grandes pensadores do leste, como também do antigo Egito, o mundo não foi criado do nada, por um ato livre de Deus, mas emanou de Deus, irradiou ou efluiu espontaneamente da íntima substância ou natureza da Divindade. Por outra, o ponto de partida do universo fenomenal não foi o *nada*, mas sim o *Tudo*; não a infinita vacuidade de "0" (zero), mas a ilimitada plenitude do "UM" (infinito). O mundo não é um aumento do *nada* para o *algo*, mas uma diminuição do *Tudo* para o *algo*. Simbolicamente falando, o movimento criador não vai em linha ascensional (nada-algo), mas em sentido descensional (Tudo-algo).

A conseqüência lógica da idéia da criação é a *transcendência* de Deus e o dualismo da vida humana (ascética).

A conseqüência lógica da concepção da emanação é a *imanência* de Deus e o unismo da vida humana (mística).

Encaremos mais de perto a transcendência do conceito da criação, por um lado, e a imanência oriunda da idéia e da emanação, por outro.

* * *

Se Deus tivesse criado o mundo do nada existiria mais realidade depois da criação do que antes, o que é intrinsecamente impossível, uma vez que Deus é a Realidade plena, total, absoluta, infinita — e mais do que tudo não pode existir. Neste caso, o mundo fenomenal seria um aditamento ou acréscimo a Deus; o mundo acrescentaria uma nova realidade fenomenal à antiga Realidade numenal: existiria um finito, ou uma coleção de finitos acrescentados ao Infinito; o advento do mundo equivaleria a um enriquecimento da Realidade. Em uma palavra, depois da criação não existiria maior soma de realidade do que antes da criação, o que é, evidentemente, impossível, pois, antes da criação já existia a Infinita Realidade, e ao Infinito nada se pode acrescentar, como do Infinito nada se pode subtrair.

A Realidade (Deus) é infinita e ilimitada, *antes*, *durante* e *depois* do advento do mundo dos fenômenos.

O que se deve, pois, entender pelo ato do criador?

A chamada criação não é senão uma nova *modalidade*, ou um novo *modo de ser* da infinita e eterna realidade — assim como as ondas do mar não são um aditamento à realidade "mar", senão apenas uma modificação superficial da antiga realidade do oceano. Ou, servindo-nos de outra comparação, assim como o espectro de luzes coloridas do outro lado do prisma não são novas luzes, senão apenas novos modos de ser, ou novas revelações e manifestações daquela mesma luz incolor do outro lado, que é a fonte e a causa dessas cores várias da única luz. O prisma (correspondendo ao ato da criação ou emanação) não produz novas realidades, mas dispersa a antiga e única realidade das cores. A luz incolor representa, neste caso, a única Realidade (Deus), ao passo que as cores são apenas manifestações várias dessa Realidade.

Outra comparação: o pensamento é a manifestação do pensador quando pensa. O *pensador* é o sujeito, o *pensar* é o ato, e o *pensamento* é o produto (ou objeto) desse processo. Assim como o pensamento não acrescenta de fora nenhuma nova realidade ao pensador, é antes um desdobramento dele, ou melhor, o próprio pensador que pensa — assim o Universo não acrescenta uma nova realidade a Deus, mas é uma manifestação (parcial) de Deus, um como que desdobramento da Divindade, Realidade absoluta, universal, infinita, revelada constantemente em formas relativas, individuais, finitas.

Pode-se dizer que Deus é um no seu *ser*, e muitos no seu *agir*.

Os filósofos orientais gostam de exprimir esta idéia profunda pela comparação com a aranha e sua teia. Assim como a teia é um produto da própria aranha, e não algo vindo de fora, assim emanou o mundo fenomenal da íntima essência de Deus. *Maya*, o mundo dos fenômenos, serve ao mesmo tempo, dizem eles, para revelar a Brahman — assim como a teia revela (manifesta) e vela (oculta) a aranha. Se o mundo fosse uma revelação total e completa de Deus não teria o caráter de fator ocultante; mas, como cada mundo individual, bem como todos os mundos tomados em conjunto, não equivalem a uma revelação exaustiva da Divindade, é claro que o mundo tem esse caráter dúplice, de revelar e velar a Deus.

É sabido que a ignorância e a incompetência humana convencionaram chamar essa concepção "panteísmo" (*pan*, tudo – *Théos*, Deus), tudo-Deus, ou seja, tudo-é-Deus. Se panteísmo quisesse dizer que o Tudo absoluto é Deus, não seria falso; mas o que, geralmente, se entende por "panteísmo" é a idéia de que cada indivíduo (pedra, planta, animal, homem) seja Deus, ou que a soma total desses indivíduos seja Deus.

Todo *monoteísmo* (um só Deus) culmina logicamente em *monismo* (uma só Realidade).

O monismo é o monoteísmo em sua forma mais pura e perfeita.

* * *

No princípio era o *Lógos* (a eterna Razão pensante), como absoluta lógica que esse Universo revelado não existe fora do Deus revelante, tampouco como o pensamento existe fora do pensante, mas é o próprio pensante ou pensador como pensa. Há, certamente, uma *distinção* entre o pensamento e o pensador, mas não há *separação*. A distinção está em que nenhum dos pensamentos do pensador revela plenamente o sujeito pensante, porquanto cada um dos pensamentos é apenas uma manifestação parcial e incompleta do pensador, o qual pode revelar-se ainda em inúmeros outros pensamentos. Se algum pensamento fosse integralmente idêntico ao pensador, esse pensador teria esgotado, nesse único ato, a sua potência pensadora, não podendo, portanto, produzir outros pensamentos. É concebível que um sujeito pensante *finito* esgote a sua potência pensadora pela sucessiva irradiação de pensamentos — mas é absolutamente impossível que um pensador *infinito* esgote algum dia a sua potência pensadora por meio de seus atos pensantes, que são finitos. Ou, por outra, é impossível que Deus, revelando-se em atos manifestativos (criação, emanação), esgote a sua capacidade reveladora, porquanto o Infinito não sofre diminuição alguma pelas suas revelações finitas, uma vez que o Infinito não é a soma total dos finitos. Assim como o Infinito não pode receber acréscimo por nenhum ato finito, assim também, não pode sofrer decréscimo por atividade alguma.

A conhecida expressão poética de que a alma humana, ou outro fenômeno do Universo, seja uma "centelha da Divindade" é inadequada, porque implica separação entre a centelha e o foco donde saiu. Deus, na emanação do mundo, não projeta de si esses mundos, no sentido local de distanciação, de maneira que, após essa emanação, os mundos existam fora de Deus (tanto mais que esse "fora" é uma simples ficção da nossa mente, pois, em face do Deus onipresente, não pode haver nenhum "fora de Deus"). "Emanar", "irradiar", "efluir" não é outra coisa senão agir, operar, revelar-se. O que o pensamento ou o amor é com relação ao sujeito pensante ou amante, isto é o Universo com relação a Deus; o pensamento ou amor de Deus, do Deus pensante e amante.

"No princípio era o *Lógos* (a eterna Razão pensante), e o *Lógos* estava com Deus, e o *Lógos* era Deus. Tudo foi feito pelo *Lógos*, e nada do que entrou na existência foi feito sem ele. E o *Lógos* se fez carne"...

Embora a mais deslumbrante encarnação do divino *Lógos* se tenha realizado em Jesus de Nazaré, a encarnação do eterno *Lógos* é um processo constante e ininterrupto no cenário do universo fenomenal; todos os dias e a cada instante, o eterno espírito de Deus se encarna ou revela em milhares de formas individuais; a gênese do Universo não é um fato consumado, mas um processo continuado; não uma ação do passado, mas um ato permanente no presente, e o presente é a eternidade. Deus está criando ou emanando o mundo agora mesmo — o *Gênesis* é um livro aberto, uma sinfonia inacabada, uma epopéia sem fim.

Qual a conseqüência, para a vida espiritual e ética do homem, da concepção da *criação do nada* ou da *emanação do Tudo*?

As seguintes explanações procedem do pressuposto de que o homem seja integralmente lógico e coerente nas conclusões tiradas das premissas acima estabelecidas; de fato, porém, a maior parte dos homens não pensa logicamente e por isto não chega às conclusões a que vamos chegar sobre essas duas bases da *criação transcendente* e da *emanação imanente*. Entretanto, a tendência da humanidade é progressiva, e não regressiva; quanto mais o homem evolve em sentido ascensional, mais logicamente pensa. Com vistas, pois, nessa humanidade-elite em evolução ascensional é que passaremos a expor o seguinte.

Se Deus é apenas um Deus transcendente à sua criação, filha do nada, é claro que o homem, para encontrar o Creador deve transcender a criação; que não pode encontrar a Deus dentro do mundo, mas somente fora ou além do mundo. Fugir do mundo é, neste caso, o imperativo categórico de todo homem espiritual. Neste caso, na razão direta que o homem se distancia do mundo de Deus, se aproxima do Deus do mundo, porque Deus e o mundo são dois pólos opostos, antagônicos, incompatíveis um com o outro. Querer possuir a Deus e o mundo é, segundo os transcendentalistas extremos, tão impossível como conciliar a luz e as trevas, a vida e a morte, o bem e o mal, o sim e o não.

O asceta, que foge do mundo a fim de encontrar a Deus, procede de um modo perfeitamente lógico sobre a base fundamental de que o mundo seja filho do nada e que Deus esteja ausente do mundo; se esta suposição fosse exata, o asceta seria o único homem integralmente lógico, e o santo por excelência.

Se, por outro lado, o homem abraçar a idéia da emanação do mundo e, com isto, a convicção da imanência de Deus no mundo e em cada indivíduo do Universo, é claro que esse homem pode encontrar a Deus no mundo; para ele não existe a menor necessidade de fugir do mundo para encontrar a Deus. Para encontrar a Deus no mundo deve o homem, não *sair do mundo* mas sim *entrar mais mundo adentro*; deve romper com todas as camadas externas, periféricas e meramente aparentes e fenomenais do mundo até atingir o último centro, o âmago, a essência, o coração do mundo de Deus, que é o Deus do mundo, alfa e ômega, quintessência do mundo e de todos os seres do mundo.

O asceta empreende uma viagem *centrífuga* em busca de Deus.

O homem espiritual empreende uma viagem *centrípeta* rumo a Deus.

Para aquele, Deus habita para além do Universo.

Para este, Deus é a alma do Universo.

Para o asceta, Deus é o *zênite*, e o mundo é o *nadir*.

Para o homem plenamente espiritual, o *zênite* divino está em todos os *nadires* do mundo.

Entretanto, para que o homem possa ver o Deus do mundo no mundo de Deus, é necessário que adquira uma nova faculdade visual, que "renasça pelo espírito", a fim de poder ver o reino de Deus no mundo e dentro de si mesmo.

O ínfimo grau de evolução permite ao homem ver o *mundo sem Deus*.

O segundo grau lhe permite descobrir a *Deus sem o mundo*.

O grau supremo de evolução faculta ao homem ver a *Deus no mundo e o mundo em Deus*.

O homem, no termo da sua jornada evolutiva, sabe com absoluta certeza que Deus é a essência íntima de todas as coisas; que todas as coisas reais são essencialmente divinas e por isto boas em si mesmas; que o mal não é uma *presença* (ou realidade), mas uma *ausência* (ou irrealidade), não um *algo* positivo, mas um *nada* negativo. Sabe que o mal consiste apenas na ausência de um bem maior, assim como as trevas consistem na ausência da luz, como a moléstia consiste na ausência da saúde, como a morte consiste na ausência da vida.

Assim como a ausência só pode ser eliminada pela presença, e como o negativo só pode ser derrotado pelo positivo – assim o mal moral, o pecado, só pode ser destruído pelo bem moral, a santidade.

O homem que ignora tanto o Deus transcendente como o Deus imanente, isto é, o agnóstico integral, toma os fenômenos do mundo visível pela realidade eterna, tornando-se assim um cultor de aparências, ou seja, um materialista.

O materialista é vítima de ilusão.

O asceta é um desertor do mundo.

O homem cósmico é um vidente da realidade integral.

* * *

Entretanto, embora a verdade completa esteja em ver a Deus no mundo, para a maior parte dos homens, no presente estágio de evolução, esse último estágio evolutivo não é atingível senão por meio do penúltimo: o materialista agnóstico deve passar pelo estágio do ascetismo desertor. A fim de se libertar da tradicional escravidão do mundo, deve declarar guerra a esse mundo escravizante, até que conquiste plena emancipação e liberdade completa da escravidão do mundo. Uma vez conseguida essa liberdade segura e indestrutível, pode o homem viver no meio do mundo, sem ser do mundo.

Os livros sacros da humanidade, tanto do Oriente como do Ocidente, são calçados sobre as condições atuais da humanidade; por isto, em todos eles prevalece a nota básica da disciplina ascética, como meio para alcançar a perfeita libertação.

O escravo do mundo tem de declarar guerra ao mundo a fim de poder ser senhor do mundo e viver no mundo com plena liberdade interior.

"O Cristianismo é uma afirmação do mundo que passou pela negação do mundo" (A. Schweitzer).

Dharma e Ioga
na filosofia oriental

1. Dharma

Esta palavra sânscrita é traduzida, geralmente, por "virtude", "religião", "dever", "retidão". Todos esses termos dizem, mais ou menos, o que se deve entender por *dharma*, que, propriamente, quer dizer "ação reta".

Dharma é a norma da vida melhor adaptada aos requisitos de cada alma individual para atingir o mais alto grau de perfeição integral, através de sucessivas etapas evolutivas (*Yoga*, de que trataremos mais abaixo, designa a soma total das técnicas necessárias para realizar esse processo de evolução).

Traduzindo em terminologia ocidental essa concepção oriental, poderíamos identificar *dharma* com a idéia da *ética* da vida humana, isto é, a perfeita harmonia dos nossos atos com a norma eterna e absoluta da retitude, e a manifestação dessa harmonia no plano da vida cotidiana.

A dificuldade principal está em definir o que seja essa "norma" que deva servir de guia e orientador à nossa vida. Há séculos e milênios que a humanidade discute a questão se há ou não uma norma absoluta e imutável para os nossos atos; e, no caso que haja, como pode o homem ter conhecimento certo dessa norma. Ao que parece, os diversos povos, e até os indivíduos particulares de cada povo, adotam diversas espécies, inconstantes e variáveis, de "normas de ética"; e, pior do que isto, essa "norma" até varia com a idade e as circunstâncias de cada indivíduo. Quer dizer que não é o homem que obedece a uma certa norma de agir, mas essa norma é que é escrava obediente das vontades e veleidades do homem. Eticamente *bom* ou *mau* é aquilo que eu, ou então o meu povo ou minha época, consideramos como tal. Neste caso, a chamada "norma" é idêntica aos meus instintos, minhas opiniões e predileções, ou, no melhor dos casos, ao costume geral do meu povo ou do século de que sou filho. Com o aparecimento de outros gostos individuais ou sociais, seria modificada e até invertida a tal "norma", e deixaria de ser minha soberana para se tornar minha escrava, obediente servidora de todas as minhas vontades e veleidades.

* * *

Antes de tudo, é necessário distinguir entre norma *objetiva* e norma *subjetiva*.

Todos os povos, todas as religiões e filosofias que admitem a existência de uma Realidade eterna, absoluta, infinita — seja qual for o nome que dêem a essa Realidade — reconhecem uma *norma objetiva*, que não é senão essa mesma Realidade, existente anterior e independentemente do meu saber e querer. É o caso com os que professam *monoteísmo* ou *monismo*, como acontece com todas as grandes religiões e filosofias do Ocidente e do Oriente. Os que só admitem realidades individuais e relativas, com exclusão de qualquer Realidade universal e absoluta, logicamente não podem admitir uma norma objetiva para a sua ética.

Entretanto, a maior dificuldade surge no momento quando perguntamos: Como pode o homem *conhecer* subjetivamente essa norma objetiva? Pois, para que possa tomar como norte e guia de sua vida ética, deve antes de tudo ter conhecimento suficientemente claro dessa norma. Haverá, para o homem, uma norma de ética suficientemente conhecida para tornar possível uma vida moral? E outra: O que é eticamente bom ou mau? É cada indivíduo que o decide arbitrariamente, a seu gosto e talante, ou haverá algo independente de seus caprichos pessoais?

A resposta que o *dharma* dá a essa questão importantíssima é a que todos os grandes filósofos e gênios religiosos dão e têm dado a essa mesma pergunta. Em resumo: não há, para todos os homens, uma norma subjetiva fixa, rígida e imutável — e, apesar disto, a norma subjetiva não é simplesmente arbitrária, à mercê dos caprichos e das paixões do indivíduo.

É indispensável, antes de tudo, basear a nossa norma ética no fato inegável da *evolução humana*. O homem vem de regiões inferiores de consciência, indo, em linha ascendente, rumo a regiões superiores. Essa evolução, porém, desde que entrou na zona da consciência e da liberdade, deixou de ser automática e mecânica, como um mundo infra-humano; obedece ao saber e querer do homem de maneira que a contínua linha ascensional não é coisa garantida de antemão; o ser consciente e livre tem nas mãos a possibilidade de criar altos e baixos, subidas e descidas, nesse plano, ziguezagueando, se quiser, para cima e para baixo. Apesar dessas possibilidades inerentes à natureza consciente e livre do homem é, pelo menos, provável que o resultado final de todos esses altos e baixos venha a ser antes positivo (bom) que negativo (mau) – por quê? Porque todo ser, consciente e livre, ou não, veio da mesma fonte, e tende, em última análise, a concordar com essa fonte, voltando para uma harmonia com ela, caso tenha aberrado dessa linha. Além disto, é da íntima natureza de cada ser querer ser feliz; mas essa felicidade não é outra coisa senão a voz da verdade, isto é, da harmonia do indivíduo com o Universal, o Absoluto, o Eterno. Dessa premissa se deriva logicamente a possibilidade de uma aberração (pecado) eterna e irrevogável. Só um ser que não tivesse brotado da Fonte Divina poderia, para sempre, ficar longe dessa Fonte; mas, como tal ser não existe, nem pode existir, segue-se que nenhum ser, por mais consciente e livre pode, para sempre, ficar longe da sua origem. Cedo ou tarde, embora esse lapso de tempo abranja séculos, milênios, bilênios e incontáveis éons e eternidades, todo ser, vindo de Deus, regressará a Deus — se é que o Universo é, de fato, um cosmo, e não um caos.

Qual é, pois, a norma ética subjetiva para o homem?

É aquilo que o homem, no grau evolutivo em que se achar a sua consciência, for capaz de conceber como o mais alto, o melhor.

Exemplifiquemos: para um ser puramente sensitivo, é eticamente bom o que harmoniza com o plano sensitivo. Mas, para um ser que ultrapassou esse plano sensitivo, existe algo superior, digamos, o intelectivo, que lhe serve de norma e estímulo de progresso. Tender a esse plano superior, realizá-lo em si é, para esse ser, "bom", ao passo que ficar simplesmente no plano sensitivo, já superado, ou até descer abaixo do sensitivo, ao vegetativo ou mineral, seria "mau". Se no mundo vegetativo houvesse tal coisa como "pecado" seria a recaída para o mundo simplesmente mineral, mecânico, espécie de apostasia do mundo superior da vida vegetal. Da mesma forma, o pecado do mundo sensitivo seria uma recaída ao mundo vegetativo ou mineral.

Subir é "bom", descer é "mau", porque aquilo é conforme a grande Vontade Cósmica, ao passo que isto é contra a Vontade Cósmica.

O animal é egoísta, mas, como o mundo do altruísmo é, para o animal, um mundo inexistente subjetivamente, o egoísmo do animal não é "pecado", enquanto o animal não for capaz de saber daquele mundo superior. Para o homem, que sabe desse mundo superior ultra-egoístico, altruístico, egoísmo é pecado, porque ceder ao inferior depois de conhecer o superior é "mau", "pecado" (palavra cuja significação original é "erro", "aberração" da norma da verdade e retitude).

O diagrama abaixo ilustrará melhor essa grande verdade, dentro da zona da evolução humana.

5)	1-	100 +
4)	1-	1 +
3)	1-	0
2)	1-	1 -
1)	1-	100 -

Comecemos pelo número "1", subindo até o número "5". Alguém me inflige um mal (representado como negativo: -) do tamanho de grau 1; eu, no ínfimo grau de consciência ética, respondo a esse 1 grau negativo com 100 graus negativos, quer dizer que, pela pequena injúria eu me vingo com uma injúria 100 vezes maior. É o que se praticava em Israel, e fora de Israel, antes da lei do talião inculcada, mais tarde, por Moisés: se alguém matasse uma pessoa de uma tribo, essa tribo decretava a extinção completa da outra tribo.

Mais tarde, com a sucessiva evolução ética da raça, sábios legisladores, reconhecendo o caráter não ético da retribuição ilimitada, estabelecem como norma de justiça a retribuição limitada: isto é, o ofendido tem o direito de pagar ao ofensor, na mesma medida, a injúria recebida equilibrando perfeitamente as duas injúrias e restabelecendo, assim, como então se admitia, o equilíbrio da justiça e eqüidade. Essa evolução ética vem expressa na conhecida fórmula "olho por olho, dente por dente"; se alguém me arranca um olho ou quebra um dente, eu tenho o direito de lhe arrancar também um olho ou quebrar um dente, mas não os dois olhos ou todos os dentes, que era considerado "antiético". A vingança rigorosamente bitolada pela injúria recebida não era considerada antiética, nesse plano evolutivo, e os que, naquele tempo, praticavam a lei do talião não pecavam subjetivamente; eram homens "bons", embora não fossem "perfeitos". *Ser bom* depende da conformidade do ato com o mais alto grau de ética *subjetivamente* atingido — *ser perfeito* consiste na harmonia do meu ato com a norma de retitude *objetiva*. Segundo Jesus, não basta ser bom, é necessário ser perfeito, porque Deus é perfeito.

Mais tarde, alguns homens compreenderam que melhor do que pagar mal por mal, em medida bitolada, é deixar de pagar mal por mal, plano esse representado pela linha "3" da figura: a 1 negativo corresponde 0 (zero) de retribuição. O homem que tão elevada ética compreendesse já não podia obedecer à lei do talião sem cometer pecado, embora outros, seus semelhantes, menos avançados, continuassem a se guiar pela norma "olho por olho, dente por dente", sem cometer pecado.

Finalmente, um ou outro espécime da humanidade, ultrapassando todos os graus inferiores, descobriu a altíssima verdade de que se devia pagar o mal com o bem, o negativo com o positivo (plano 4 da nossa figura). Verdade é que esse descobridor limitava a sua bondade ética a uma perfeita igualdade de termos: a um grau de negativo opunha ele um grau de positivo.

Mas, conforme o incessante avanço da consciência ética, despontou o dia glorioso em que um homem proclamou a mais alta conquista nesse terreno, afirmando que ao mal (negativo) se devia opor o bem (positivo) em grau ilimitado (representado pelo número 100 do nosso plano 5): seja qual for o mal que alguém te tenha feito, pequeno ou grande, retribui a ele com um bem sem medida!

Este número 5 do nosso diagrama graduado é o estágio do Evangelho, e quem proclamou essa conquista foi o "filho do homem", quer dizer, o pleni-homem, o homem por excelência. E não somente a proclamou, mas praticou durante toda a sua vida essa coisa inconcebível, e exigiu de seus verdadeiros discípulos que fizessem o mesmo, a fim de serem perfeitos, assim como Deus é perfeito. A meta suprema do Cristianismo não está apenas em ser bom — que é o ideal de todas as religiões, também das que se acham nos níveis 1, 2, 3, e 4 — mas está em ser perfeito, isto é, em harmonizar os nossos atos com a norma objetiva de toda a ética, que é Deus.

Em resumo: cada homem deve guiar-se por aquilo que, no seu estágio evolutivo, for por ele percebido como o melhor, o mais alto — isto é ser bom: o contrário é ser *mau*.

Segue-se que algo que para mim é eticamente mau pode ser eticamente bom para meu vizinho menos envolvido. Digamos que para um discípulo de Cristo a lei do talião (retribuindo mal por mal em medida igual) é experimentada como pecado — mas é possível que essa mesma lei, para um autêntico discípulo de Moisés, no plano em que essa lei surgiu, seja eticamente boa, uma virtude, o mesmo que para um cristão seria pecado.

Essa relatividade da norma subjetiva é inevitável, devido aos diversos graus de evolução moral. Mas essa relatividade não invalida o valor da norma, nem faz dessa norma algo puramente arbitrário. Guiar-se pela norma mais alta que se pode conceber não é o mesmo que ser escravo de seus caprichos e instintos inferiores.

Dharma, que séculos antes de Cristo proclamou essa relatividade da norma ética subjetiva, não é, pois, algo estranho ao modo de ver e sentir do resto da humanidade. A voz da lógica e da verdade é uma e a mesma em todos os tempos e em todos os lugares; diferente é apenas o grau de perceber e compreender essa verdade.

2. Ioga

Este vocábulo evoca em muitas pessoas sentimentos ingratos. É que leram ou ouviram de ioga, ou viram iogues (homens que praticam ioga), e levaram a impressão de que ioga é artificialismo, erro e aberração mórbida do sentimento e da inteligência humana. Com efeito, o que certos faquires ou mágicos orientais exibem como ioga é antes repelente que atraente; pode, quando muito, despertar a curiosidade das multidões ávidas de sensações inéditas, mas não interessa a nenhum homem sério desejoso da verdade. Tanto no Oriente como no Ocidente, o verdadeiro ioga tem sido desacreditado pelos iogues, ou, pseudo-iogues.

A palavra sânscrita yoga aparece em nossas línguas ocidentais na forma de *zygos* (grego), *jugum* (latim), *yoke* (inglês), *Joch* (alemão), e é conhecida em vernáculo por jugo. Jugo vem de jungir, unir. Assim como o jugo junge dois animais de tiro para uma ação em conjunto, a fim de prestar trabalho que um só não poderia prestar, semelhantemente, deve o homem unir-se a Deus para conseguir algo que por si só, isoladamente, não poderia realizar. "União" seria, pois, a versão mais apropriada do termo ioga. Iogue é, por conseguinte, aquele que realizou essa união ou se esforça por realizá-la. Toda e qualquer espécie de exercício ou técnica que tende a estabelecer essa união entre o homem e Deus é ioga. Todos os grandes gênios filosóficos e espirituais, os profetas, os videntes, os maharishis, os místicos, os santos, e, sobretudo Jesus, podem ser chamados iogues, no verdadeiro sentido da palavra, isto é, homens unidos a Deus ou em vias dessa união.

Há diversos tipos ou graus de ioga, como sejam: 1) hatha-ioga; 2) raja-ioga; 3) jnana-ioga; 4) bhakti-ioga, e 5) karma-ioga.

Hatha-ioga ocupa-se, de preferência, com exercícios físicos, ginásticas e acrobacias várias, posições e movimentos respiratórios, que têm por fim fazer do corpo um instrumento absolutamente dócil e manejável da alma — e é precisamente nesse terreno que ocorrem as maiores aberrações; muitos pseudo-iogues, esquecidos da verdadeira finalidade desses exercícios, praticam-nos como simples esporte ou pelo desejo doentio de serem admirados como seres sobre-humanos.

Raja-ioga trata da completa sujeição do homem e da natureza ao poder da mente ou do intelecto. É possível, por meio de intenso e assíduo treino das faculdades mentais, conseguir estupendo domínio sobre a matéria e as energias da natureza física e química. É possível realizar mirabolantes prodígios de caráter puramente intelectual. Lúcifer, personificação do intelecto (sem o espírito), segundo a Bíblia, opera grandes portentos dessa natureza, conseguindo seduzir os incautos. Lúcifer poderia, pois, ser invocado como patrono pelos adeptos do raja-ioga — como, de fato, foi invocado, sob o nome de Mefistófeles, pelos alquimistas da magia negra medieval, a fim de transformar em ouro elementos inferiores.

Jnana-ioga é o caminho da sabedoria ou intuição espiritual para promover a união com Deus. Ultrapassa o alcance dos sentidos (*hatha*) e do intelecto (*raja*) e procura abismar-se na divina Realidade mediante um senso íntimo de identidade essencial, pela visão interna, pela contemplação direta e imediata da luz eterna.

Bhakti-ioga prefere o caminho da devoção ou da emoção afetiva, os trâmites suaves do coração, as chamas do amor, para atingir a Deus, que é amor puríssimo.

Karma-ioga trilha o caminho das obras e realizações dinâmicas, perdendo-se em trabalhos de beneficência social para promover o bem-estar da humanidade. Este tipo de ioga revela grande afinidade com o espírito da caridade cristã do Ocidente. É necessário traduzir em obras externas o que se compreendeu internamente, sob pena de que a iluminação interior se extinga ou as suavidades místicas da contemplação espiritual degenerem em simples sentimentalismos e devaneios mórbidos.

Ioga, como se vê, é um complemento do *dharma*: procura adicionar à idéia da ética os meios da técnica para torná-la mais eficiente.

O Ocidente, predominantemente materialista, tem urgente necessidade do Oriente, mais espiritualista — ao passo que este necessita aprender daquele que não basta ter grandes idéias e belos sentimentos, mas é necessário realizar algo no mundo externo, sem perder a permanente inspiração do mundo interno.

A perfeição está, como sempre, na síntese das antíteses, na identidade dos opostos, na vasta e profunda harmonia que resulta da unidade na diversidade, da experiência do Deus do mundo no mundo de Deus.

Perspectiva e prognósticos sobre a grande luta e vitória ideológicas da humanidade pensante do futuro

A grande luta da humanidade pensante e sapiente de amanhã será travada no campo da síntese entre duas grandes antíteses da reconciliação de elementos tidos por antagônicos, da "identidade dos opostos".

Os beligerantes em luta chamam-se *Panteísmo* e Dualismo, e o grande tratado de paz leva o nome de *Monismo*.

O Panteísmo, que atualmente predomina no Oriente, identifica o mundo com Deus, tanto em sua essência como em sua existência, quer dizer, no plano universal do *Númeno* e no plano individual dos *fenômenos*; afirma que não há distinção nem separação entre a creatura e o Creador; que tanto a essência (o ser) como também a existência (o aparecer) são idênticos à sua causa.

O Dualismo, que predomina no Ocidente, nega as duas teses do Panteísmo, afirmando a diversidade (não-identidade) essencial e existencial do mundo e de Deus; afirma que a creatura não é apenas distinta mas também separada do Creador.

Com outras palavras, o Panteísmo afirma a imanência de Deus no mundo e nega a sua transcendência — ao passo que o Dualismo nega a imanência e afirma a transcendência de Deus.

Representando graficamente estas duas atitudes ideológicas, teríamos o seguinte diagrama:

```
           MONISMO
         +    ▲    -
              ╱ ╲
             ╱   ╲
            ╱     ╲
           ╱       ╲
          ╱         ╲
   + +   ╱_____╲   - -
PANTEÍSMO              DUALISMO
```

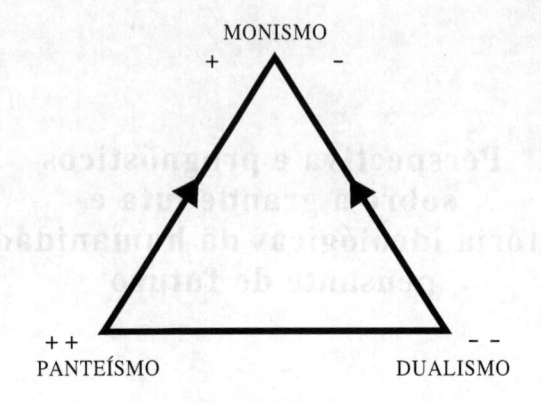

Os dois + + do Panteísmo significam a dupla afirmação da identidade, essencial e existencial, entre deus e o mundo.

Os dois - - do Dualismo representam a dupla negação de identidade, essência e existência entre o Creador e a creatura.

Panteísmo é imanência sem transcendência.

Dualismo é transcendência sem imanência.

Cada um deles professa uma verdade e um erro.

Nenhum deles professa a verdade integral.

É fora de dúvida que, quando terminar esse conflito milenar do Panteísmo e do Dualismo, o erro que cada um deles encerra será abandonado, e a verdade que cada um deles contém será conservada. O Panteísmo conservará a verdade sobre a identidade de essência entre Deus e o mundo, e abandonará o erro sobre a identidade de existência entre os dois. O Dualismo, por sua vez, continuará a defender a verdade da não-identidade de existência entre o Creador e a creatura, mas abrirá mão do erro da não-identidade de essência entre eles.

O Panteísmo, continuando a ser imanentista, se tornará também transcendentalista.

O Dualismo, continuando a ser transcendentalista, também se tornará imanentista.

O resultado final desse longo processo eliminatório, de parte a parte, desse expurgo parcial do Panteísmo e do Dualismo será o *Monismo*, isto é, a afirmação da identidade essencial entre Deus e o mundo (+) e a negação da identidade existencial entre eles (-); o abandono de um "+" do Panteísmo e de um "-" do Dualismo, e a conservação do outro "+" do Panteísmo e do segundo "-" do Dualismo. Resultado: + -.

O Monismo — que não é senão a forma definitiva e perfeita do Monoteísmo — afirma, pois, a identidade de essência entre o Númeno (Deus) e os fenômenos (mundo), negando, porém, a identidade de existência entre os dois. Por outra, afirma tanto a imanência como a transcendência de Deus.

Com a afirmação da identidade da essência (imanência) garante o Monismo a unidade fundamental entre Deus e o mundo — e com a negação da identidade da existência (transcendência) garante a individualidade dos fenômenos, e, no seio da humanidade (ou de outro mundo consciente e livre), salvaguarda a autonomia individual da personalidade, a consciência ética, a liberdade e responsabilidade moral, a possibilidade de pecado e culpa; não apaga as diferenças éticas entre o bem e o mal, nem faz a Deus autor dos males morais (pecados) cometidos pela creatura consciente e livre. A não-identidade existencial entre Creador e Creatura garante ao homem plena individualidade metafísica e ética, destruída pelo Panteísmo.

O Evangelho de Jesus Cristo é essencialmente monista, neste sentido, genuinamente monoteísta; não é panteísta, como certas filosofias orientais o consideram; nem é dualista, como a teologia eclesiástica do Ocidente o representa, geralmente. Há perfeita compatibilidade entre a alma do Cristianismo, que é o Evangelho, e a verdadeira filosofia monista do Oriente — mas vigora irreconciliável antagonismo entre o Evangelho e a teologia dualista do Cristianismo ocidental ou a filosofia panteísta do paganismo oriental.

Se o panteísta abandonar o seu erro de negar a transcendência de Deus, e o dualista renunciar a seu erro de negar a imanência de Deus — está removida a grande barreira ideológica que separa essas duas humanidades.

A grande luta será travada nos campos adversos do Panteísmo e do Dualismo — mas o tratado de paz será assinado no campo central do Monismo, que não é oriental nem ocidental, mas universal.

E então surgirá a alvorada da Filosofia Cósmica da Humanidade.

M

DADOS BIOGRÁFICOS

Huberto Rohden

Nasceu na antiga região de Tubarão, hoje São Ludgero, Santa Catarina, Brasil, em 1893. Fez estudos no Rio Grande do Sul. Formou-se em Ciências, Filosofia e Teologia em universidades da Europa — Innsbruck (Áustria), Valkenburg (Holanda) e Nápoles (Itália).

De regresso ao Brasil, trabalhou como professor, conferencista e escritor. Publicou mais de 65 obras sobre ciência, filosofia e religião, entre as quais várias foram traduzidas para outras línguas, inclusive para o esperanto; algumas existem em braile, para institutos de cegos.

Rohden não era filiado a nenhuma igreja, seita ou partido político. Fundou e dirigiu o movimento filosófico e espiritual Alvorada.

De 1945 a 1946 teve uma bolsa de estudos para pesquisas científicas, na Universidade de Princeton, New Jersey (Estados Unidos), onde conviveu com Albert Einstein e lançou os alicerces para o movimento de âmbito mundial da Filosofia Univérsica, tomando por base do pensamento e da vida humana a constituição do próprio Universo, evidenciando a afinidade entre Matemática, Metafísica e Mística.

Em 1946, Huberto Rohden foi convidado pela American University, de Washington, D.C., para reger as cátedras de Filosofia Universal e de Religiões Comparadas, cargo este que exerceu durante cinco anos.

Durante a última Guerra Mundial foi convidado pelo Bureau of Inter-American Affairs, de Washington, para fazer parte do corpo de tradutores das notícias de guerra, do inglês para o português. Ainda na American University, de Washington, fundou o Brazilian Center, centro cultural brasileiro, com o fim de manter intercâmbio cultural entre o Brasil e os Estados Unidos.

Na capital dos Estados Unidos, Rohden freqüentou, durante três anos, o Golden Lotus Temple, onde foi iniciado em Kriya-Ioga por Swami Premananda, diretor hindu desse *ashram*.

Ao fim de sua permanência nos Estados Unidos, Huberto Rohden foi convidado para fazer parte do corpo docente da nova International Christian University (ICU) de Metaka, Japão, a fim de reger as cátedras de Filosofia Universal e Religiões Comparadas; mas, por causa da guerra na Coréia, a universidade japonesa não foi inaugurada, e Rohden regressou ao Brasil. Em São Paulo foi nomeado professor de Filosofia na Universidade Mackenzie, cargo do qual não tomou posse.

Em 1952, fundou em São Paulo a Instituição Cultural e Beneficente Alvorada, onde mantinha cursos permanentes em São Paulo, Rio de Janeiro e Goiânia, sobre Filosofia Univérsica e Filosofia do Evangelho, e dirigia Casas de Retiro Espiritual (*ashrams*) em diversos Estados do Brasil.

Em 1969, Huberto Rohden empreendeu viagens de estudo e experiência espiritual pela Palestina, Egito, Índia e Nepal, realizando diversas conferências com grupos de iogues na Índia.

Em 1976, Rohden foi chamado a Portugal para fazer conferências sobre autoconhecimento e auto-realização. Em Lisboa fundou um setor do Centro de Auto-Realização Alvorada.

Nos últimos anos, Rohden residia na capital de São Paulo, onde permanecia alguns dias da semana escrevendo e reescrevendo seus livros, nos textos definitivos. Costumava passar três dias da semana no *ashram*, em contato com a natureza, plantando árvores, flores ou trabalhando no seu apiário-modelo.

Quando estava na capital, Rohden freqüentava periodicamente a editora responsável pela publicação de seus livros, dando-lhe orientação cultural e inspiração.

À zero hora do dia 8 de outubro de 1981, após longa internação em uma clínica naturista de São Paulo, aos 87 anos, o professor Huberto Rohden partiu deste mundo e do convívio de seus amigos e discípulos. Suas últimas palavras em estado consciente foram: "Eu vim para servir à Humanidade".

Rohden deixa, para as gerações futuras, um legado cultural e um exemplo de fé e trabalho somente comparados aos dos grandes homens do século XX.

Huberto Rohden é o principal editando da Editora Martin Claret.

Relação de obras do Prof. Huberto Rohden

Coleção Filosofia Universal

O pensamento filosófico da Antiguidade
A filosofia contemporânea
O espírito da filosofia oriental

Coleção Filosofia do Evangelho

Filosofia cósmica do Evangelho
O Sermão da Montanha
Assim dizia o Mestre
O triunfo da vida sobre a morte
O nosso Mestre

Coleção Filosofia da Vida

De alma para alma
Ídolos ou ideal?
Escalando o Himalaia
O caminho da felicidade
Deus
Em espírito e verdade
Em comunhão com Deus
Cosmorama
Por que sofremos

Lúcifer e Logos
A grande libertação
Bhagavad Gita (tradução)
Setas para o Infinito
Entre dois mundos
Minhas vivências na Palestina, Egito e Índia
Filosofia da arte
A arte de curar pelo espírito. Autor: Joel Goldsmith (tradução)
Orientando para a auto-realização
"Que vos parece do Cristo?"
Educação do homem integral
Dias de grande paz (tradução)
O drama milenar do Cristo e do anti-Cristo
Luzes e sombras da alvorada
Roteiro cósmico
A metafísica do cristianismo
A voz do silêncio
Tao Te Ching de Lao-tse (tradução) — ilustrado
Sabedoria das parábolas
O 5º Evangelho segundo Tomé (tradução)
A nova humanidade
A mensagem viva do Cristo (Os quatro Evangelhos — tradução)
Rumo à consciência cósmica
O homem
Estratégias de Lúcifer
O homem e o Universo
Imperativos da vida
Profanos e iniciados
Novo Testamento
Lampejos evangélicos
O Cristo cósmico e os essênios
A experiência cósmica

Coleção Mistérios da Natureza

Maravilhas do Universo
Alegorias
Ísis
Por mundos ignotos

Coleção Biografias

Paulo de Tarso
Agostinho
Por um ideal — 2 vols. — autobiografia
Mahatma Gandhi — ilustrado
Jesus Nazareno — 2 vols.
Einstein — O enigma do Universo — ilustrado
Pascal — ilustrado
Myriam

Coleção Opúsculos

Saúde e felicidade pela cosmo-meditação
Catecismo da filosofia
Assim dizia Mahatma Gandhi (100 pensamentos)
Aconteceu entre 2000 e 3000
Ciência, milagre e oração são compatíveis?
Centros de Auto-Realização

Índice

Advertência 11

O Pensamento Filosófico
da Antiguidade

Preliminares 15
Nascimento da filosofia 23
Em busca da realidade absoluta 31
Os bandeirantes da verdade 44
Em busca da matéria-prima do mundo 51
Estático — ou dinâmico? O "Lógos" de Heráclito 56
Início do período antropocêntrico. Sofistas versus socráticos.
    Que é o homem? Donde vêm as nossas idéias:
    de dentro ou de fora? 59
Hedonistas e epicureos – cínicos e estóicos 65
Princípios básicos do estoicismo 70
Pitágoras e os pitagóricos – tentame de uma cosmocracia 78
Demócrito, Pitágoras, Einstein & Cia. 87
O universalismo platônico 91
A "idéia" platônica 98
O universalismo de Platão e o individualismo de Aristóteles 100
Deus e a alma humana na filosofia aristotélica 106

O racionalismo místico dos neoplatônicos 112
Por que o neoplatonismo não sobreviveu ao
   cristianismo eclesiástico 124
Santo Agostinho e a agonia do neoplatonismo 131
Hermes Trismegistus – rumo ao monismo absoluto 140
Gautama, o Iluminado (Buda) 169
Brahman, Atman e Maya na filosofia oriental 180
A imanência do Deus transcendente 187
A trindade de Brahman – seu reflexo no homem 193
Transcendência e imanência de Brahman — suas
   conseqüências para a vida espiritual e ética do homem 196
Dharma e Ioga na filosofia oriental 203
Perspectiva e prognósticos sobre a grande luta e vitória
   ideológicas da humanidade pensante do futuro 211

Dados biográficos de Huberto Rohden 215
Relação de obras do Prof. Huberto Rohden 218

OS OBJETIVOS, A FILOSOFIA E A MISSÃO DA EDITORA MARTIN CLARET

O principal Objetivo da MARTIN CLARET é continuar a desenvolver uma grande e poderosa empresa editorial brasileira, para melhor servir a seus leitores.

A Filosofia de trabalho da MARTIN CLARET consiste em criar, inovar, produzir e distribuir, sinergicamente, livros da melhor qualidade editorial e gráfica, para o maior número de leitores e por um preço economicamente acessível.

A Missão da MARTIN CLARET é conscientizar e motivar as pessoas a desenvolver e utilizar o seu pleno potencial espiritual, mental, emocional e social.

A MARTIN CLARET está empenhada em contribuir para a difusão da educação e da cultura, por meio da democratização do livro, usando todos os canais ortodoxos e heterodoxos de comercialização.

A MARTIN CLARET, em sua missão empresarial, acredita na verdadeira função do livro: o livro muda as pessoas.

A MARTIN CLARET, em sua vocação educacional, deseja, por meio do livro, claretizar, otimizar e iluminar a vida das pessoas.

Revolucione-se: leia mais para ser mais!

MARTIN CLARET

Relação dos Volumes Publicados

1. **Dom Casmurro**
   Machado de Assis
2. **O Príncipe**
   Maquiavel
3. **Mensagem**
   Fernando Pessoa
4. **O Lobo do Mar**
   Jack London
5. **A Arte da Prudência**
   Baltasar Gracián
6. **Iracema / Cinco Minutos**
   José de Alencar
7. **Inocência**
   Visconde de Taunay
8. **A Mulher de 30 Anos**
   Honoré de Balzac
9. **A Moreninha**
   Joaquim Manuel de Macedo
10. **A Escrava Isaura**
    Bernardo Guimarães
11. **As Viagens - "Il Milione"**
    Marco Polo
12. **O Retrato de Dorian Gray**
    Oscar Wilde
13. **A Volta ao Mundo em 80 Dias**
    Júlio Verne
14. **A Carne**
    Júlio Ribeiro
15. **Amor de Perdição**
    Camilo Castelo Branco
16. **Sonetos**
    Luís de Camões
17. **O Guarani**
    José de Alencar
18. **Memórias Póstumas de Brás Cubas**
    Machado de Assis
19. **Lira dos Vinte Anos**
    Álvares de Azevedo
20. **Apologia de Sócrates / Banquete**
    Platão
21. **A Metamorfose/Um Artista da Fome/Carta a Meu Pai**
    Franz Kafka
22. **Assim Falou Zaratustra**
    Friedrich Nietzsche
23. **Triste Fim de Policarpo Quaresma**
    Lima Barreto
24. **A Ilustre Casa de Ramires**
    Eça de Queirós
25. **Memórias de um Sargento de Milícias**
    Manuel Antônio de Almeida
26. **Robinson Crusoé**
    Daniel Defoe
27. **Espumas Flutuantes**
    Castro Alves
28. **O Ateneu**
    Raul Pompéia
29. **O Noviço / O Juiz de Paz da Roça / Quem Casa Quer Casa**
    Martins Pena
30. **A Relíquia**
    Eça de Queirós
31. **O Jogador**
    Dostoiévski
32. **Histórias Extraordinárias**
    Edgar Allan Poe
33. **Os Lusíadas**
    Luís de Camões
34. **As Aventuras de Tom Sawyer**
    Mark Twain
35. **Bola de Sebo e Outros Contos**
    Guy de Maupassant
36. **A República**
    Platão
37. **Elogio da Loucura**
    Erasmo de Rotterdam
38. **Caninos Brancos**
    Jack London
39. **Hamlet**
    William Shakespeare
40. **A Utopia**
    Thomas More
41. **O Processo**
    Franz Kafka
42. **O Médico e o Monstro**
    Robert Louis Stevenson
43. **Ecce Homo**
    Friedrich Nietzsche
44. **O Manifesto do Partido Comunista**
    Marx e Engels
45. **Discurso do Método / Meditações**
    René Descartes
46. **Do Contrato Social**
    Jean-Jacques Rousseau
47. **A Luta pelo Direito**
    Rudolf von Ihering
48. **Dos Delitos e das Penas**
    Cesare Beccaria
49. **A Ética Protestante e o Espírito do Capitalismo**
    Max Weber
50. **O Anticristo**
    Friedrich Nietzsche
51. **Os Sofrimentos do Jovem Werther**
    Goethe
52. **As Flores do Mal**
    Charles Baudelaire
53. **Ética a Nicômaco**
    Aristóteles
54. **A Arte da Guerra**
    Sun Tzu
55. **Imitação de Cristo**
    Tomás de Kempis
56. **Cândido ou o Otimismo**
    Voltaire
57. **Rei Lear**
    William Shakespeare
58. **Frankenstein**
    Mary Shelley
59. **Quincas Borba**
    Machado de Assis
60. **Fedro**
    Platão
61. **Política**
    Aristóteles
62. **A Viuvinha / Encarnação**
    José de Alencar
63. **As Regras do Método Sociológico**
    Émile Durkheim
64. **O Cão dos Baskervilles**
    Sir Arthur Conan Doyle
65. **Contos Escolhidos**
    Machado de Assis
66. **Da Morte / Metafísica do Amor / Do Sofrimento do Mundo**
    Arthur Schopenhauer
67. **As Minas do Rei Salomão**
    Henry Rider Haggard
68. **Manuscritos Econômico-Filosóficos**
    Karl Marx
69. **Um Estudo em Vermelho**
    Sir Arthur Conan Doyle
70. **Meditações**
    Marco Aurélio
71. **A Vida das Abelhas**
    Maurice Materlinck
72. **O Cortiço**
    Aluísio Azevedo
73. **Senhora**
    José de Alencar
74. **Brás, Bexiga e Barra Funda / Laranja da China**
    Antônio de Alcântara Machado
75. **Eugênia Grandet**
    Honoré de Balzac
76. **Contos Gauchescos**
    João Simões Lopes Neto
77. **Esaú e Jacó**
    Machado de Assis
78. **O Desespero Humano**
    Sören Kierkegaard
79. **Dos Deveres**
    Cícero
80. **Ciência e Política**
    Max Weber
81. **Satíricon**
    Petrônio
82. **Eu e Outras Poesias**
    Augusto dos Anjos
83. **Farsa de Inês Pereira / Auto da Barca do Inferno / Auto da Alma**
    Gil Vicente
84. **A Desobediência Civil e Outros Escritos**
    Henry David Toreau
85. **Para Além do Bem e do Mal**
    Friedrich Nietzsche
86. **A Ilha do Tesouro**
    R. Louis Stevenson
87. **Marília de Dirceu**
    Tomás A. Gonzaga
88. **As Aventuras de Pinóquio**
    Carlo Collodi
89. **Segundo Tratado Sobre o Governo**
    John Locke
90. **Amor de Salvação**
    Camilo Castelo Branco
91. **Broquéis/Faróis/Últimos Sonetos**
    Cruz e Souza
92. **I-Juca-Pirama / Os Timbiras / Outros Poemas**
    Gonçalves Dias
93. **Romeu e Julieta**
    William Shakespeare
94. **A Capital Federal**
    Arthur Azevedo
95. **Diário de um Sedutor**
    Sören Kierkegaard
96. **Carta de Pero Vaz de Caminha a El-Rei Sobre o Achamento do Brasil**
97. **Casa de Pensão**
    Aluísio Azevedo
98. **Macbeth**
    William Shakespeare

99. **ÉDIPO REI/ANTÍGONA**
   Sófocles
100. **LUCÍOLA**
   José de Alencar
101. **AS AVENTURAS DE SHERLOCK HOLMES**
   Sir Arthur Conan Doyle
102. **BOM-CRIOULO**
   Adolfo Caminha
103. **HELENA**
   Machado de Assis
104. **POEMAS SATÍRICOS**
   Gregório de Matos
105. **ESCRITOS POLÍTICOS / A ARTE DA GUERRA**
   Maquiavel
106. **UBIRAJARA**
   José de Alencar
107. **DIVA**
   José de Alencar
108. **EURICO, O PRESBÍTERO**
   Alexandre Herculano
109. **OS MELHORES CONTOS**
   Lima Barreto
110. **A LUNETA MÁGICA**
   Joaquim Manuel de Macedo
111. **FUNDAMENTAÇÃO DA METAFÍSICA DOS COSTUMES E OUTROS ESCRITOS**
   Immanuel Kant
112. **O PRÍNCIPE E O MENDIGO**
   Mark Twain
113. **O DOMÍNIO DE SI MESMO PELA AUTO-SUGESTÃO CONSCIENTE**
   Émile Coué
114. **O MULATO**
   Aluísio Azevedo
115. **SONETOS**
   Florbela Espanca
116. **UMA ESTADIA NO INFERNO / POEMAS / CARTA DO VIDENTE**
   Arthur Rimbaud
117. **VÁRIAS HISTÓRIAS**
   Machado de Assis
118. **FÉDON**
   Platão
119. **POESIAS**
   Olavo Bilac
120. **A CONDUTA PARA A VIDA**
   Ralph Waldo Emerson
121. **O LIVRO VERMELHO**
   Mao Tsé-Tung
122. **ORAÇÃO AOS MOÇOS**
   Rui Barbosa
123. **OTELO, O MOURO DE VENEZA**
   William Shakespeare
124. **ENSAIOS**
   Ralph Waldo Emerson
125. **DE PROFUNDIS / BALADA DO CÁRCERE DE READING**
   Oscar Wilde
126. **CRÍTICA DA RAZÃO PRÁTICA**
   Immanuel Kant
127. **A ARTE DE AMAR**
   Ovídio Naso
128. **O TARTUFO OU O IMPOSTOR**
   Molière
129. **METAMORFOSES**
   Ovídio Naso
130. **A GAIA CIÊNCIA**
   Friedrich Nietzsche
131. **O DOENTE IMAGINÁRIO**
   Molière
132. **UMA LÁGRIMA DE MULHER**
   Aluísio Azevedo
133. **O ÚLTIMO ADEUS DE SHERLOCK HOLMES**
   Sir Arthur Conan Doyle
134. **CANUDOS - DIÁRIO DE UMA EXPEDIÇÃO**
   Euclides da Cunha
135. **A DOUTRINA DE BUDA**
   Siddharta Gautama
136. **TAO TE CHING**
   Lao-Tsé
137. **DA MONARQUIA / VIDA NOVA**
   Dante Alighieri
138. **A BRASILEIRA DE PRAZINS**
   Camilo Castelo Branco
139. **O VELHO DA HORTA/QUEM TEM FARELOS?/AUTO DA ÍNDIA**
   Gil Vicente
140. **O SEMINARISTA**
   Bernardo Guimarães
141. **O ALIENISTA / CASA VELHA**
   Machado de Assis
142. **SONETOS**
   Manuel du Bocage
143. **O MANDARIM**
   Eça de Queirós
144. **NOITE NA TAVERNA / MACÁRIO**
   Álvares de Azevedo
145. **VIAGENS NA MINHA TERRA**
   Almeida Garrett
146. **SERMÕES ESCOLHIDOS**
   Padre Antonio Vieira
147. **OS ESCRAVOS**
   Castro Alves
148. **O DEMÔNIO FAMILIAR**
   José de Alencar
149. **A MANDRÁGORA / BELFAGOR, O ARQUIDIABO**
   Maquiavel
150. **O HOMEM**
   Aluísio Azevedo
151. **ARTE POÉTICA**
   Aristóteles
152. **A MEGERA DOMADA**
   William Shakespeare
153. **ALCESTE/ELECTRA/HIPÓLITO**
   Eurípedes
154. **O SERMÃO DA MONTANHA**
   Huberto Rohden
155. **O CABELEIRA**
   Franklin Távora
156. **RUBÁIYÁT**
   Omar Khayyám
157. **LUZIA-HOMEM**
   Domingos Olímpio
158. **A CIDADE E AS SERRAS**
   Eça de Queirós
159. **A RETIRADA DA LAGUNA**
   Visconde de Taunay
160. **A VIAGEM AO CENTRO DA TERRA**
   Júlio Verne
161. **CARAMURU**
   Frei Santa Rita Durão
162. **CLARA DOS ANJOS**
   Lima Barreto
163. **MEMORIAL DE AIRES**
   Machado de Assis
164. **BHAGAVAD GITA**
   Krishna
165. **O PROFETA**
   Khalil Gibran
166. **AFORISMOS**
   Hipócrates
167. **KAMA SUTRA**
   Vatsyayana
168. **O LIVRO DA JÂNGAL**
   Rudyard Kipling
169. **DE ALMA PARA ALMA**
   Huberto Rohden
170. **ORAÇÕES**
   Cícero
171. **SABEDORIA DAS PARÁBOLAS**
   Huberto Rohden
172. **SALOMÉ**
   Oscar Wilde
173. **DO CIDADÃO**
   Thomas Hobbes
174. **PORQUE SOFREMOS**
   Huberto Rohden
175. **EINSTEIN: O ENIGMA DO UNIVERSO**
   Huberto Rohden
176. **A MENSAGEM VIVA DO CRISTO**
   Huberto Rohden
177. **MAHATMA GANDHI**
   Huberto Rohden
178. **A CIDADE DO SOL**
   Tommaso Campanella
179. **SETAS PARA O INFINITO**
   Huberto Rohden
180. **A VOZ DO SILÊNCIO**
   Helena Blavatsky
181. **FREI LUÍS DE SOUSA**
   Almeida Garrett
182. **FÁBULAS**
   Esopo
183. **CÂNTICO DE NATAL/ OS CARRILHÕES**
   Charles Dickens
184. **CONTOS**
   Eça de Queirós
185. **O PAI GORIOT**
   Honoré de Balzac
186. **NOITES BRANCAS E OUTRAS HISTÓRIAS**
   Dostoiévski
187. **MINHA FORMAÇÃO**
   Joaquim Nabuco
188. **PRAGMATISMO**
   William James
189. **DISCURSOS FORENSES**
   Enrico Ferri
190. **MEDÉIA**
   Eurípedes
191. **DISCURSOS DE ACUSAÇÃO**
   Enrico Ferri
192. **A IDEOLOGIA ALEMÃ**
   Marx & Engels
193. **PROMETEU ACORRENTADO**
   Ésquilo
194. **IAIÁ GARCIA**
   Machado de Assis
195. **DISCURSOS NO INSTITUTO DOS ADVOGADOS BRASILEIROS / DISCURSO NO COLÉGIO ANCHIETA**
   Rui Barbosa
196. **ÉDIPO EM COLONO**
   Sófocles
197. **A ARTE DE CURAR PELO ESPÍRITO**
   Joel S. Goldsmith
198. **JESUS, O FILHO DO HOMEM**
   Khalil Gibran
199. **DISCURSO SOBRE A ORIGEM E OS FUNDAMENTOS DA DESIGUALDADE ENTRE OS HOMENS**
   Jean-Jacques Rousseau

200. **Fábulas**
La Fontaine

201. **O Sonho de uma Noite de Verão**
William Shakespeare

202. **Maquiavel, o Poder**
José Nivaldo Junior

203. **Ressurreição**
Machado de Assis

204. **O Caminho da Felicidade**
Huberto Rohden

205. **A Velhice do Padre Eterno**
Guerra Junqueiro

206. **O Sertanejo**
José de Alencar

207. **Gitanjali**
Rabindranath Tagore

208. **Senso Comum**
Thomas Paine

209. **Canaã**
Graça Aranha

210. **O Caminho Infinito**
Joel S. Goldsmith

211. **Pensamentos**
Epicuro

212. **A Letra Escarlate**
Nathaniel Hawthorne

213. **Autobiografia**
Benjamin Franklin

214. **Memórias de Sherlock Holmes**
Sir Arthur Conan Doyle

215. **O Dever do Advogado / Posse de Direitos Pessoais**
Rui Barbosa

216. **O Tronco do Ipê**
José de Alencar

217. **O Amante de Lady Chatterley**
D. H. Lawrence

218. **Contos Amazônicos**
Inglês de Souza

219. **A Tempestade**
William Shakespeare

220. **Ondas**
Euclides da Cunha

221. **Educação do Homem Integral**
Huberto Rohden

222. **Novos Rumos para a Educação**
Huberto Rohden

223. **Mulherzinhas**
Louise May Alcott

224. **A Mão e a Luva**
Machado de Assis

225. **A Morte de Ivan Ilicht / Senhores e Servos**
Leon Tolstói

226. **Álcoois e Outros Poemas**
Apollinaire

227. **Pais e Filhos**
Ivan Turguêniev

228. **Alice no País das Maravilhas**
Lewis Carroll

229. **À Margem da História**
Euclides da Cunha

230. **Viagem ao Brasil**
Hans Staden

231. **O Quinto Evangelho**
Tomé

232. **Lorde Jim**
Joseph Conrad

233. **Cartas Chilenas**
Tomás Antônio Gonzaga

234. **Odes Modernas**
Anntero de Quental

235. **Do Cativeiro Babilônico da Igreja**
Martinho Lutero

236. **O Coração das Trevas**
Joseph Conrad

237. **Thais**
Anatole France

238. **Andrômaca / Fedra**
Racine

239. **As Catilinárias**
Cícero

240. **Recordações da Casa dos Mortos**
Dostoiévski

241. **O Mercador de Veneza**
William Shakespeare

242. **A Filha do Capitão / A Dama de Espadas**
Aleksandr Púchkin

243. **Orgulho e Preconceito**
Jane Austen

244. **A Volta do Parafuso**
Henry James

245. **O Gaúcho**
José de Alencar

246. **Tristão e Isolda**
Lenda Medieval Celta de Amor

247. **Poemas Completos de Alberto Caeiro**
Fernando Pessoa

248. **Maiakóvski**
Vida e Poesia

249. **Sonetos**
William Shakespeare

250. **Poesia de Ricardo Reis**
Fernando Pessoa

251. **Papéis Avulsos**
Machado de Assis

252. **Contos Fluminenses**
Machado de Assis

253. **O Bobo**
Alexandre Herculano

254. **A Oração da Coroa**
Demóstenes

255. **O Castelo**
Franz Kafka

256. **O Trovejar do Silêncio**
Joel S. Goldsmith

257. **Alice na Casa dos Espelhos**
Lewis Carrol

258. **Miséria da Filosofia**
Karl Marx

259. **Júlio César**
William Shakespeare

260. **Antônio e Cleópatra**
William Shakespeare

261. **Filosofia da Arte**
Huberto Rohden

262. **A Alma Encantadora das Ruas**
João do Rio

263. **A Normalista**
Adolfo Caminha

264. **Pollyanna**
Eleanor H. Porter

265. **As Pupilas do Senhor Reitor**
Júlio Diniz

266. **As Primaveras**
Casimiro de Abreu

267. **Fundamentos do Direito**
Léon Duguit

268. **Discursos de Metafísica**
G. W. Leibniz

269. **Sociologia e Filosofia**
Émile Durkheim

270. **Cancioneiro**
Fernando Pessoa

271. **A Dama das Camélias**
Alexandre Dumas (filho)

272. **O Divórcio / As Bases da Fé / e outros textos**
Rui Barbosa

273. **Pollyanna Moça**
Eleanor H. Porter

274. **O 18 Brumário de Luís Bonaparte**
Karl Marx

275. **Teatro de Machado de Assis**
Antologia

276. **Cartas Persas**
Montesquieu

277. **Em Comunhão com Deus**
Huberto Rohden

278. **Razão e Sensibilidade**
Jane Austen

279. **Crônicas Selecionadas**
Machado de Assis

280. **Histórias da Meia-Noite**
Machado de Assis

281. **Cyrano de Bergerac**
Edmond Rostand

282. **O Maravilhoso Mágico de Oz**
L. Frank Baum

283. **Trocando Olhares**
Florbela Espanca

284. **O Pensamento Filosófico da Antiguidade**
Huberto Rohden

285. **Filosofia Contemporânea**
Huberto Rohden

286. **O Espírito da Filosofia Oriental**
Huberto Rohden

287. **A Pele do Lobo / O Badejo / o Dote**
Artur Azevedo

288. **Os Bruzundangas**
Lima Barreto

289. **A Pata da Gazela**
José de Alencar

290. **O Vale do Terror**
Sir Arthur Conan Doyle

291. **O Signo dos Quatro**
Sir Arthur Conan Doyle

292. **As Máscaras do Destino**
Florbela Espanca

293. **A Confissão de Lúcio**
Mário de Sá-Carneiro

294. **Falenas**
Machado de Assis

295. **O Uraguai / A Declamação Trágica**
Basílio da Gama

296. **Crisálidas**
Machado de Assis

297. **Americanas**
Machado de Assis

298. **A Carteira de Meu Tio**
Joaquim Manuel de Macedo

299. **Catecismo da Filosofia**
Huberto Rohden

301. **Rumo à Consciência Cósmica**
Huberto Rohden

302. **Cosmoterapia**
 Huberto Rohden
303. **Bodas de Sangue**
 Federico García Lorca
304. **Discurso da Servidão Voluntária**
 Étienne de la Boétie
305. **Categorias**
 Aristóteles
306. **Manon Lescaut**
 Abade Prévost
307. **Teogonia / Trabalhos e Dias**
 Hesíodo
308. **As Vítimas Algozes**
 Joaquim Manuel de Macedo
309. **Persuasão**
 Jane Austen

Série Ouro
(Livros com mais de 400 p.)

1. **Leviatã**
 Thomas Hobbes
2. **A Cidade Antiga**
 Fustel de Coulanges
3. **Crítica da Razão Pura**
 Immanuel Kant
4. **Confissões**
 Santo Agostinho
5. **Os Sertões**
 Euclides da Cunha
6. **Dicionário Filosófico**
 Voltaire
7. **A Divina Comédia**
 Dante Alighieri
8. **Ética Demonstrada à Maneira dos Geômetras**
 Baruch de Spinoza
9. **Do Espírito das Leis**
 Montesquieu
10. **O Primo Basílio**
 Eça de Queirós
11. **O Crime do Padre Amaro**
 Eça de Queirós
12. **Crime e Castigo**
 Dostoiévski
13. **Fausto**
 Goethe
14. **O Suicídio**
 Émile Durkheim
15. **Odisséia**
 Homero
16. **Paraíso Perdido**
 John Milton
17. **Drácula**
 Bram Stocker
18. **Ilíada**
 Homero
19. **As Aventuras de Huckleberry Finn**
 Mark Twain
20. **Paulo – O 13º Apóstolo**
 Ernest Renan
21. **Eneida**
 Virgílio
22. **Pensamentos**
 Blaise Pascal
23. **A Origem das Espécies**
 Charles Darwin
24. **Vida de Jesus**
 Ernest Renan
25. **Moby Dick**
 Herman Melville
26. **Os Irmãos Karamazovi**
 Dostoiévski
27. **O Morro dos Ventos Uivantes**
 Emily Brontë
28. **Vinte Mil Léguas Submarinas**
 Júlio Verne
29. **Madame Bovary**
 Gustave Flaubert
30. **O Vermelho e o Negro**
 Stendhal
31. **Os Trabalhadores do Mar**
 Victor Hugo
32. **A Vida dos Doze Césares**
 Suetônio
34. **O Idiota**
 Dostoiévski
35. **Paulo de Tarso**
 Huberto Rohden
36. **O Peregrino**
 John Bunyan
37. **As Profecias**
 Nostradamus
38. **Novo Testamento**
 Huberto Rohden
39. **O Corcunda de Notre Dame**
 Victor Hugo
40. **Arte de Furtar**
 Anônimo do século XVII
41. **Germinal**
 Émile Zola
42. **Folhas de Relva**
 Walt Whitman
43. **Ben-Hur — Uma História dos Tempos de Cristo**
 Lew Wallace
44. **Os Maias**
 Eça de Queirós
45. **O Livro da Mitologia**
 Thomas Bulfinch
46. **Os Três Mosqueteiros**
 Alexandre Dumas
47. **Poesia de Álvaro de Campos**
 Fernando Pessoa
48. **Jesus Nazareno**
 Huberto Rohden
49. **Grandes Esperanças**
 Charles Dickens
50. **A Educação Sentimental**
 Gustave Flaubert
51. **O Conde de Monte Cristo (Volume I)**
 Alexandre Dumas
52. **O Conde de Monte Cristo (Volume II)**
 Alexandre Dumas
53. **Os Miseráveis (Volume I)**
 Victor Hugo
54. **Os Miseráveis (Volume II)**
 Victor Hugo
55. **Dom Quixote de La Mancha (Volume I)**
 Miguel de Cervantes
56. **Dom Quixote de La Mancha (Volume II)**
 Miguel de Cervantes
58. **Contos Escolhidos**
 Artur Azevedo
59. **As Aventuras de Robin Hood**
 Howard Pyle